JN226332

鈴木 晟

東條英機は悪人なのか

展転社

目次

東條英機は悪人なのか

執筆に当たって

（1）事件や戦争は、原則として支那事変（日中戦争）、大東亜戦争（太平洋戦争）など勃発した当時、日本で使用されていた呼称を用いた。

（2）文献の引用は原則、次のようにした。

①旧漢字は新漢字に、旧かな使いは新かな使いに、また一部漢字をひらがなに直した。

②引用文には、適宜原文にはない句読点を付し、またルビをふった。

③引用文中の傍点は〈昭和〉は引用者（鈴木）、〈昭和〉は引用文のものである。また引用文献中の「東条」はすべて「東條」とし、「ルーズヴェルト」は「ローズヴェルト」とした。

④引用文には、現代では使用が差別語として忌避されている語が使用されているが、歴史文献なので修正せずにそのまま使用した。

⑤引用文中の（　）内の字句はすべて引用者のものである。

序章　なぜ東條英機なのか

「おい、オープンがいいぞ」

内閣総理大臣にして陸軍大臣、ついには陸軍参謀総長をも兼ねることになる東條英機は、好んでオープンカーを利用したという。天気がくずれそうな時でもオープンカーを出させ「ぽつぽつぐらいの雨なら平気で乗った」と、柄沢好三郎《からさわこうざぶろう》は回想している〔『朝日新聞』昭和五六年一二月八日夕刊〕。柄沢は昭和二年四月、陸軍自動車部隊の除隊後間もなく首相官邸に職を得て当時の田中義一《たなかぎいち》内閣から戦後の第二次吉田茂《よしだしげる》内閣まで、首相専用車のハンドルを握った。退職は昭和四六年六月である。

隅田川の向こうの本所や深川へ、民情視察にもお伴しました。私服でハンチングをかぶって、配給所の列にそっと並ぶんです。そのうち「東條さんじゃないか」と、ささやかれだすと「みなさんご苦労さん。どうですか。配給の状態は」。結構、苦情をいってましたよ。峻厳といわれながら、あの人はおかみさんと対等に話せる人なんです。その場の雰囲気にとけ込める、というのか。あれは演技じゃできません。天性です。

小平竹雄《こだいらたけお》は昭和一〇年五月から首相官邸の守衛として勤務、守衛長の職を最後に昭和五五年に退職した。東條の身近に仕えたことは、柄沢と同様である。「東條をほめるのはあんただけ、と私は戦後厭味をいわれたこともあります。でも、東條さんは思いやりのあるかたでした」と述懐する。赤松貞雄《あかまつさだお》秘書官を通じて「皆でそばでも食べるように」とお金が入った封筒を渡されたことが、再三あったという。

小平によれば、東條は朝早く警備の憲兵もつけずお忍びでよく散歩に出かけた。首相官邸から靖国神社までがその道筋で、途中家々のごみ箱を覗いて歩いた。ごみ箱を覗いて歩くという行為は当時も批判があり、戦後は嘲笑の対象になった。確かに一国の首相がごみ箱を覗いて歩く姿というのは見よいものではない。首相として他にやるべきことがあるだろうというのが、ごく普通の感想ではないか。しかし、小平は東條に好意的である。「ごみで首相は国民の生活を判断していたのです。生活が苦しくないか、心配なさっていたのでしょう」とかばう（「歴代総理二九人に仕えた四〇年」（『実業の日本』昭和五五年七月一五日号））。

柄沢や小平の語る東條の姿は、戦後広く行き渡った「軍国主義者」「独裁者」のイメージとは大きな隔たりがある。東條が演技ではなく天性において「おかみさん」と対等に話せる人物であるという柄沢の言葉に、筆者は、正直驚いた。東條英機をテーマにしようと思い立った理由の一つがこの柄沢の東條観だった。――思いやりがあり、国民の生活に心をくだく人物が国家最高の指導者となってアメリカとの間に戦端を開き、敗れ、国民の憎悪怨嗟の的となり、戦争犯罪人として処刑されたとするならば、一人の人間の生涯としてこれほどの悲劇、これほどの皮肉はそう滅多にあるものではない。一体全体、この悪人はどんな家庭に生まれ育ち、どのようなプロセスを経て位人臣《くらいじんしん》を極め、終には絞首台に立つ運命となったのであろうか。

仮に東條がいわれるような悪人だとしても、大東亜戦争の責任を独り東條に、あるいは東條が象徴する軍部（陸軍）に帰すことが歴史の見方として、はたして妥当なことなのであろうか。われわれが暮らす社会に起こった現象なり事件なりを分析し説明するに当たって、厳に慎まなければならないのは特定の原因のみで語ろうとすること――その極端な場合は特定の人物や集団をスケープ・ゴートに仕立て上げること――ではないか。ごく単純に見える社会現象ですら複数の要因が複雑に絡み合い、時として観察者の予想を超えた思わざる結果が生まれる。優れた社会学者であり、また政治学者でもあるドイツのマックス・ヴェーバーの次のような言葉は、筆者（鈴木）には、千金の重みを持つ。ヴェーバーは言う。「善からは善のみが、悪からは悪のみが生まれるというのは、人間の行為にとって決して真実ではなく、しばしばその逆が真実であること。これらのことは古代のキリスト教徒でも知っていた」と〔①〕。

敗戦からこの方、われわれ日本人の多くは、東條を国民に大厄災をもたらし国家を壊滅させた犯罪人としてスケープゴートに仕立て上げ、憤怒、時として嘲《あざけ》りの対象としてきたのではないか。しかし、スケープゴート主義こそは常に事《こと》の実相に迫る途を閉ざす。はたして議会や文民官僚、あるいは新聞などマスメディアは軍部に抑圧強制されただけの存在だったのか。また国民はただ騙されただけの存在だったのか。

さらに問いたい。

中国や韓国・北朝鮮による「侵略」の非難、またそれに呼応するかのように日本の一部のマスメディアや学者・研究者が自国民に反省を促す、という騒ぎが間歇泉《かんけつせん》のように吹き出すのを目にし耳にする。小林秀雄がかつて、「過去の玩弄《がんろう》」「敗戦よりも悪い」と慨嘆した「反省とか清算とかいう名の下に、自分の過去を他人のように語る風潮」〔②〕はいっこうに衰えることがない。

しかし、そもそも昭和初期から敗戦に至る十数年の歴史はただ軍部に壟断《ろうだん》された、暗黒の歴史だったのであろうか。あるいはまた、満洲事変や支那事変や大東亜戦争は評価すべき価値の一欠片《ひとかけら》もない、ひたすら呪うべき、唾棄すべき戦いだったのであろうか。……仮にそうであったとしても、筆者は近隣諸国の政府やマスメディアと口を揃えるかのようにして過去の日本を断罪し、世間に反省を求めるようなことをするつもりはない。だいいち、そんなことは恥を棄ててでもしない限りできそうにない。ただ福田恆存の次のような言葉に黙って頷くだけである。

福田は清水幾太郎が訪問先のソ連や中国で帝国主義の日本軍と清水を含む日本民衆とを区別されてほっとしたと旅行記に書いていることを批判しつつ、また彼自身がトルコからの機中で臨席のオランダ人に同じようなことを言われたのを踏まえて述べている〔③〕。

私は一億総懺悔《ざんげ》などとばかばかしいことをいうつもりはないが、さればといって、日本政府、あるいはその帝国主義軍隊と、この自分はべつものだなどといわれて、「おお、そうだった」と安心する気はありません。もちろん、私は私なりに、今度の負け戦さはやりきれなかった。個人としてできうるかぎり軍閥政治に利用されたくないとおもっていました。その是非は別問題として、事実そうでした。が、いまになって、日本は悪いが、おまえは許してやるといわれれば、やっぱり不愉快です。私たちが戦争をとめられなかったことからくる責任感ではありません。あれほど嫌っていたけれども、あの日本の軍隊はやはり自分のものだったという気もちがあるからです。

西尾幹二が言うように、「暗黒と失敗と愚劣と逸脱の昭和史も、自分の歴史以外のなにものでもなく、「悲劇に終わった歴史もまた自分のいとおしい肉体の一部」〔④〕である。たとえば明治の希望を揚言し、日露戦争の光輝を賞揚するならば、昭和の暗黒と大東亜戦争の悲劇をもまた両の肩に背負わなければならない。同様に、西郷・木戸・坂本・東郷・乃木を言挙げするならば、東條英機についても、柄沢好三郎や小平竹雄のような市井《しせい》の、何の党派にも属さない人間が好意を寄せる人物であるというのならなおのことスケープゴートとしてではなく、また憤怒や嘲りの対象としてでもなく、もそっと真正面から採り上げなくてはならないであろう。

カバーデザイン　古村奈々 + Zapping Studio

第1章　父と子

■父・東條英教

東條英機は、ごく自然に「おかみさん」たちと口をきける人物であったにしろ、庶民の出ではない。堂々たるエリート軍人の家庭に生まれ育った。

父英教《ひでのり》は、陸奥国《むつのくに》は南部藩の家臣で宝生流能楽師である東條英俊《ひでとし》の長男として、ペリーとの日米和親条約調印の翌安政二（一八五五）年一一月、盛岡に生を受けた。これよりまえ四月に五・一五事件で非業の死をとげた犬養毅が備中《びっちゅう》（岡山）で、九月には外相として日露戦争のポーツマス講和会議で首席全権を務めた小村寿太郎が日向《ひゅうが》（宮崎）で誕生している。それから一〇年余、慶応三（一八六七）年一〇月に第一五代将軍徳川慶喜が朝廷に大政を奉還、一二月に王政復古の大号令が宣布され、翌慶応四年三月に明治天皇は〃五カ条の誓文〃を発布した。英教一三歳の頃である。

南部藩は戊辰《ぼしん》の戦役で奥羽越列藩同盟《おううえつれつぱん》に加わり敗北した。そのためか、北上川と中津川に挟まれた丘陵に築かれた不来方《こずかた》城（盛岡城）は、明治五（一八七二）年に陸軍省所管となり、明治七年に城内の建造物の大半が取り壊され、やがて荒れはてて石垣だけになった。その後、明治三九（一九〇六）年に公園として整備され、現在に至るまで市民の憩いの場となっている。この城趾公園内には歌人石川啄木が盛岡中学の学生時代に詠んだ、

不来方のお城の草に寝ころびて
　空に吸われし　十五の心

の歌碑がある。

英教も友人たちとお城の草に寝ころんで、流れ行く雲を見ながらあれこれ将来を語りあったに違いない。……しかし、中央から遠く隔たった北国の、しかも朝敵となった旧南部藩の貧乏士族の子弟にして、

おそらくひと一倍向上心に富んだ若者にとっては、もはや故郷は桎梏《しっこく》でしかない。男児志を立てて郷関を出づ――一八歳の英教は、下士官養成機関である陸軍教導団に入学すべく見慣れた山河を背に新都東京をめざした。明治六（一八七三）年春のことである。山肌になお残雪を望む奥州道を、それこそ跳ぶように上って行ったに違いない。この年の秋、征韓論に敗れた西郷隆盛は参議を辞し鹿児島に隠棲している。同じく江藤新平《えとうしんぺい》、板垣退助《いたがきたいすけ》、後藤象二郎《ごとうしょうじろう》、副島種臣《そえじまたねおみ》も下野した。一年半の訓練を経て明治七年九月、英教は教導団を卒業し一等軍曹に任じられて熊本鎮台に配属された。ちなみに、翌一〇月に陸軍の指導者養成の正統かつ権威ある機関として陸軍士官学校が創立されている。

これよりまえ、明治七年二月に前参議の江藤新平が〃佐賀の乱〃を起こした。二年後の明治九年には熊本で太田黒伴雄《おおたぐろともお》らによる〃神風連《しんぷうれん》の乱〃、福岡の〃秋月の乱〃、前原一誠《まえはらいっせい》の〃萩の乱〃と続き、そして明治一〇年二月に鹿児島の士族団が西郷隆盛を擁して挙兵した。西南戦争の勃発である。

英教は歩兵第一四連隊の下士官として西南戦争に出征した。この歩兵第一四連隊は小倉を衛戍地《えいじゅ》とし、乃木希典《のぎまれすけ》が連隊長心得として指揮をとっていた。戦傷を負って四月に熊本鎮台参謀に転出するが、この間の戦闘で反乱軍に連隊旗を奪われたことはよく知られたエピソードである。一下士官の英教が乃木といかなる接触を持ったか不明である。戦いの最中、英教は曹長から少尉試補へと昇進しているが、何か相応の武功を挙げた結果なのか、定期昇進なのか、これもまたよくわからない。明治一一年、東京に戻った英教は九月に少尉に昇進した。この間、小倉にある満徳寺住職の娘徳永チトセと結婚している。

教導団出身といういわばたたき上げの軍人として出発した英教ではあったが、やがてエリート軍人の階段を上り始める。明治一六（一八八三）年に創設された陸軍大学校の第一期生二〇名の一人として、すでに中尉に昇進していた英教は教導団出身者としてはただひとり入学を許可され、秋山好古《あきやまよしふる》、長岡外史《ながおかがいし》、藤井茂太《ふじいしげた》、井口省吾《いぐちしょうご》ら陸軍士官学校出身者とともにドイツから招聘《しょうへい》されたヤコブ・メッケル少佐の薫陶《くんとう》を受けることになった。士官学校卒業生に対する競争心や気負いや立身出世の野心が、当然あったに違いない。あるいは兵学に対する純粋な興味がそうさせたのか、陸大に入学した英教は猛烈に勉強した。その猛烈振りがたたって同僚の反感を買うほどだったという。しかし、卒業試験で長岡外史が「標高幾何学」で零点となって危うく落第しそうになったときなど、心配した英教は井口と二人で長岡の面倒をみたりする面もあり〔①〕、ただの点取り虫というわけではなかったようである。

学業・訓練は厳しいもので脱落者が相次ぎ、入学時二〇名の学生は卒業時には一〇名に半減した。その中にあって、英教は明治一八年一月に大尉昇進、そして同年一二月にトップの成績で陸大を卒業、恩賜の双眼鏡を拝受した。将来が約束されたと言っていい。翌明治一九年五月に英教は陸軍大学教官に任じられ、二年後の明治二一年春、ドイツ留学のため日本をあとにした。

■軍人の道

英教・チトセ夫婦は子沢山で、男子六、女子三の九子をもうけている。英機は父英教が陸大在学中の明治一七（一八八四）年一二月三〇日、東京の青山で戸籍上は三男として産声を上げた。しかし二人の兄が夭逝《ようせい》していたため、英機は東條家の長男として訓育されることになる。東條家は文字通りの貧乏士族で、頼るべき閨閥《けいばつ》も資産もなく、生活は質素倹約を旨とし、子供の教育はやかまし過ぎるぐらい厳しかった。英機は学習院初等科を経て城北中学（後の府立四中）に進んだ。陸軍幼年学校への進学者が多かったことが主な理由だったが、父英教が城北中学の校長深井鑑一郎のスパルタ教育に感心していたということも理由の一つだった。家庭での厳しい訓育の反動だったのか、生来の気質がそうさせたのか、少年時代の英機は相当に気性が激しく〝喧嘩屋東條〟の綽名があったほどで、相手が多勢だろうが売られた喧嘩は必ず買い、買った喧嘩は最後まで闘ったという〔②〕。

勉強は嫌いで成績は良くはなかったが、明治三二（一八九九）年、一五歳の英機少年はどうにか東京陸軍地方幼年学校に入学することができた。父と同じ道を歩み始めたのである。そして日露戦争が勃発して間もない明治三七年六月、第一七期生として陸軍士官学校に入学した。同期には後宮淳《うしろくじゅん》、前《まえ》田《だ》利為《としため》、鴨脚光弘《かもあしみつひろ》がいる。東條以外に昭和史で名の知られた軍人は少ない。その一期前の一六期は華やかで磯谷廉介《いそがいれんすけ》、板垣征四郎《いたがきせいしろう》、小畑敏四郎《こばたとししろう》、岡村寧次《おかむらやすじ》、土肥原賢二《どいはらけんじ》、永田鉄山《ながたてつざん》、また後の第一八期も阿南惟幾《あなみこれちか》、大島浩《おおしまひろし》、山下奉文《やましたともゆき》、山脇正隆《やまわきまさたか》など錚々《そうそう》たる顔ぶれである。

城北中、幼年学校の同期に後年ドイツ大使となって日独伊三国同盟締結を推進した大島浩がいる。大島によれば、幼年学校時代の東條の成績は平凡なものであった。大島は病気で陸軍士官学校は一期遅れたが（陸大で再び同期となった）、一足先に入学した東條は、にわかに猛然と勉強するようになったという。日露戦争が発奮のきっかけで、一七期生が日露戦争のため教育期間が短縮されて明治三八年三月に卒業したとき、東條は三六三名中一二番目の成績であった。大島は「これに依り彼は自信を得ると共に、努力が習性となり、ここで全く更生した」と語っている〔③〕。事実、これから後の東條は〝努力〟という徳目を最高のものとし、努力、努力、努力で勤務に精励し、周囲にもその存在が認められるようになる。その努力振りについて、陸大を卒業して陸軍省配属になった頃から知られるようになった有名なエピソードを紹介しておこう。

陸軍省には『陸軍成規類聚《せいきるいじゅう》』というものがある。軍隊とはいっても、一面においては官僚組織、というより官僚組織の最たるものであり、日常の業務は関係法規や内規などにしたがって進められる。『陸軍成規類聚』はそれらを編纂したもの、いわば陸軍の六法全書である。いや、現在市中に出回っている六法全書よりはずっと大部だ。そもそも一冊からなっているわけではない。筆者が早稲田大学の中央図書館でページをめくってみたそれ（昭和一五年頃に使用されていたものと思われる）は一一分冊からなっており、索引・類別総目次の第一〇分冊、附録の第一一分冊を除いてもおおよそ三八〇〇頁にもなる。

普通は専門の文官がいて、軍人は彼らの指示にしたがって日常業務をこなしてゆく。しかし東條は文官の指示にしたがって動くことを嫌い、努力して『陸軍成規類聚』を暗記し、やがて文官に口をはさませないようにしたというのである。暗記したのは、もちろん『陸軍成規類聚』のすべてではない。それが不可能なことは見たとおりである。ただし勘所《かんどころ》となる法規や内規を頭にたたき込んだというのなら、あるいは、そんなことがあったのかもしれない。

努力とか勤勉というのは、意外にやっかいな言葉だ。それを実践している者でも、口に出すのはどこか気恥ずかしさがあり、斜に構えて逆のことを口走ったりすることが往々にしてある。また、努力や勤勉を心底必要なことだと思っていても、傍《はた》から、とくに努力や勤勉の甲斐あって功なり名を遂げたとされる人物の口からそれを説かれると、妙に反感をおぼえる。しかし、東條は努力や勤勉の忠実な実践者であると同時に、周囲にも飽くことなく説いた。後年、軍中央の枢要な地位に上った頃、講演をたのまれると幼年学校時代に「ビリッケツ」であったことをよく話題にし、また若い士官から書を頼まれると〝努力即権威〟としたためるのが常だったという。権威とは少し穏やかでないが、妻勝子によれば、「私が権威という字は嫌いだと申しましたが、英機の説明によると外国の格言の翻訳だそうで、権威はオーソリティーの訳であり、努力が光り輝くというような意味で用いている」ということであった〔④〕。

東條に親炙《しんしゃ》する者にとっては、彼の努力、勤勉はむろん見習うべき徳目の一つだ。しかし批判者にとっては、それは批判の種であり、時として嘲笑の対象にもなる。事務屋とか能吏が当時も今も東條批判の常套句で、『陸軍成規類聚』を暗記する時間があったら軍人としてなすべきことが他にあるだろう、というわけだ。そのような陰口を耳にし、冷たい視線も感じていたはずだが、ついに最後まで自己流で押し通した。東條にはそんな頑固一徹なところ、意地悪く見れば、依怙地《いこじ》なところがあった。そしてそれは、どこか危うさにも通じる。国策研究会を主宰し、戦前戦後の政財界に隠然たる影響力を持っていた矢次一夫《やつぎかずお》は「私のように、東條の若い頃から酒席を共にしたものであっても、常に身辺に鋭気を漲《みなぎ》らせ、人をして争気を感じせしむるもののあったことを、印象として忘れがたい」と語っている〔⑤〕。

■失意の父

明治三八（一九〇五）年三月陸軍士官学校を卒業した二一歳の東條英機は、四月に近衛歩兵第三連隊補充隊の新任少尉として日本海を渡った。同期の大半が内地の補充隊に配属された中にあって、待望の出征であった。しかし、すでに日本軍はクロパトキンの率いるロシア軍を奉天から駆逐するなど陸上での戦いはあらかた終わっていた。戦争終結までの短い期間を東條は後方勤務に終始し、ついに第一線に立つことはなかった。

父英教は日露戦争を姫路の歩兵第八旅団長として迎えた。階級は少将だった。開戦後二カ月以上もたった明治三七年四月半ばに至ってようやく動員命令が下り、第八旅団は川村景明《かわむらかげあき》中将の率いる第一〇師団の隷下に入って戦場に向かった。しかし、八月に英教の日露戦争は終わった。〝内地後送〟の命を受けたのである。原因は指揮に問題があり、またそれに絡んで師団長と対立したとの説が有力である。仮にそうだとして、いつの戦闘で、どのようなミスを犯したのか、そのミスは部隊指揮官が前線から内地後送されるという軍人としては不名誉極まりない命令を甘受しなければならないほどのミスであったのか、真相はわからない。ただ戦後刊行された都築高紹《つづきこうしょう》の『日露戦史（前編）』に、それらしき記述がある〔⑥〕。遼東半島南岸の大孤山に上陸した日本軍は遼陽への進撃の途次、七月末から八月初めにかけて析木城《せつきじょう》でロシア軍と交戦した。その折り、英教の率いていた中央隊が第一線に進出するのが遅れ、そのため左翼の鎌田隊が一時孤軍奮闘を余儀なくされたという。公刊戦史ともいうべき参謀本部編『明治三十七八年日露戦史（2）』にも「左翼隊は専ら中央隊の攻撃開始を待ちしも頗《すこぶ》る遅延せるの状あり」と記されている〔⑦〕。……内地に後送された東條英教は第二旅団長、第三〇旅団長を経て、明治四〇年一一月に中将昇進とともに予備役に編入され、余生を送ることになる。

陸大第一期生の首席で戦術理論に優れ、日本陸軍の将来を担うと言われた軍人にしては、英教は常に陽の当たる大道を歩んだわけではなかった。留学から帰国後、陸大教官を経て明治二五年参謀本部員となった。時の参謀次長川上操六《かわかみそうろく》は鹿児島県の出身で陸軍における薩摩閥の重鎮であったが、藩閥にとらわれず若い人材を登用し競わせた。日清戦争の際に英教は広島に設置された大本営の参謀部員として上席参謀の川上の下で作戦計画の立案に当たったが、思えばこの頃が軍人としてもっとも充実した時期ではなかったか。日清戦争勝利の翌明治二九年に英教は参謀本部編纂部長兼陸大教官に補任され、翌明治三〇年大佐に昇進した。明治三二年に参謀本部の機構改革があって戦史・地誌・翻訳などの事務は第四部が管掌することになった。横すべりの形で第四部長となったが、要するに閑職に追いやられたのである。陸軍の主流である長州閥に嫌われたためだという。嫌われた理由は、ドイツ留学中に英教が陸大同期の井口省吾とともに、たまたまヨーロッパに視察に来ていた維新の元勲で長州閥の長老山県有朋をベルリンの宿舎に尋ね長州閥の横暴を批判し陸軍部内の是正を求めたからだとも〔⑧〕、あるいは日清戦争の戦史編纂に当たって山口県出身の軍人に手厳しい批判を加えたからだとも言われている。また安井滄溟《やすいそうめい》はその著『陸海軍人物史論』で、内地後送について「兵学の素養深きも、中尉時代より隊附せざりしを以て単に学問上の戦術家に止まる。之を以て其参謀本部を追われて姫路の旅団長となり、三十七八年戦役に出征するや、部下を統御するの方法其宜《そのよろ》しきを得ず、為に戦地あっての評判は頗る芳《かん》ばしからざるものありき。それかあらぬか渠《かれ》中途にして帰国を命ぜらるるに至れり」と指摘し、さらに「東條の敵は寺内なり」で、寺内正毅《てらうちまさたか》によって参謀本部を追われ、また現役からも追われたと述べている⑨。

どんな理由があるにせよ、閑職に追いやられ、内地後送の憂き目にあったのは、英教が「朝敵」南部藩の出身で長州や薩摩という藩閥の外にいたことと無縁ではないだろう。しかし、そこにもう一つ、藩閥の庇護も引きもなく己の努力と才を尽くして立身出世の階段を上ってきた人間の弧影を見出さざるを得ない。想像するに、「身辺に鋭気を漲らせ、人をして争気を感じせしむる」のは、まずこの親にしてそうだったのではないか。

■家庭を持つ

日露戦争終結の四年後、明治四二（一九〇九）年四月に英機は結婚した。このとき新郎は陸軍中尉で二六歳、新婦勝子は二〇歳の日本女子大学校国文科三年に在籍する女学生だった。福岡県田川郡の素封家伊藤萬太郎の長女勝子は利発で、負けん気が強く、子供のころから勉強好きで小倉高女から日本女子大に進むのであるが、英機の母チトセの実家万徳寺が遠戚にあたり、その関係から東條家が東京における勝子の保証人となった。こうして東條家をたびたび訪問するうちにチトセのメガネにかなって英機の嫁にと所望され、いったんは学業の途中ということで断ったのだが、結婚後も大学へ通うことを条件に勝子は東條家に嫁ぐことになったのである。

新婦にとって新婚生活は相当苦しいものであったようだ。英機の祖父英俊がまだ存命しており、舅と姑、英機の弟妹など総勢一三人の大家族で、朝の五時から深夜まで炊事、洗濯、掃除に追われる毎日であった。結局、新婚二カ月で学業を断念しなければならなかった。しかし、何よりも辛かったのは姑チトセの仕打ちであった。父萬太郎が勝子を連れに上京したこともあったという〔⑩〕。

勝子は率直に述べている〔⑪〕。

私は二十歳で、二十六歳の東条のところへ嫁いで来たのですが、その頃、東条の母は四十八歳でしたが、非常にヒステリックな方で……もっとも十七歳で嫁に来て、人の母となり東条家に尽くしてきたのですから、大変疲れていられたのでしょう。……とても難しい人で、家中が腫れ物にでもさわる思いで、姑に接しておりました。私もすぐには戸籍に入れてもらえず、どうしてこれだけ苛められるのか分からないと思うほど、痛めつけられました。終《しま》いには娘ごころに、一番の姑孝行は追い出されてしまうことだと思い、真剣に考えた程でしたが、苦しい気持ちを察してくれる主人の優しさがただありがたくて、この人の為に命の尽きるまで頑張ろうと思い定めました。

経済的にも生活は苦しいものだった〔⑫〕。

軍人の生活は決して派手にできるものではありません。殊に当時、中尉として頂いておりましたお手当は、三十三円なにがし、そのうちから強制貯金などを引きますと、二十八円足らずとなります。お米が一斗（約一八リットル）二円余の頃といたしましても、申すまでもなく乏しい家計でございます。……人間は妙なもので、同じ一つのことでも、ああやり切れないと口に出して申しますと、その言葉のひびきでひどくやりきれないような気持ちになります。そして家族の勇気をくじいてしまいます。またものには何でも、明るい面と暗い面がございます。何事によらずよい面を見て、ああよい塩梅《あんばい》だったと考えること、ちょっと病気をしても、大病にならなくてよかったと、そう考えて喜ぶ態度を心掛けました。

東條勝子は本然《ほんぜん》において楽天家——という言葉が軽いのなら、積極果敢な女性だったのではないか。素封家の出で向学心もあり、これまで苦労という苦労を知らなかった若い女性が忍苦の生活を強いられた場合、あれこれ不満を言い募《つの》って自暴自棄になったり、あるいは苦労が身に染まって狷介《けんかい》になるか、それともあきらめの中に埋没するか……勝子はそのどれでもなかった。暗く辛い生活の中で、やがて子供と夫の将来に「明るい面」「よい面」を見出し、忍苦の生活を克服して行く。

結婚二年目で生まれた長男英隆が、まだ胎児であった頃から勝子は綿密な育児日記をつけ始めた。驚くのは、それが夫英機との合作だったことである〔⑬〕。いまどきの若夫婦でも、妻と一緒に育児日記をつける夫というのは、滅多にいるものではないだろう。英機の勝子に対する並々ならぬ愛情を窺わせる。両親の家を離れ、新たに所帯を構えたのはその証でもあろう。二人の結婚生活に破綻が訪れなかったのは、勝子の前向きな姿勢とともに、英機の勝子への深い愛情も大きな理由だったに違いない。二人は七人（男子三・女子四）の子宝に恵まれている。親子ともども子沢山であった。

いま一つの光明、つまり夫の将来に対しても勝子は積極的に取り組んだ。まず手始めは、一度失敗した夫の陸軍大学校合格を成就させることであり、勝子は夫のために受験勉強の計画表を作り、それにしたがって生活設計を立てたという〔⑭〕。

旧日本軍は強固な官僚組織であり、その属性として学歴がものをいう集団だった。陸軍であれば組織のトップに位置するのが陸軍大学卒業生で、彼らは〝天保銭組〟と呼ばれた。江戸時代の天保銭に似た卒業徽章を胸につけていたからである。これに対し陸軍士官学校だけで終わった者を〝無天組〟といった。そして天保銭組と無天組とでは昇進に決定的な差があった。前者は大半が将官となり陸軍省や参謀本部の枢要な地位を占めるのに対し、後者は佐官止まりで連隊勤務に終始する。要するに天保銭組とは、現代でいうなら国家公務員総合職試験にパスした中央省庁採用の〝キャリア官僚〟と言っていい。

東條夫婦はこの天保銭組入りを目指したのである。これを、単純に立身出世主義と嗤い飛ばすのは偽善だろう。どんな分野に進もうとも、それ相応の評価を受け、責任のある地位に就き、重要な職務を担ってゆくのは男子の望むところであり、それを喜ばず、協力しない妻はいない。英機と勝子はごく普通の健全な夫婦であった。勝子の後方支援の甲斐あって、大正元（一九一二）年一二月、二九歳の英機は晴れて陸軍大学校に入学した。第二七期生で、同期には大島浩のほか今村均《いまむらひとし》、本間雅晴《ほんままさはる》、磯谷廉介《いそがいれんすけ》、金子《かねこ》定一《ていいち》がいる。

そのちょうど一年後に父英教が五九年の生涯を閉じた。真相はどうあれ、子の英機が、長州閥が父をそのような境遇に追い込んだ元凶とみなし、敵愾心を燃やしたのは当然のことなのかもしれない。在学中に長州閥に対する英機の憎悪をいっそう掻き立てるような小さな事件が起こっている。その場に居合わせた金子定一によると、日露戦争史の講義中、山口県出身のある教官がクラスに英機がいることを知りながら、英教の戦術理論をひどく非難した。金子は気の毒で「ソット東條の方を見返ると、ウツむいて如何にも残念そうに、蒼黒い顔を紅潮させていた」という〔⑮〕――どんな父親であるにしろ、またもっともな理由があるにしろ、仲間や同僚の目の前で公然その名誉を傷つけられて尋常でいられる子はいまい。英機が長州閥憎しの感情をいっそう深く蔵したことは想像に難くない。

陸大でも勉励努力し、大正四年一二月、この年六月大尉に昇進していた東條は五六名中一一番の成績で卒業した。ちなみに首席は、士官学校一九期の今村均であった。陸大を卒業した東條は、半年のあいだ原隊の近衛歩兵第三連隊に復帰して中隊長の職務についた後、陸軍省に配属となった。陸大卒業生の多くは花形の参謀本部入りを望んだ。実際、陸大二七期五六名中参謀本部に配属となったのは二三名で圧倒的に多い。他の配属先は陸軍省、教育総監部、各部隊の参謀など幅は広い〔⑯〕。ただ陸軍省副官となったのは東條一人で異色だった。陸軍省官房に在籍して陸軍大臣を補佐するのが職責だが、その末端にいて雑事万端に追われる日々だった。――この東條の陸軍省入りは、当時陸軍省で高級副官の任にあった和田亀治《わだかめじ》大佐の説得によるものである。和田は教導団、陸士、陸大の道を歩んできた人物で英教を尊敬し、またその晩年の境遇に同情もしていた。英教の遺児英機に対する親切心から出たことであったという〔⑰〕。

■ヨーロッパ駐在

陸軍省副官から歩兵第四八連隊勤務を経たのち、三七歳の東條は大正八（一九一九）年八月スイス・ドイツの駐在員を命じられ、第一次世界大戦直後のヨーロッパへと向かった。

最初の任地スイスの首都ベルンでは陸士一八期の山下奉文および一九期の河辺正三《かわべまさかず》と一緒で、まずは公使館附武官佐藤安之助《さとうやすのすけ》少将、次いで梅津美治郎《うめづよしじろう》少佐の監督を受けた。スイス時代を知る外交官の伊藤述史《いとうのぶみ》によれば、「三大尉ともドイツ語がなかなか堪能であった。その上非常な勉強家でもあった。よくドイツ語の新聞紙を邦訳していた」。双方ともに情報の収拾に懸命で忙しく、また東條も山下も平素はどちらかといえば無口な方で、たまにベルンを流れるアーレ川の河畔にある「魚料理屋」で談笑する以外、連れ立って遊ぶようなことがなかったという〔⑱〕。その後、大正九年九月に少佐に昇進した東條は翌大正一〇年夏に任地がスイスからドイツに変った。

唐突だが、東條にはほとんど艶聞というものがない。甥の山田玉哉《やまだたまや》は「一に公務二に公務、三、四、がなくて五に公務」の人物だったと言い、夫人勝子も「囲碁、将棋をはじめ、趣味らしい趣味はこれと言ってなかったようです。仕事が趣味だと申しておりました。稀にやるトランプも、子供相手のツーテンジャックほどのもので、タバコは好きでしたが、お酒はほとんど飲まず、疲れた時など〃酔心〃の一合瓶にあらかじめ飲む量を目算して、時たまいただいておりました」と語っている〔⑲〕。

そんな朴念仁にも、このヨーロッパ滞在中に一つ二つ浮いた噂があった。スイス時代に〃海外女房〃がいたというのである。沖修二によると、相手は東條のハウスキーパー（家政婦）のエミーという女性で、沖の稿には東條、山下、河辺と一緒に撮ったその女性の写真が載っている〔⑳〕。楳本捨三《うめもとすてぞう》はベルリン時代のことを書いている。相手は東條の下宿先の、第一次世界大戦で夫を亡くした女性であった。楳本にその話しを聞かせたのは東條の身内の人物で、その中に東條が未亡人と男女の関係になったとき、東京の留守宅に電報を打って了解させたとか潤色されている節《ふし》があった。そこで楳本は夫人勝子に真偽を確かめたところ、「たしかに、そういう事実はございました。しかし、そんなデンポウのやりとりなぞございませんでしたよ、帰国して、事実をはなし、事後承諾のかたちで私に了解させました。そして、おかげで健康も維持出来たし、ご奉公にも差しさわりがなかったと申し、その後も、残っていたマルクを、失くなるまで、毎月送金していたようです」と答えたという〔㉑〕。

夫のヨーロッパ滞在中の三年間、勝子は長男英隆・次男輝雄・長女光枝の三人の子供を連れ田川の実家で暮らした。その間、筆者などはただただ恐れ入るしかないのだが、英機と勝子の夫婦は実に三〇三通の手紙を交換している。内訳は勝子が一五九通、英機が一四四通だった。特に勝子の手紙はいつも長い文面で、佐藤早苗は「これほどまでに激しく妻に愛され、尊敬され、健康を心配され、そして留守家族の日常生活の一部始終を知らされては、夫として嬉しい半面少々うっとうしく重くはなかろうか」と心配するのだが、どうしてどうして東條は勝子からの「嵐のような手紙に満足していた」という。夫婦は混乱の無いよう、お互いの手紙の冒頭に「第何信」と記し、それこそ〃愛の往復書簡〃を交わしていた〔㉒〕。

ところで三年に及ぶヨーロッパ滞在中、東條は彼のその後の進路に重要な意味を持つことになる人物との出会いがあった。永田鉄山である。当時歩兵少佐で、梅津に代わってスイス公使館附武官の任にあった。永田は陸士一六期、陸大二三期をいずれも抜群の成績で終了し、陸軍の将来を担う逸材と属目されていた人物である。

大正一〇（一九二一）年一〇月二七日、永田はドイツ南部の都市バーデンバーデンに赴き、当時ベルリンに滞在していた陸士同期の岡村寧次・小畑敏四郎と旧交を暖めた。バーデンバーデンはヨーロッパ屈指の温泉保養地でカジノもあり、多くの著名人が憩いを求めてやってきた。ロシアの作家ドストエフスキーは当地での体験をもとに『賭博者』をものにしたという。

日本陸軍のベスト&ブライテストではあっても文学や芸術には無縁であった三人の無骨な軍人の話題といえば日本陸軍の将来であり、論談深更に及び陸軍内部の派閥解消、人事刷新、軍制改革、総力戦体制の実現を約したという。後に〃バーデンバーデンの盟約〃と呼ばれるこの会合に、翌二八日、東條が陸士同期の鴨脚光弘とともに加わった。派閥解消・人事刷新とは要するに長州閥の排除ということであり、東條が一も二もなく盟約の趣旨に賛同したことは指摘するまでもない。ちなみに永田は長野、岡村は東京、小畑は高知の出である。――この小さな盟約は彼らが帰国したのち、永田を中心にさらに多くのメンバーを加え陸軍部内で大きな勢力に発展して行く（後述）。

大正一一（一九二二）年の秋も深まった頃、東條は三年の勤務を終えて帰国の途についた。アメリカ経由だった。東海岸のいくつか主要都市を見物してから列車でサンフランシスコに向かい、そこから日本行きの客船に乗った。「二十年もたたぬうちに日本国民を戦争にまきこんだ相手国を、旅行者として駆け抜けるようにとおりすごした」〔㉓〕。その間、東條が何を見、考えたか。山本五十六はテキサスの油田を見て対米非戦を悟ったといわれているが、東條はどうか。たとえばニューヨークの摩天楼を見上げて彼我の国力の差を感得したのか。あるいは、サンフランシスコで活発化していた日本移民排斥の新聞記事やポスターに出遭ってどんな感慨をもったか。想像するほかない。

第2章　昭和改元

■裕仁天皇践祚

東條がヨーロッパから帰国して四年、大正一五（一九二六）年師走二五日に昭和の御代となった。この年八月から葉山の御用邸に転地療養していた嘉仁《よしひと》天皇の御容体が秋の深まりとともに悪化し、師走一二月半ばには宮内省が発病以来の経過を公表、病状が予断の許さない局面に立ち至ったことを窺わせた。この頃から新聞紙面には、ほとんど連日、病床にある天皇の体温、脈拍数、呼吸数などが掲載されるようになった。一二月二四日、病床の天皇は危篤状態におちいり、翌二五日早く崩御した。『日日』（東京日日新聞・現毎日新聞）は次のように伝えている。

一二月二四日（金曜日）第五号外

聖上御危篤／御脈百六十以上／正確に算し難し

一二月二五日（土曜日）号外

聖上崩御

天皇陛下には廿五日午前一時二十五分崩御あらせられた旨宮内省から発表された。

新帝践祚《せんそ》／御用邸御座所において

天皇陛下崩御あらせられたるにつき皇室典範第十条、天皇崩ずる時は皇嗣即ち践祚し祖宗の神器を承くの明文により皇嗣たる皇太子裕仁《ひろひと》殿下には同時刻を以て直ちに御用邸なる御座所に於いて践祚あらせられ……

ところで、この大正天皇の崩御を伝えた号外には、はやばやと改元の記事が掲載されている。それによれば、新元号は「光文」「大治」「弘文」など諸案中「光文」に決定するであろう、とのことであった。これに続く号外は、二五日午前二時頃より葉山新御用邸において枢密院緊急臨時本会議が開かれ、慎重審議の結果、政府提出原案を可決し、枢密院議長より奉答し、新元号は正式に「光文」と決定したと報じている。

結果的に大誤報となったわけだが、その背後にはどんな経緯《いきさつ》があったのだろうか。つまり「光文」という元号がそもそも誤りであったのか、あるいは『日日』が正式発表に先んじて速報したため急遽「昭和」という元号に変更されたのか。毎日新聞の社史は後者の立場をとっているが、おそらくそれが真相なのだろう。

大正天皇の発病以来、『日日』は臨時委員会を設けて崩御その他の取材に万全の策をとっていたが、そんな中に一政治部員から新元号は「光文」になるらしいとの極秘情報がもたらされた。元首相で枢密院顧問官清浦圭吾《きようらけいご》の線からの情報も「光文」で一致していた。「光文」の命名者は中島利一郎という人物である。中島は早稲田大学英文科卒業後に黒田侯爵家記録編纂主任となり、宮内省臨時帝室編集局、帝室博物館に勤め、東洋言語学に通じ比較言語学の権威として宮内省では貴重な存在であった。大正天皇の病いが重くなられて今日明日が危ないという頃、枢密院と政府の間で秘密裡に元号審議会が設けられ、枢密顧問官から黒田長成《くろだながしげ》侯爵・金子堅太郎《かねこけんたろう》子爵・元文相江木千之《えぎかずゆき》が選ばれ、黒田邸で協議が続けられていた。その折りに中島は相談を受け、「光文」を提案して皆の賛同を得た。しかし『日日』がいち早く「光文」の決定を報じて大問題となり、崩御前に知られているような元号は具合が悪いということになった。さらには歴史を調べてみると弘文天皇という方がおられ、これは天武天皇と争って敗れ首を吊って最後を遂げた大友皇子のことで、字は違うが、同じ音では縁起が悪いという意見もあり、最終的には宮内省嘱託の吉田学軒が内々で考えていたという「昭和」に変更になった――中島は、このような改元の経緯を昭和三一年八月二九日付『内外タイムス』の「風流録音盤・生き字引が語る、日本語さまざま」で証言し、また九月にはＮＨＫのテレビ番組「私の秘密」に出演して「光文」が「昭和」に替えられた理由を語った〔①〕。

「昭和」は『書経』堯典の一節「百姓昭明、協和万邦」（百姓昭明にして、万邦を協和す）から採られた。古典的字義はさておき、「昭和」の意味するものは内にあっては君民一致の融和、外にあっては列国との共存共栄による平和である。しかし葉山の御用邸で開かれた臨時枢密院会議では倉富勇三郎《くらとみゆうざぶろう》枢密院議長が異議を唱え、『易経』から採った「上治」という私案を出したという。倉富は「昭和」の字句そのものではなく、出典の『書経』堯典に問題ありとして反対した。堯《ぎょう》は中国古代の伝説上の帝王で、天文暦法を定めた理想の天子である。ただ堯は子の丹朱を人徳が欠けるとして斥け、ひとびとの推薦する有徳のひと舜《しゅん》に天子の位を禅譲し、舜もまた、治水事業に功績のあった禹《う》に禅譲した。「これは今日でいう共和政治ではないか」というのが倉富の言い分であった〔②〕。……「昭和」はその誕生から多難だ。

一二月二八日、宮中正殿において朝見の儀が行われ、裕仁《ひろひと》天皇は文武百官に対し皇位継承の勅語を下された。「朕《ちん》、皇祖皇宗の威霊に頼《よ》り、万世一系の皇位を継承し帝国統治の大権を総覧《そうらん》し以て践祚の式を行えり」という序文に続き、勅語は祖父明治天皇の治績を讃え（「内《うち》文教を敷き、外《そと》武功を耀《かがや》かし、千載不磨《せんざいふま》の憲章を頒《わか》ち、万邦無比の国体を鞏《つよ》くせり」）、これを継承すべき父大正天皇が途《みち》半ばに病に倒れ亡くなられたことを「哀痛《あいつう》極り罔《な》し」と述べている。

では「昭和」の新時代はどうあるべきか。最近において世相が変化し、考え方の基準や経済的利害が従来とは相異なる情況が現れてきた（「晩近《ばんきん》、世態漸《ようや》く以て推移し、思想は動《やや》もすれば趨舎相異なるあり、経済は時に利害同じからざるあり」）と勅語は指摘し、そしてこのような時節に際して目を国家の大局に向け、挙国一体となって共存共栄をはかり、国の基礎を培《つちか》い、大いに民族を繁栄させ、維新の遠大な目標を実現するよう努めなければならないとしている。さらに勅語は言う。「浮華を斥《しりぞ》け、質実を尚び、模擬を戒め、創造に勗《つと》め、日進以て会通《かいつう》の運に乗じ、日新以て更張の期を啓《ひら》き、人心惟《こ》れ同じく、民風惟れ和し、汎《ひろ》く一視同仁の化を宣べ、永く四海同胞の誼《よしみ》を敦《あつ》くせんこと、是朕が軫念《しんねん》最も切なる所」である、と〔③〕。朝見の儀に列席し、勅語を拝した文武百官の中にむろん東條英機の名はない。昭和改元を、東條は陸軍省技術本部附兼陸軍省軍務局軍事課員兼陸軍大学教官として迎えた。齢《よわい》四三、階級は陸軍中佐、世間的にはまったく無名の一軍人であった。

■社会主義の流行

東條が渡欧した大正の後半期から昭和初期にかけて、日本国内はまさに勅語が指摘する「世態漸く以て推移し、思想は動もすれば趣舎（取捨）相異なるあり、経済は時に利害同じからざるあり」という情況を迎えた。

雑誌『中央公論』大正五（一九一六）年一月号に東京帝国大学の吉野作造《よしのさくぞう》が「憲政の本義を説いて其有終の美を済《な》すの途を論ず」と題する論文を発表して以降、民本主義が広く受け入れられ、大正デモクラシーの一大思潮となった。一方、大正六年に起こったロシア革命の影響もあって社会主義思想も勢いを増してきた。同年、京都帝国大学の河上肇《かわかみはじめ》が『貧乏物語』を世に送り、大正九（一九二〇）年には高《たか》畠素之《ばたけもとゆき》の訳になる日本初のマルクス『資本論』の完訳刊行が始まった。この高畠訳の『資本論』は大正一四（一九二五）年、新潮社から改訳版が出版されベストセラーになった。また東條が陸大教官となった大正一一（一九二二）年には国際共産主義運動の総元締めともいうべきコミンテルンの日本支部として、非合法ながら堺利彦《さかいとしひこ》や山川均《やまかわひとし》を中心に日本共産党が創設されている。

このような民本主義や社会主義思想の普及は普通選挙運動、労働運動、農民運動に大きな刺激を与えた。とりわけ労働運動は、大正七（一九一八）年の第一次世界大戦終結とともに急速に活発化している。

大戦中、日本経済は好景気に湧いた。イギリス・フランス・ロシアなどの三国協商側への軍需品の供給、それら諸国がアジア・アフリカに持っていた植民地への市場拡大、日本と同じく戦争景気にわくアメリカとの好調な貿易などによって輸出が激増し、またそれにともなって海運が好況となった。三井、三菱、住友などの大財閥がその資産を二倍ないし三倍に増大させ、多くの〝戦争成金〟や〝船成金〟が生まれた。大都市周辺では経済の拡大にともなって工場が建てられ、サラリーマンや労働者の人口が急激に増加した。大戦が終わって半年ほどで景気は後退したが、主戦場となったヨーロッパの経済復興とともに日本経済は再び活況に転じた。しかし大戦によってもたらされたバブル経済も、大正九年三月の株価暴落を引き金として破裂するに至った。戦中・戦後の好況期にあってもインフレによって労働者の実質賃金は低下していたが、バブル崩壊で職を失う労働者が続出し、労働運動が激化した。大正七年の労働争議の件数は四七一件（参加人員六万六〇〇〇人）、それが翌大正八年には二三八八件（参加人員三三万五〇〇〇人）と激増し、大正九年も一〇六九件（参加人員一二万八〇〇〇人）に上った〔④〕。

戦後恐慌が沈静化したのちも日本経済の低迷が続いたが、これに追い打ちをかけるように大正一二（一九二三）年九月に関東大震災が東京を襲った。師走一二月には当時摂政の任にあった裕仁殿下お召しの車が皇居へ向かう途中、虎ノ門付近で無政府主義者難波《なんば》大助《だいすけ》に狙撃されるという事件が起こっている（虎ノ門事件）。

不況にともなって軍に対する風当たりが強くなってきた。大正一〇年から一一年にかけて開かれたワシントン会議で日本は主力艦の対米比六割を受け入れることになったが、軍の一部や右翼の強硬な反対にもかかわらず、政府が海軍軍縮条約に調印し、批准にこぎつけることができたのは、当時の経済事情と軍に対する国民の不満があったればこそだった。むろん東條の属する陸軍も例外ではいられない。海軍軍縮に踵《きびす》を接するように山梨半造《やまなしはんぞう》陸相（加藤友三郎内閣）の手で、大正一一年から翌一二年にかけ二次にわたって陸軍軍縮が実施され、これによって二二〇〇余の将校を含むおおよそ六万人の兵員が整理された（山梨軍縮）。次いで大正一四年、宇垣一成《うがきかずしげ》陸相（加藤高明内閣）が軍縮を断行、四個師団とそれに付属する部隊約三万四〇〇〇の兵員が整理された（宇垣軍縮）。しかし、この三次にわたる軍縮で浮いた経費のかなり部分が、装備の近代化に充当されたため財政の負担軽減にはあまり役には立たなかった。そんなこともあってか、国民の軍部への不満、軍人軽視の風潮はますます高じた。軍人が「電車に乗るにも、軍服では気がひけて、人混みの場所には、なるべく平服で行くような時代」「名のある女学校の卒業生が、軍人には御嫁に行かないという時勢」が到来した〔⑤〕。

「世間の流行は、決して、市ヶ谷台だけを、よけては通らなかった」と松村秀逸《まつむらしゅういつ》は回想している。松村は大正九年に市ヶ谷台の陸軍士官学校を卒業し、連隊勤務を経て大正一四年一二月に陸大入学、昭和三年一二月に卒業した。その年三月に東條は陸大教官の任を解かれ陸軍省整備局軍事課長に就いているが、後年、松村は陸軍次官の東條に仕え、戦時中は陸軍報道部長として首相兼陸相の東條と関係を持つことになる。

松村によると、「若い将校の間には、転職するものが多かった。少尉の月給が、四十三円では、食えないというので、臨時手当が三十円ついた。士官学校の生徒だった私達は、日曜に外出して、先輩を訪ねると、食えないというのが、話題の中心であった。思想も混乱の様相を呈してきた。ロシヤ革命の成功は、マルクス熱を煽った。デモクラシーも、それに劣らず流行した。若い将校の中には、綜合雑誌の読者も多かった。士官学校でも、民主主義とか、民本主義の講義を聞かされた」という。

また陸軍大学ではこんなこともあった。――「昭和三年、私が三学年だった頃、梅津大佐（梅津美治郎）が、陸軍の軍事課長で、兼任教官として軍制学の講義にやってきた。講義の始めに『陸軍大臣は文官がよいか、武官がよいか』と質問したことがある。学生の総数四十七名、……梅津さんは、若い方から、順次に、質問していった。丁度、十人目で、文官大臣八人、武官大臣二人という比率になった。私は十番目にいた。利巧な彼は、一寸あわて出した。軍の最高学府である陸大三年学生の与論が、文官陸相論であったということになると、問題がウルサクなる。『今の質問は取消す。私が、こんな問題を、諸君にたずねたということも取消す』と、あっさり取消して、その後、一切、この問題にはふれなかった」そうである〔⑥〕。

陸海軍大臣を現役の軍人に限定するという軍部大臣現役武官制は、軍の統帥（軍の指揮運用）については専《もっぱ》ら陸軍参謀総長・海軍軍令部総長が内閣から独立して天皇を輔佐するという統帥権独立の制度とともに、軍の利益を守り軍の総意を実現するための強力な武器となり、軍部独裁と称される体制実現のテコになった制度である。これまで官制の変遷はあるものの、明治の建軍以来、現役の軍人以外で陸相に就任した者はいない。座興とはいえ、その武器を文官に渡すという意見が多かったのは、やはり武窓も「程度の差、時期の遅れは多少あったが、世間とともに動いていた」ことを窺わせる。

■陸軍大学教官

このような時節に東條は陸軍大学教官を務めていた。担当はヨーロッパの戦史・戦術であったが、東條の講義は良質のものとは言えなかったようである。「ミャックス」というのが綽名《あだな》だったと、東條教官の教え子の一人佐藤賢了《さとうけんりよう》が回想している。後年、佐藤は国家総動員法が国会で審議されていた頃（昭和一三年）、政府委員として同法特別委員会に出席していた折り一議員に向かって「黙れ」との暴言を吐いて物議をかもしたことで有名となった。東條とは縁が深く、東條首相兼陸相の下で、武藤章の後継として陸軍省軍務局長を務めている。

学生の間ではこんなやりとりがかわされていた。

「午後（の授業）はなんだ」

「ミヤックスだよ」

東條はドイツ語を学んだが、フランス語は学ばなかった。それでヨーロッパ戦史の講義中、フランスの地名もすべてドイツ読みをした。ＭＥＡＵＸ《モー》をミヤックスと発音する。講義中に何度も出てきて、そのたびに学生がクスクス笑うのだが、いくら笑われても平気で最後まで押し通した。以来、学生はこの綽名を奉《たてまつ》ったというわけである〔⑦〕。ドイツ語読みのことは、佐藤と陸大同期の稲田正純《いなだまさずみ》も語っているが、「とにかく東條さんの教官振りはぎこちなく、凡そ学問的と言えなかった」という〔⑧〕。

ちなみに、後年、満洲事変の立役者となり、また対満洲政策をめぐって東條と対立することになる石原莞爾《いしはらかんじ》も陸大教官としては学生たちの評判はよくなかった。石原の信奉者で、仙台の幼年学校から陸大まで共に学んだ横山臣平の『秘録石原莞爾』には、陸大教官時代について「彼は同校教官として大尉時代一年、少佐から中佐にかけて三カ年の期間就職して、ドイツ留学中に研究した古戦史（主としてフリードリヒ大王とナポレオンの戦争指導）の講演を行ったが、その成果として特筆すべきものがなく、石原としてはもっとも平凡な時代であった」としか記していない〔⑨〕。福田和也『地ひらく（上）』によると、石原の講義振りは「懇切な説明をしない」「議論が一方的で、生徒側を打ちのめすことを主眼としているかのよう」で、学生たちは石原に「いいように嘲弄されたままで、手も足も出ない無力感ばかりを味わった」。加えて「授業態度が奔放で、話しがたびたび脱線したり、退屈な議論が展開されると居眠りをし、ささいな事で腹を立てて中断」したことも再三あった⑽。筆者などは、論談風発、戦史にも造詣が深い石原の講義はさぞや学生たちに人気があっただろう、と単純に想像していたのだが意外だった。同じ教官でも、出来の悪い学生にとっては、まだ「ミャックス」のほうが可愛げがあるように思われる。福田は「軍内では年下の者たちからも慕われることのない」石原の孤独を指摘するが、同じ講義下手《べた》でも東條には仕える者が少なくなかった。

　昭和三（一九二八）年、四五歳の東條英機は三月に陸軍省整備局動員課長となり、八月には大佐に昇進している。この年二月に普通選挙による初めての衆議院総選挙が実施されて議会政治が前進する一方、三月には共産党員が大量検挙される（三・一五事件）など社会主義勢力に対する取締りが一段と強化されるようになった。

　その頃陸軍内部では後に〝昭和の軍閥〟といわれる勢力が台頭しつつあった。

　バーデンバーデンにおける永田鉄山・小畑敏四郎・岡村寧次・東條英機の同士的結合は、彼らの帰国後に二葉会の結成となった。主要メンバーには他に陸士一五期の河本大作《こうもとだいさく》・山岡重厚《やまおかしげあつ》、永田・小畑・岡村と同じ一六期では磯谷廉介・板垣征四郎・土肥原賢二、そして一八期には山下奉文がいる。これとは別に昭和三年に入って新たな集団が誕生した。無名会（木曜会）がそれである。二二期の鈴木貞一《すずきていいち》を中心に二一期の石原莞爾、二四期の土橋勇逸《つちはしたけやす》、二五期の武藤章《むとうあきら》・田中新一が主要メンバーである。そして翌昭和四年五月に、この二つの集団は合同して一夕会《いっせきかい》の誕生となった。後に牟田口廉也《むたぐちれんや》（二二期）や富永恭次《とみながきょうじ》（二五期）も加わった。いずれも〝天保銭組〟のエリートで、省部（陸軍省と参謀本部）の要職を占めていた。永田鉄山を中心とする一夕会の最終目標は彼ら自身の手による国家の改造である。そのためには人事の刷新が必要だった。陸軍部内では山県有朋以来の長州閥がなお命脈を保ち、岡山出身だがその系統を受け継ぎ大正末から昭和初期にかけ三度陸相に就任した宇垣一成が隠然たる勢力を保持していた。これに対抗するため、一夕会は荒木貞夫・真崎甚三郎・林銑十郎の三将軍を盛り立ててゆくことを約し、同志を省部の要職に送り込むことに努めた〔⑪〕。

■第一連隊長

昭和四（一九二九）年八月、四六歳の東條は第一師団隷下の第一連隊長に補任された。むろん世間的にはなおまだ無名の一軍人に過ぎない。上官の師団長は真崎甚三郎《まさきじんざぶろう》中将で、連隊司令部は六本木にあった。ちなみに東條が兄とも仰ぐ永田鉄山も、この一カ月ほどまえ第三連隊長となっている。ドイツ留学から帰国したあと東條は陸大教官や中央の官衙《かんが》のさして重要ではない椅子を転々とする軍隊生活を送ってきた。久々の現場勤めで、相当に張り切っていたに違いない。

兵士たちにとって、東條は理想的な連隊長ではなかったか。

自分の部下となる将校の名前、性格、家庭環境、陸士時代の成績など身上調査書を克明に調べ上げて第一連隊に着任しただけでなく、部下の中隊長に彼らが率いる兵士の人事管理について東條流を命じた。また、当時、陸軍が嫌悪された最大の理由——初年兵（新兵）に対する私的制裁にも厳しい姿勢で臨んだ。兵士の健康に対する気配りも相当なもので、小は食事の献立から大はレントゲン検査の導入に及び、当時第一連隊の軍医を務めていた松崎陽によれば、寒い日、暑い日、季節の変わり目のたびに連隊長室に呼ばれ、兵士の健康状態に関する質問を浴びせられたという。除隊後の面倒もよくみた。昭和二年の金融恐慌に続き、昭和四年にはアメリカの大恐慌に端を発して世界恐慌が起こり、その荒波は当然日本をも襲った。不況が続くなか、多くの兵士たちは除隊しても働き口がなかった。そこで東條は連隊内に就職斡旋委員会を設け、中隊長や大隊長に委員を命じ、除隊する兵士たちの職場探しのために会社回りをさせたという〔⑫〕。

兵士だけでなく直属の将校たちにも、東條は様々な気遣いをみせた。部下の将校はもとよりその家族が病気になったときでも親身になって心配し、世話をしてくれたという。後年、陸相および首相秘書官として東條に仕えることになる赤松貞雄《あかまつさだお》は、この連隊長時代に東條と邂逅《かいこう》している。東條は、元来が健康に恵まれず、また陸大受験に二度失敗して意気消沈していた赤松を励まし叱咤した。むろん本人の努力の甲斐あってのことだが三度目の受験に成功し晴れて陸大生となった赤松は、昭和九年一一月の卒業の際には恩賜の軍刀を拝受するほど優秀な成績をあげている。

その赤松が東條英機の面目躍如たるエピソードを紹介している。赤松は陸大在学中、富士裾野での演習中に兵士のひとりが熱射病にかかって亡くなるという事故を経験したが、彼によれば東條連隊ではこんなことはまず起こることはなかったという。なぜなら「東條連隊長は猛烈な訓練や演習をやるときは、事前に、万一の場合の対策を充分処置した上で実行するのが常であった。たとえば暑気で兵が倒れた場合には、すぐに日陰に用意した天幕の療養所に連れて行き、予め用意してあった注射や氷による冷却処置などを直に実施した上で、休養させたものである。また、演習に出る前に睡眠は十分であったかどうか、食事をとったかどうか、それもおいしく食べられたかどうか、微に入り細に亘って分隊長や小隊長が各兵ごとに熟知しておくように指導した。そして幹部が点検した上で、始めて猛演習をやるという具合であったから、倒れても死んだり重傷者にはならなかった」のだという〔⑬〕。

兵士や将校への面倒見のよさ、細かな気配り――そのような連隊長の下で弛緩する部隊などあるはずもない。東條の統率力は際だっており、第一師団長の真崎甚三郎の覚えもめでたかった。取材にいった『朝日』の記者高宮太平に真崎は次のように語っている〔⑭〕。

わしの部下に偉い奴がいるよ。とりわけ東條連隊長など大したものだ。この間小田原付近で演習をしていたのだが、ちょうど蜜柑《みかん》が熟れている。その蜜柑畑のあちこちに、笊《ざる》に蜜柑を入れておいてある。副官にきいてみると、演習のときには、いつも兵隊が蜜柑を取る。少々ぐらいとられても構わないが、そのもぎ方が乱暴で木を痛める。それでどうせとられるものならというので、こうして笊にいれて置いてあるのだと説明した。演習していれば喉がかわく、黄色に熟している蜜柑が眼の前にブラ下っていては、兵隊ならずとも手の出るのは当然だ。それなら今度は笊の蜜柑代はちゃんと払ってやらねばいけないと命じておいた。演習がすんでふと蜜柑のことを思い出して副官に、蜜柑代は払ったかときくと、百姓を集めて払おうとしましたが、今年は笊の中の蜜柑は一つもへっていないから、代金はいりませんと断ったという。それは奇特なことだが、兵隊がどうしてとらなかっただろうかと調べてみると、こういうことがわかった。

東條連隊長が演習前兵隊に対し、蜜柑のことを話し、笊の中に入っているのは、あとで師団から代金を払うことになっているから、食いたいものは食ってさしつかえない。木にあるものは絶対手をふれるな。笊の中のものでも、百姓が丹精して作ったのだから、なるべくなら食わないほうがよい。演習だから実弾は飛んでこないが、戦地にいると腹がへっても、喉がかわいても辛抱せねばならぬことがある。演習は実践を想定してやるのだから、少しの時間渇を辛抱できないようでは、本当の軍人とはいえない。今年の演習ではこの心懸けでやれと訓話したのだそうだ。そこで平素敬仰している連隊長のことだから、連隊の不名誉となることはすまいと期せずして蜜柑なしの演習をやったという次第だ。
　これは一通りの連隊長ではできないことだ。よほど部下をしっかり掌握していなければ、ここまでやれるものではない。連隊長がいちいち兵隊について廻っているのではないから、そしておおっぴらに笊の蜜柑は食ってよろしいと言われているのだから、それに手を出さないということは考えられない奇蹟だ。その奇蹟を実現したのだから、東條連隊長は日本一の連隊長だよ。

　その真崎の推薦もあって、東條は、昭和六（一九三一）年八月一日に参謀本部動員編成課長（第二課長）に転出した。満州事変勃発のほぼ一カ月半前のことである。参謀本部で任務に就くのは実質的に初めてのことだった。しかし、東條と真崎の〝蜜月〟は長くは続かなかった。間もなく両者は鋭く対立するに至り、その結果、東條は父英教と同様に高級軍人として働き盛りの時、枢要な部処から追われることになる。

■統制派と皇道派

山県有朋《やまがたありとも》を頂点として陸軍を牛耳ってきた長州（山口）閥の勢威は、大正年間に二度にわたって陸軍大臣を勤め、予備役編入後に政友会総裁に転じて首相（昭二年四月～四年七月）となった田中義一を以て実質的に終わりを告げた。代わって岡山出身で長州閥の一員と目されていた宇垣一成《うがきかずしげ》が大正末期から昭和初期にかけて三度陸相の座に就き、陸軍部内に隠然たる勢力を持つに至った。彼の下には金谷範三《かなやはんぞう》（大分）、寺内寿一《てらうちひさいち》（山口）、阿部信行《あべのぶゆき》（石川）、二宮治重《にのみやはるしげ》（岡山）、小磯国昭《こいそくにあき》（山形）、杉山元《すぎやまはじめ》（福岡）、建川美次《たてかわよしつぐ》（新潟）らが蝟集《いしゅう》し、さながら宇垣閥の観を呈した。

この準長州閥ともいうべき宇垣閥に対抗する有力な勢力になったのが、荒木貞夫《あらきさだお》（東京）と真崎甚三郎（佐賀）の両将軍である。昭和六（一九三一）年一二月、犬養毅内閣の陸軍大臣に荒木が就任し、翌昭和七年一月真崎が参謀本部次長の椅子に座った。参謀総長は皇族の閑院宮載仁親王《かんいんのみやことひと》であり、実質的に参謀本部のナンバーワンは真崎だった。また同年五月には満洲事変の折り〝越境将軍〟として名をはせた林銑十郎《はやしせんじゅうろう》が教育総監となった。すでに記したように永田鉄山をリーダーとする一夕会は、長州閥を排除し荒木・真崎・林を盛り立てて、総力戦体制の確立を中核とする国家改造に邁進することを盟約していた。その三将軍が陸軍のトップに上りつめたいま、その目的実現に向け大きな一歩を踏み出すことになるはずだった。しかし、皮肉にも一夕会は分裂に向かい、陸軍内には荒木・真崎を頂点とする皇道派――荒木が「皇軍」「皇国」「皇威」などという言葉を盛んに用いたことから、この呼称が生まれたといわれる――と永田をリーダーとし東條や武藤章・池田純久《いけだすみひさ》など省部の有力幕僚をメンバーとする統制派という二つの派閥が形成され、両派の間に暗闘が繰り返されることになる。

何が原因で荒木・真崎と永田・東條らが対立抗争するようになったのであろうか。

第一の原因として荒木・真崎が行った人事が挙げられる。いつの時代の、どんな組織でも内紛はつきものだが、その主たる原因は決まって人事だろう。荒木・真崎は省部の枢要な椅子から宇垣派の軍人を追い払ったのはいいとしても、その後釜に、当然といえば当然のことだが、自分らの息のかかった者を据えた。田中義一や宇垣一成の轍《てつ》を踏んだのである。昭和七年に入って、陸軍省では陸軍次官に柳川平助《やながわへいすけ》中将、軍務局長に山岡重厚少将、軍事課長に山下奉文大佐、人事課長に松浦淳六郎《まつうらじゅんろくろう》少将、参謀本部では荒木の腹心ともいうべき小畑敏四郎少将が二度目の作戦課長を経て第三部長（運輸通信を担当）に登用された。他に香椎浩平《かしいこうへい》中将が教育総監本部長、秦真次《はたしんじ》中将が憲兵司令官となった。こうした、いわば身内で省部の枢要ポストを固めるという派閥人事は多くの軍人の反発を買った。

第二に、荒木自身の軍政家としての能力や見識の欠如である。荒木は永田ら省部の幕僚が起案する政策や予算案を閣議で通すことができず、陸軍内の期待はやがて失望に変わっていった。

第三に青年将校に対する荒木・真崎の姿勢が亀裂の原因となった。荒木・真崎は皇道主義、国粋主義に基づく国家の革新を標榜し、特に無天組、つまり陸大出身者ではない隊付の青年将校の期待を集めた。荒木は格別人気があったという。私邸や官邸に尉官クラスの将校が出入りするのを許し、彼らの怪気炎を聞いてやった。池田純久は、たまたまそのような光景を目撃している〔⑮〕。

ある年の正月、私は荒木大将邸を訪れ、祝いの酒の振舞いにあずかっていると、ドヤドヤと、青年将校の一団がはいってきた。酒の酔いも手伝っていたのだろうが、傍若無人にも敬礼もそこそこに、「荒木、一杯飲め」と言って、どっかと、あぐらをかく姿を見て私はうんざりした。親近感をあらわしたつもりかもしれないが、これじゃ、まるで博徒か、やくざの群れである。規律厳しい軍人の集まりとは、どうしても受け取れない。「ああ、よし、よし」と、駄々っ子をあやすようにうなずいている大将の姿を見て、私は、酒の上とはいえ、こんなにまでして、青年将校をあまやかしてよいものだろうか、と釈然たらざるものを感じ、不愉快になって席を立って帰った。

荒木の態度は若者への迎合にしか見えないが、青年将校には〝話せるオヤジ〟ということになる。人気のでないほうがおかしい。真崎も同様で、これも酒の上でとはいいながらも、若い将校たちが〝甚公〟呼ばわりするのを咎めなかったという。それどころか、両人は彼ら青年将校の政治的活動を奨励するような言動すらあった。

永田や東條にとって青年将校の革新運動は陸軍の統制を乱す以外のなにものでもなく、彼らを自己の勢力拡大に利用しようとする両将軍の、日頃の言行を苦々しく思うようになっていった。東條は次長室に赴いて真崎に直言することもあったという。軍内部の規律維持について、おそらくは人一倍敏感な東條の面目躍如たるところだが、真崎にしてみれば、自分が面倒を見てやった飼い犬に手を噛まれた気がしたに違いなく、それゆえ東條への憎悪が募ったことだろう。

昭和七年四月、参謀本部では永田鉄山が第二部長（情勢判断を担当）となった。このときの人事異動では、すでに記したように小畑敏四郎が同じく第三部長についている。また両者は共に少将に昇進した。他に目だったところでは作戦課長に小畑の弟分とされていた陸士二二期の鈴木率道《よりみち》中佐が抜擢された。東條は編成動員課長から動かなかった。こうして、参謀本部では統制派の永田・東條と皇道派の小畑・鈴木が角突き合わせることになった。とりわけ、小畑の永田に対するライバル意識は相当なものだったようで、永田のハンコのある書類を持っていこうものなら、小畑はその上に自分のハンコを押したという〔⑯〕。バーデンバーデン以来の二人の盟約関係は完全に破綻した。東條と鈴木の間もかなり険悪で、廊下ですれ違っても互いに顔を背けるほどだった。

しかし、参謀本部における統制派と皇道派の相克は昭和八年で終わりを告げる。六月に次長の真崎は大将に昇進、軍事参議官となって参謀本部を離れた。参謀総長の閑院宮の意向が強く働いていたといわれる。次いで八月に永田が第一旅団長、小畑が近衛第一旅団長となって転出した。

■不遇をかこつ

一方、東條は失意の時を迎える。同年三月一八日、五十歳の東條は少将昇進とともに編成動員課長の職を解かれて参謀本部付を命じられ、次いで八月一日に陸軍兵器本廠付、一一月二二日には陸軍省軍事調査部長を命じられた。一年の間に三つのさほど重要ではない部処をたらい回しにされたわけだが、その背後に荒木や真崎の意志が働いていたのは指摘するまでもない。外柔内剛で無用な摩擦を好まない永田とは違って「売られた喧嘩は必ず買う」東條は、皇道派による統制派攻撃の格好の標的となり、それゆえ不遇をかこつ身となったが、荒木や真崎に媚態《びたい》を示すようなことはついぞなかった。だから、このままいけば父英教と同じように、志半ばにして陸軍を追われることになったかもしれなかった。

昭和九（一九三四）年一月、荒木が肺炎で体調を崩して陸相を辞し、軍事参議官に退いた。本来ならば昭和七年の五・一五事件の責任をとって辞職すべきであったが、皇道派の勢力維持のためもあって陸相の椅子に座り続けていたのである。しかし、タッグを組んでいた真崎が参謀本部次長の職を解かれてから荒木の政治力は日増しに弱まって行く。閣内では相も変わらず空疎な言動に終始した。そんな荒木に青年将校の間にも不満の声が高まってきた。病気を理由とはしたが、やる気を無くして投げ出したというのが真相といわれている。後任には真崎の声もあがったが、参謀総長閑院宮の推薦もあって林銑十郎が教育総監から陸相の椅子に座った。その林に代わって真崎が教育総監に就任した。

新任の林陸相は、真崎の反対を押し切って陸軍省のもっとも枢要なポストである軍務局長に、皇道派の山岡重厚に代えて永田鉄山を起用した。だが、東條の復権は見送られた。三月に士官学校幹事という閑職に回され、さらに八月には福岡県の久留米を衛戍地《えいじゅ》とする第一二師団隷下の第二四旅団長に転出させられた。〝都落ち〟である。真崎の差金《さしがね》という。真崎は永田は認めても、自分に正面から突っかかってくる東條に許し難い感情を持っていたのだろう。

おそらく東條は、いずれ東京に呼び戻すことになると林や永田に約束されていたに違いなく、したがってただ絶望の思いで〝配流の月〟を眺めていたのではなかったろう。とはいえ腹に据えかねることもあった。一つには久留米に赴任した東條の周囲には常に憲兵の監視の目が光っていた。すでに記したように、ときの憲兵司令官は皇道派の秦真次《はたしんじ》である。加えて真崎が佐賀出身、荒木も熊本の第六師団長を務めていたこともあって九州は親皇道派の空気が強く、在郷軍人会の集会で講演をする際にもあからさまなあくびやささやきがもれたという。だがその一方で、実際の東條に接して信頼を寄せる者も出てきた。副官で皇道派系の佐々木清大尉がそのひとりである。佐々木は、東條の言辞に裏がないことに感服した。彼によれば、東條は確かにメモ魔ではあったが、手紙を書くことはめったになかった。世上流布されているような、永田に頻繁に手紙を出し皇道派への復讐を誓ったなどということはなかったようである。逆に東條には永田以外にも南次郎、梅津美治郎、小磯国昭から励ましの手紙がよく届いていたという〔⑰〕。監視だけではない。東條を予備役に追い込もうという裏工作も行われた。師団長の大谷一男中将は真崎のいわば子分であり、親分の意を受けた大谷は旅団対抗の演習や図上演習で東條旅団にはいつも難題を押しつけた。しかし、東條からついに失点を奪うことができなかった〔⑱〕。

昭和一〇（一九三五）年、久留米の東條にもようやく陽光が差し込んできたようだった。東京では、林陸相のもとで今井清《いまいきよし》人事局長を中心に次官の橋本虎之助《はしもととらのすけ》、永田軍務局長が参画して人事案が練られ、参謀総長の閑院宮の同意も得て実行に移された。その結果、七月に前年一月から教育総監の職にあった真崎が罷免されて軍事参議官に退いた。もっとも真崎は大人しく教育総監の椅子を譲ったわけではない。大正二年六月に策定された、陸軍大臣は将官の人事について参謀総長・教育総監に協議のうえ天皇に内奏すべしとの「陸軍省、参謀本部及教育総監部関係業務担任規定」を盾にとって総監の地位に留まろうとし、それが適わぬや、陸軍省の人事案を〝統帥権干犯〟であると非難したのである。むろん統帥権が総監の任免に及ぶはずもなく、ためにする非難であったが、皇道派系の青年将校に与えた刺激は大きかった。この真崎罷免の背後に永田の存在が喧伝されたが、実際は永田以上に参謀総長閑院宮の存在が大きかった。陰湿で、派閥の維持に汲々とし、自分をないがしろにした真崎を閑院宮はとにかく嫌っていたという〔⑲〕。他にも、憲兵司令官から第二師団長となっていた秦真次が予備役に編入され、柳川平助が第一師団長から台湾軍司令官、山岡重厚が陸軍省整備局長から金沢の第九師団長、山下奉文が兵器本廠付から軍事調査部長に転出させられた。また参謀本部編成動員課長時代の東條と角突き合わせた鈴木率道が、参謀本部作戦課長から参謀本部付となった（翌昭和一一年五月に支那駐屯軍砲兵連隊長に転出）。後任には仙台の歩兵第四連隊長の石原莞爾大佐が起用された。

　こうして省部の枢要なポストから皇道派が排除され、東條も東京に呼び戻される日が近づいてきた。八月一日に第二四旅団長の職を解かれ、第一二師団司令部付となり、待命《たいめい》の身となった。しかし、それから二週間と経ない八月一二日、永田鉄山が陸軍省内の軍務局長室で、白昼、皇道派の相沢三郎《あいざわさぶろう》中佐に日本刀で斬殺されるという事件が起こったのである。永田は統制派の首魁《しゅかい》であり、真崎の教育総監罷免を含め皇軍を危うくする張本人であるというのがその理由だった。

第3章　飛　躍——満洲の大地から

■満洲行

永田が非業の最期を遂げてから二週間ほどして東條に関東憲兵隊司令官兼関東局警務部長の内命があった。傍目には左遷と見えなくもないが、東條の身を案じた林陸相が永田事件の二の舞を恐れて満洲に送ることにしたといわれている。昭和一〇年一〇月初め、東條は満洲の首都圏警察に勤務していた長男英隆と東京帝国大学の航空学科で学んでいる次男輝雄を除き妻の勝子、三男敏夫、娘の光枝、満喜枝、幸枝、君枝を帯同して日本海を渡った。任地は満洲国の首都新京である。

新京は旧名を長春という。一九世紀末にロシアは清国から満洲里、哈爾浜《はるびん》など北部満洲を横断し沿海州のウラジヴォストークでシベリア鉄道に接続する東清鉄道、および哈爾浜から旅順・大連に至る同鉄道南満洲支線の敷設権を得た。日本は日露戦争に勝利し、明治三八（一九〇五）年ポーツマス条約で長春から旅大に至る南満洲支線の権益をロシアに譲渡させ南満洲鉄道株式会社、通称「満鉄」を興したことはよく知られていよう。満洲事変勃発の翌昭和七（一九三二）年三月九日、長春では満洲国の建国式典と愛新覚羅溥儀（清朝のラストエンペラー宣統帝）の執政就任式典が挙行され、翌一〇日に長春は新京と改められて満洲国の国都と定められた。北海道の旭川とほぼ緯度が同じで年平均の気温が一一度前後の寒冷地だが、日本人移民や満洲・中国本土からの現地人の移住によって人口は急増し、昭和八年の一二万人から昭和一七（一九四二）年には六五万人に達した。国都建設事業計画に基づき整然とした街路や上下水道が整備され、果てしなく続く満洲の荒涼とした大地にポッカリと、日本では絶対に見ることのないヨーロッパ風の景観を持つ都市が出現した（なお満洲国消滅後、新京は再び旧名に戻っている）。

このたびの新京赴任は荒木、真崎に疎《うと》まれて閑職をたらい回しにされていた頃の人事とは違う。荒木はすでに陸相の座になく、真崎は教育総監の地位を追われた。久留米の旅団長で現役を終えるかもしれないと、一時は本人も覚悟していたというが、とりあえずは現役のまま延命が適った。司令官といっても軍の主流からはずれた憲兵畑への転出ではあったが、わずかながらも燭光が射してきたことは確かで、勇躍とはいえないまでも、随分と気に張りを以て日本海を渡ったのではないか。そしてこの新天地で辣腕を振るい中央に返り咲くことになるが、それは後述するとして、東條に表舞台への花道を用意した満洲国ついて少し触れておきたい。

■満洲国

昭和七年三月、〝順天安民〟や〝王道楽土〟を標榜し、「東亜永久の光栄を保ちて世界政治の模型と為さむ」との理想を掲げた満洲国が創建された。この極東の新国家に承認を与えたのは、昭和一八（一九四三）年までに日本以外ではヴァチカン市国（ローマ教皇庁）、イタリア、スペイン、ドイツ、ハンガリー、南京政府（汪兆銘政権）、ルーマニア、ブルガリア、フィンランド、タイ、デンマーク、スロヴァキア、クロアチア、ビルマ、フィリピンである。また領事館の設置などを通じて黙示的ないし事実上承認を与えた国としてはソ連、ポーランド、リトアニア、ノルウェー、リベリア、ドミニカ、ボリビア、ネパールがある。

ヴァチカンの承認は傍目には意外に思われるが、満洲には推定一七万余のカトリック教徒がいたといわれ、信徒のみならずヴァチカンの運営する社会事業や教育事業を守るためにも承認は必要だったのである。満洲国は、昭和一三（一九三八）年八月から九月にかけ韓雲階《かんうんかい》を団長とする訪欧使節団を派遣した。その折り使節団はムッソリーニ首相と面談し教皇に謁見《えつけん》したが、ローマ郊外の別荘に暑さを避けていた老齢の教皇ピウスⅪ世は使節団に「子たちよ」と呼びかけ、「よくも遠いところから海を渡って会いに来てくれた。嬉しく思う。貴国皇帝陛下がますます御壮健で新しい国、満洲帝国が隆々たる発展をなしつつあることを知り、喜びに堪えない。貴国にはカトリック教徒が相当数居住するが、よろしく頼む。人類の秩序を破壊する共産主義に対し貴国がたたかっておられることを悦ぶ。世界平和のために貢献せられんことを祈る」と語った〔①〕。

この教皇の言葉とは裏腹に、現在に至るまで満洲国は悪しざまに言われることが多い。日本が中国固有の領土を奪って「傀儡国家」「偽国家」を形成したというのが、当時も今もごく普通の見方、非難であろう。

しかし満洲国はただ非難され、否定されるべき存在なのであろうか。

まず第一に疑問に思うのは、蔣介石政権や国際連盟派遣の調査団によるリットン報告書、そして現在の北京政府が主張するように、はたして満洲が中国固有の領土であったのかということである。

歴史を概観すると、〃万里の長城〃以南の中国本土に誕生した王朝のなかで、一時的に限られた領域に勢力を伸ばしたことはあっても、満洲全域を固有の領土として実効的に支配した中国人（漢人）の王朝はない。そもそも中国人のあいだに満洲が自らの領土とする観念があったのだろうか。彼らの中華思想――つまり中国こそが政治的、文化的、地理的に世界の中心であるとする夜郎自大《やろうじだい》な思い込みからすれば、その四囲は文化の及ばない、野蛮な夷狄《いてき》が蠢《うごめ》く〃化外《けがい》の地〃であり、モンゴル高原ならば北狄《ほくてき》、満洲・朝鮮半島・日本は東夷《とうい》、西域は西戎《せいじゅう》、南方・東南アジアは南蛮《なんばん》として蔑視された。

中国人の王朝たる明の末期、満洲にヌルハチが現れて女真《じょしん》諸部族を統一して一六一六年に後金を建てた。これが清の開闢《かいびゃく》（天地の開けはじめ。創生）である。〃大阪夏の陣〃の翌年のことで、ロシアでは三年前にロマノフ朝が成立している。一六三六年ヌルハチが没し、あとを継いだ太宗ホンタイジが国名を大清と号した。またこれ以降、彼らは女真にかわって満洲を自称するようになった。ホンタイジの子順治帝《じゅんちてい》は一六四四年に長城の東端に位置する山海関から明の降将呉三桂《ごさんけい》の先導で入関し、明を滅亡に追いやった〃李自成の乱〃を鎮定して北京に遷都した。続く康熙《こうき》帝・雍正《ようせい》帝・乾隆《けんりゅう》帝の治世（一六六一〜一七九五）は清の全盛期で、一八世紀後半には満洲・中国本土・台湾を直轄領、モンゴル・青海・チベット・ジュンガル部・回部を藩部、周辺の朝鮮・ベトナム・タイ・ビルマを朝貢国とする大帝国となった。しかし、乾隆帝の治世末期から農民や少数民族やイスラム教徒などの一揆や反乱が相次ぎ、さしもの〃地大物博《ちだいぶつぱく》〃の大国も衰勢に向かう。

歴史的に見て満洲が満洲人の母なる大地であること、また満洲人が建てた清が中国本土を領土として中国人を支配したことに嘘偽りはない。その清が辛亥革命によって瓦解し中華民国が成立した。しかし、満洲人が「かつて中国本土はわれわれの領土だった」とは言えても、満洲が当然のこととして中華民国の領土であるとか、中華民国の主権が満洲に及ぶと中国人が主張することに正当な根拠はない。リットン報告書が「シナ（中国）人は満洲をシナの一部とみなし、満洲をシナの他の地域から分離させようとする企てに対して憤激する。従来、東三省はつねにシナや列国がシナの一部と認めてきた地域で、同地方におけるシナ政府の法律上の権限に異議が唱えられたことはない」〔②〕と記しているのは明らかに誤認である。孫文をはじめ中国の革命家たちは、たびたび日本の要路・有力筋に援助の見返りとして満洲の譲渡や売却を持ちかけたというが〔③〕、ただ清朝や軍閥打倒の援助を得るための方便ばかりではないだろう。彼らは〃化外の地〃を手放してもなんら痛痒《つうよう》を感じなかったに違いない。

リットン報告書は東三省についても誤りがある。報告書は別の箇所で満洲は「シナにおいてはつねに『東三省』と称してきた」〔④〕とか、前述のように「従来、東三省はつねにシナや列国がシナの一部と認めてきた地域」と記しているが、つねに（always）、従来（hitherto）とはいつのことからを言うのであろうか。清は王朝末期に至るまで満洲を特別な行政区域として三人の将軍による軍政下においていた。長城以南の中国本土と同じような行政区画である〃省〃――北から黒竜江・吉林・奉天（遼寧）の三省を設けたのは一九〇七年、つまり日露戦争終結の二年後、辛亥革命の四年前のことである。かつて存在した中国人の王朝でも中華民国でもなく、東三省は清が初めて設置したのである。

第二に、満洲国が日本の「植民地」「傀儡国家」「偽国家」だとの批判が当を得たものであるのか疑問がある。

この新国家を当初から実質的に運営したのは溥儀でもなく、彼の下僚の満洲人でもなく、日本から派遣された官僚たちであり、また国防の任にあたったのは関東軍であることもまた確かなことだ。だからと言って、鬼の首でも獲ったように「傀儡国家」「偽国家」だと金切り声をあげるのは短見過ぎる。近代国家の運営に法律・財政・経済など諸々の専門的知識と技術を持った官僚が必要なことは議論の余地がない。溥儀の傘下に近代国家の運営のための訓練を受けた、その意味で有為な人材がいたとは思えない。彼らに新国家の運営を任せたならば、おそらくは清末以来の混乱と無秩序が再現され、数多の民が苦しんだに違いない。

溥儀やその下僚が日本の圧力に屈服、強制させられたとする、東京裁判における溥儀自身の証言も眉に唾して聞かなければならない。溥儀の家庭教師を務めたイギリスの外交官レジナルド・ジョンストンによれば、溥儀は大正一三（一九二四年）年一一月、それまで許されていた皇帝の称号を剥奪され、紫禁城《しきんじよう》から追われた。もちろん中華民国政府によってである。生命すら危ぶまれていた溥儀は、ジョンストンの機転で日本公使館に保護を求めて何カ月かのあいだ芳澤謙吉《よしざわけんきち》公使の賓客となった。そして翌年二月から七年近くも天津の日本租界に身を潜めていた溥儀は、柳条湖事件後の昭和六（一九三一）年一一月に自らの意志で満洲に向かった。ジョンストンは次のように述べている〔⑤〕。

シナ人は、日本人が皇帝を誘拐し、その意志に反して連れ去ったように見せかけようと躍起になっていた。その誘拐説はヨーロッパ人の間でも広く流布していて、それを信じるものも大勢いた。だが、それは真っ赤な嘘である。また最近、皇帝と皇后が南京の蔣介石と北京の張学良に電報を打ち、「当然彼らに忠誠心があると仮定して、避難所を要求した」という旨の途方もない所見が発表されたが、これも同じく嘘である。さらに皇帝が「満洲の国王になるくらいなら、自害すると皇后と約束していた」という主張も同じである。言うまでもないことだが、どう転んでも、皇帝は蔣介石や張学良のような連中に避難所をもとめるはずがない。皇帝が誘惑されて満洲に連れ去られる危険から逃れたいと思えば、とことこと自分の足で歩いて英国汽船に乗り込めばよいだけの話である。

溥儀が満洲に拉致連行されたのでないことは、天津時代の友人でイギリス人ジャーナリストのＨ・Ｇ・ウッドヘッドが東京裁判に提出した宣誓口供書でも明らかである。口供書は部分的に却下されたが、その却下されたなかに、昭和七年九月に満洲を訪問した折りの会見記がある。ウッドヘッドの質問に答えて溥儀は現在の地位に無理強いで据えられたものではないと断言、世の風評に強く異議を唱え、二つの動機によって執政の職を引き受けたと語っている。第一は政治的理由で、溥儀が退位したとき主権を人民に返還するという意志を表明していたのだが、その約束は果たされず、政権は野心満々の強欲な軍国主義者の手に渡ったため、内乱と混乱が続き、人民の安寧は全く顧みられず人民は圧制と圧迫に苦しんできたこと。第二は個人的動機で、退位協定にある清朝に対する約束はことごとく破棄され、国家から彼に支払われるべき手当は廃止され、彼の私有財産は没収されたこと。さらに祖先の墳墓が荒らされたにも拘わらず、国家は墳墓から盗まれた宝物を取り返す措置を真剣に講じようともしなかったことである。ウッドヘッドの「では貴方が誘拐され、日本の護衛のもとに駆逐艦で旅順に送られたという話は本当ではないのですね」という言葉に、溥儀は反り返ってどっと高笑いし、「誘拐されたって。いやいやそれは違う」と答えている〔⑥〕。

そもそも溥儀とその傘下に蝟集した政治家たちが日本の傀儡であったか否か疑問がある。彼らは権勢欲を持たない、ただ力に盲従する情けない人間集団だったとでもいうのだろうか。そうではなく、溥儀やその臣下は日本の力を利用して自らの権力を回復し、王朝を再興しようとしたとも考えられるではないか。あるいは満洲国の将来を思い描いてみるといい。日本の官僚に鍛えられた満洲人や漢人の吏僚が力を蓄え、やがて日本人を押しのけて国家運営の中枢に座る日が来ないと誰が断言できようか。満洲国を傀儡国家、偽国家と非難することは、満洲人や漢人を無能、無定見な愚者と言っているようなものだ。満洲国第二代首相の張景恵は、日本人が実権を握っていて何もできないと不満を漏らす満洲人役人を諫《いさ》めたそうである。「日本人ほど便利な民族はいないではないか。権威さえ与えておけば、安月給で夜中まで働く」と〔⑦〕。……とてもとても一筋縄でいく連中ではない。

第三の疑問は、その出自に多くの非難を浴びる満洲国だが、実際はどんな国家だったのかということである。仮に満洲を強奪し傀儡国家を造ったとして、日本は、欧米列強がその植民地に対して振る舞ったように、ただ満洲から富を収奪するだけの存在だったのであろうか。満洲に居住する人々にとって新たに創建された国家はひたすら呪詛すべき疫病神《やくびょうがみ》だったのであろうか。

当時の中国の情況や満洲国に関して、かねがね興味深く思っている論考を二、三紹介したい。一つ目は満洲国顧問ジョージ・ブロンソン・レーの『満洲国出現の合理性』からである〔⑧〕。レーはアメリカ人で、中国に三〇年以上も在住し、月刊英文雑誌 *The Far Eastern Review* の社長兼主筆だった人物である。

極東に於ける平和の脅威は過去も今日も混沌たる支那《しな》であることに変りはない。而して其の支那には国家を食い潰す五百万の兵隊が居るのである。如何なる強大国でも又如何に統一あり繁栄している国家でもかかる失費には到底国富が堪え得ないのでる。支那は貧乏に陥り疲弊し破滅しているのである。飢餓に瀕し絶望に陥っている民衆から欺き取った総ての金を其の民衆を屈服させる為の軍隊を養う費用に使う限り支那復興の計画も支那が常態へ復帰することも支那の貿易が回復することも又支那の真の工業及農業上の開発もしくは進歩も不可能である。鉄砲を持っている者が最高の権力を握っている……

満洲国こそ是等の極東問題解決に関する方途を恢弘《かいこう》したものである。而して其の極東問題こそ久しく世界平和の脅威であり呻吟《しんぎん》する不幸なる数億の民の悲劇的呪詛であったのである。支那の国内に於て悲惨な生活を送っている混沌としたる群集は安定せる政府の難有《ありがた》さすら知らない者であるけれど満洲人は既に彼等に授けられた幸運を理解し始めて居るのである。附近の同族は彼等が今まで関知したことのない幸福の出現を伝え聞き大挙して満洲国の国境に押寄せ将来益々困った問題を作りつつある……

次もアメリカ人の手になる文章で、ニューヨーク・タイムズ紙の上海支局長ハレット・アベンドと特派員アンソニー・ビリンガムの共著『支那は生存し得るか』の一節である。昭和一〇（一九三五）年七月某日、天津のホテルで顔なじみの「給仕」が警察や巡査に賄賂を搾り取られることを散々歎いたあと次のように語ったと記している〔⑨〕。

私の従弟はもうずっと前から奉天で織物屋をやっています。奉天も以前にはひどい搾取が行われました。私の兄は金城附近に随分畠をもっています。二人とももう永い間満洲で暮らしているのです。彼らは、時々、手紙をくれますが、租税は非常に少ないそうです。毎年租税が少なくなってゆくと書いてあります。ここも前はそう悪くありませんでした。が、いまは非常に悪いです。私は日本人が当地にきて、そして溥儀様がお帰りになれば、ここもきっと住みよくなるだろうと思っています。

このなじみの給仕の話しを聞いた著者は言う。「満洲の関東軍が北支から南京政府の軍隊とその官吏の撤退を要求した時、何故支那人の間に激烈な運動が起らなかったかという理由の一端はこの話の中によく現われている。さらにまた新たに上陸した日本軍が天津の大通りを行進していった時、支那人たちがなぜ喜びの色さえ現わしていたかという疑問もこの話しによって解決される。……一九三一（昭和六）年の秋には、満洲にいる支那人の大部分は全く日本に対し感謝していた。彼らは、既に、堪え難いものとなっていた悪政からの救済者として日本を歓迎したのである」と。

最後に紹介するのは、昭和九（一九三四）年の一〇月から一一月にかけ、〃敵性〃国家イギリスからやってきた産業連盟使節団（The Federation of British Industries Mission）による満洲調査報告である。その評価が高いことに驚く〔⑩〕。

満洲国住民は治安対策の向上と秩序ある政府を与えられている。軍による略奪と搾取はなくなった。課税制度は妥当なもので、公正に運営されている。住民は安定通貨を持つことができた。運送、通信、沿岸航行、河川管理、公衆衛生、診療施設医療訓練、そしてこれまで不足していた学校施設などの整備計画が立てられ、実施されている。こうしたことから、満洲国の工業製品市場としての規模と将来性は容易に想像することができる。近代国家が建設されつつある。将来横たわる困難はあるが、これらは克服され、満洲国と他の国々の利益のために、経済繁栄が徐々に達成されるものと期待される。

政治は「結果がすべて」であるなら、満洲国についてあれこれ謗《そし》られるいわれはない。満洲に居住する人びとにとって、間違いなく満洲国は良い国だった。そこには、古い昔に孔子が「虎よりも猛き」と慨嘆した苛政《かせい》がなかった。だからこそ黄河流域の各省から満洲に向かう農民が跡を絶たなかった。英語に vote by foot（故国を棄て外国に行く）という言葉があるそうだが、中国の数多の国民は自らの政府に愛想をつかし、満洲国境へと向かった。鄧雲特によると昭和二年以降、毎年一〇〇万人以上に達したという⑾。——横行していた匪賊が息をひそめ、諸制度の整備が進み、社会に安定と秩序がもたらされた。産業の振興、教育や医療設備の普及、運輸通信網の拡張などどれをとってみても満洲に巣くっていた張作霖・張学良父子はもちろん、蔣介石政権でも実現不可能なことであった。

■関東憲兵隊司令官

東條という人は不遇な時であっても、誰彼かまわず不満をぶちまけたり、その身を嘆いたり、あるいはふて腐れて仕事を投げ出すというようなことをしない、とにかく目前の与えられた任務に全力を尽くす——そのような類いの人間だった。むろん満洲でも変わらない。いや一時の、予備役編入も噂された失意の時期を脱した状況を迎えて、東條のことだから、これまでよりいっそう職務に精励する覚悟を以て満洲の大地を踏んだに違いない。

昭和一〇（一九三五）年一〇月に関東憲兵隊司令官兼関東局警務部長の任に就いた五二歳の東條が、まず取り組まなければならなかったのは警察行政の改革だった。前年、対満政策の統一と満洲国に対する指導の強化をはかる目的で行政機構の改革が行われ、中央には総理大臣の管轄下に対満事務局の新設をみ、また駐満洲国全権大使は関東軍司令官が兼任し、大正八（一九一九）年に組織された関東庁が廃止されて大使館内に関東局が設けられることになった。このような改革の一環として、関東憲兵隊司令官が関東局警務部長として満洲における警察行政に当たることになったのだが、憲兵に対する関東庁警察の反対が強く、また領事館の警察と関東庁の警察の縄張り争いもあって、警察行政は混乱していた。新任の東條は、この混乱を収拾して在満警察機構を掌握し、警察行政の一元的運用を実現したのである〔⑫〕。

しかし、何と言っても東條の名を軍内外に知らしめたのは、昭和一一（一九三六）年の二・二六事件に際しての果断な対応である。

当時、関東憲兵隊司令部付きの警備課長であった塩沢清宣《しおざわきよのぶ》中佐の回想によれば、東京から事件の詳細を知らせる電報が届いたのは二六日午前九時頃で、あいにく司令官の東條は北満のジャムスに出張中で、塩沢の報告を得て新京に戻ったのは夕刻だった。その後の対応は「迅速果敢」で、かねてから探索させていた満洲における皇道派系の軍人や彼らの同調者である民間人を一斉に検挙した。その数、全満洲で二千数百名に及んだという〔⑬〕。満洲を舞台に活躍した東條英機、日産の鮎川義介《あゆかわよしすけ》、満洲国実業部の岸信介《きしのぶすけ》（後に東條内閣の商工大臣）、満鉄総裁の松岡洋右《まつおかようすけ》（後に第二次近衛内閣の外務大臣）とともに〃二キ三スケ〃と称され当時満洲国総務長官を務めていた星野直樹《ほしのなおき》（後に東條内閣の書記官長）は、この時の東條の行動を評して「突然思いもよらぬ大事件が起こり、ことに軍の内部にはさまざまの思惑や関係があり、中央でも満洲でも、一般にややもすれば明確な態度をとることを躊躇している際、何の逡巡もせずただちにこれを暴動とみて徹底的な処置（星野によれば検挙者は数百名）をとったことに、東條さんの面目を見たと思った」と述べている⒁。

規律に厳格で、秩序の紊乱に対し「逡巡」なく「迅速果敢」な措置をとるというのは、軍の責任ある地位に立つ者としては美質の一つと言えよう。検挙の基準は大ざっぱで、検挙者のすべてが危険人物であるかどうか疑問視する声もあったが、満洲を静謐《せいひつ》に保つ上で東條がはたした役割は大きく、軍内部でその声望が高まったのは自然の成り行きだった。そして同年一二月、中将に昇進する。実質的には少将で現役を去らねばならなかった父英教を超えた英機の感慨はどのようなものであったろうか。ただ昇進の悦びだけではなかったに違いない。想像するに、亡き父の無念を想い、広漠たる満洲の大地に沈み行く紅い夕陽に、独り首《こうべ》を垂れることがあったのではないか。

■関東軍参謀長

翌昭和一二（一九三七）年三月、支那事変（日中戦争）の導火線となった盧溝橋事件が起こる四カ月前、東條は第五師団長に転出した板垣征四郎の後継として関東軍参謀長に転補された。栄転である。これからほぼ一年三カ月のあいだ東條は満洲で辣腕を振う。

満洲国において日本人、とりわけ関東軍の影響力が絶大であったことは疑いのない事実である。関東軍が満洲国の生みの親というだけではない。関東軍が満洲国の国防を担い、関東軍司令官が在満洲国日本大使を兼任し、関東軍が満洲国の行政を「内面指導」したからである。

関東軍司令部の手になる昭和一二年四月二二日付「満洲国の内面指導に付て」は、内面指導の建国の経緯に基づく理由を「満洲国の首脳部は関東軍を親とし事実上の支柱として信頼し、進んで其《その》指導に服しあり」とし、また実際上の必要に基づく理由に「満洲現下の主たる構成分子たる満、漢、蒙各族は、其習性上動《やや》もすれば比隣の策謀と相俟《あいま》ち離間中傷を事とし易く、之が指導に当るものは常に強力なる威力を把持《はじ》し、其内部的策動を監視し恩威竝《ならび》施し適時適切なる措置を講じ得るものたらざるべからず……現下焦眉の急務たる国防国家の建設上、関東軍司令官をして指導せしむること絶対必要なり、又満漢蒙人の政治意識民度文化の程度に鑑みるも強力なる武力の背景に依る指導」の必要を挙げている⒂。

もっとも内面指導とはいっても、関東軍が満洲国の行政を直接担うわけではない。そもそも軍隊は行政上の政策形成や執行の機能も能力も持たない。内面指導と呼ばれるものは、昭和八年八月八日の閣議決定「満洲国指導方針要綱」が記すように「関東軍司令官兼在満帝国大使の内面的統轄の下に主として日系官吏を通じて実質的に之を行はしむる」ものであり⒃、行政の中枢だった総務庁の次長を務めた経験を持つ古海忠之《ふるみただゆき》によれば、関東軍の「相手方は総務庁」で、「関東軍司令官と満洲国総務長官の合意を主体」としており、事務的には関東軍参謀部第三課（後の第四課）と総務庁各処との折衝によって進められた。したがって、時には関東軍将校と満洲国官吏が口角泡を飛ばして激論することがあったという。また古海は「関東軍の内面指導権が、日本の満洲国の有力な道具であったと考えることは間違いである。関東軍がこの権限を利用して日本の国益を図り、その線に沿って満洲国の政治行政を歪曲指導するようなことは出来ることでなく、またしたこともなかった」と断言している⒄。

東條はこの関東軍による内面指導のいわば総元締めの地位に就いたのである。「歪曲指導」したわけではないのだろうが、その任務は治安、法規、人事、財政・経済事項を含め多方面に及ぶ。遺された記録をわずかに見た限りでのことだが、人事など、これが関東軍司令部のなすべき仕事かと思われる細かなことにも関わっている。たとえば、東條から陸軍次官梅津美治郎宛て昭和一二年六月三〇日【関参満発第一四五号】は満洲国交通部所管の「簡易生命保険事務要員推薦方に関する件」、また東條から陸軍省軍務局長町尻量基宛て同一一月一二日【関参満発第二五六号】は「大同学院第一部第一期生（一般文官）試験施行に関する件」で、試験委員のうち民法の担当に東京帝大の我妻栄教授、経済原論担当で京都帝大の高田保馬教授の名が見える。もう一つ。東條から梅津宛て昭和一三年二月二一日【関参満発第三一一号】は県立佐賀中学教諭溝口研悟を満洲国鉱工技術員養成所教官に任用するというのが内容である。なお溝口の俸給は五等級で月三一一円になる〔⑱〕。

内面指導ばかりではない。いっとき作戦軍を指揮した。

七月七日の盧溝橋事件の発生から二十日あまり後の七月二八日、日本の支那駐屯軍は北平（北京）周辺の中国軍各部隊に対して総攻撃を開始し、三一日までに平津（北平・天津）地方の中国軍掃討作戦を終えた。しかし八月に入ると、戦線は冀東《きとう》（冀は河北省を指す）から西の察哈爾《チャハル》に拡大した。察哈爾に進出してきた中国中央軍が満洲の国境を犯し、支那駐屯軍の則背に脅威を与えるに至ったのである。関東軍は中国軍の満洲国方面への積極的行動を封じる一方、宿願であった内モンゴル工作を促進する意図を以て参謀本部に同地方における兵力行使の許可を求めた。参謀本部は満洲国境防備のため一部兵力の派遣を認めたが、国境を越えて活動することは禁じた。しかし関東軍は、中国中央軍の侵攻を理由に華北方面の作戦に連係して大同方面に進出することを意見具申した。石原は事件の不拡大を主張して強く反対したが、作戦課長の武藤や軍事課長の田中新一大佐が熱心にこれを支持した。結局、参謀本部は関東軍の主張を容れることになり、察哈爾省内の中国軍掃討作戦が実施されることになった〔⑲〕。

この察哈爾作戦において関東軍察哈爾兵団を指揮したのが東條である。参謀長が直接兵団を指揮するというのは異例のことだが、司令官植田謙吉《うえだけんきち》大将の代理として前線におもむいたのである。にわかには信じられないが、東條にとっては、これが最初の実戦指揮であった。そして最後のそれとなる。八月下旬に始まった作戦は順調に進み、板垣征四郎の率いる支那派遣軍の第五師団と呼応しつつ九月半ばまでに東條兵団は張家口を攻略し、次いで南下して大同を占領した。この間、兵団は九月一〇日に予想もしない初雪に見舞われている。北京の西北方およそ二〇〇キロに位置する張家口は青森市とほぼ同緯度で冬の平均気温は零下になるが、九月初旬はまだ残暑の季節だった。随行した副官泉可畏翁《いずみかいおう》によると、東條は常に兵士と同じ食事をとったというが、気候の激変に臨んで兵士の夏服を冬物に替えさせたのは指摘するまでもない。東條の面目躍如だが、その一方、軍紀風紀の乱れには厳しく対処し、また文化財の保護にも留意している。大同近郊には、井上靖の小説で広く知られるようになった西域の敦煌や洛陽近郊の竜門とともに、中国三大石窟寺院として世界遺産に登録されている北魏以来の雲崗があり、東條自ら石仏を訪《おとな》い保護措置をとったという〔⑳〕。

ついでに泉可畏翁が語る東條の人となりを紹介しておきたい。実に興味深い〔㉑〕

将軍は諸規則に精通し、些事もおろそかにせぬ性格だとの噂だったが、私は一度も細かいなーと思ったこともないし、また重箱の隅々をつつくような人ではなかった。むしろ第一義的なものは何かと考え、それを目標に邁進努力する。第二第三義的なもので挫折してはならぬ、俗にいう筋を通すという型の最も強烈な人であった。したがって将軍は引き算的ものの考え方は嫌いだった。

ある検閲で隊長の報告に、

この対策にA、B、Cの三案がある。A案にはこんな欠点があるしB案はこんな事で駄目だからC案が良いと思う。

とあった。するとたちまち雷が落ちた。何故Ｃ案にせねばならぬか確信をもって述べなければ、駄目だというのである。

■石原莞爾との角逐

東條は満洲にあって、後年自らの内閣に閣僚として迎えることになる人物を知己に得る一方、満洲国建国の立役者ともいうべき石原莞爾と決定的に対立することになった。

石原は昭和一二年九月、参謀本部第一部長（作戦）から関東軍参謀副長に転補され、東條参謀長の下僚として新京に着任した。この石原の転出は、盧溝橋事件の勃発にともなう、いわゆる不拡大派と拡大派の対立の所産である。不拡大派の領袖石原が満洲に、拡大派の急先鋒とされた武藤章作戦課長が翌一〇月に中支那方面軍参謀副長として大陸に転出させられている。

東條と石原は、軍務本来の問題ではなく、関東軍の内面指導をめぐって亀裂を深めた。特権的地位にある日系官僚の専横や関東軍による内面指導こそが満洲国の健全な発展の阻害要因であるとしてその撤廃を主張する石原に対し、東條は先手を打ってその動きを封じたという。当時関東軍参謀だった片倉《かたくら》衷《ただし》によれば、石原新参謀副長を迎えた最初の会議の冒頭、東條は「私は参謀長と副長との職務担任を次のように定めた。石原参謀副長には作戦、兵站関係の業務の参謀長の補佐役を専心してやって頂く。満洲関係の業務は参謀長の専管事項として私自らが処理する」と発言し、石原も「参謀長の指示通り、満洲国軍関係は作戦に関係があるのでタッチするが、その他の治安、交通、政務に関係することにはタッチしない」と明言している。しかし、やがて親石原系の満洲国政府要人や日系民間人による石原詣でが始まるにともない、両者の間に「感情の疎隔が嵩じていったようだ」と片倉は記している（㉒）。

石原の態度の悪さも「感情の疎隔」に拍車をかけた。石原は周囲に、また時として公衆を前にして植田司令官や東條を罵倒した。横山臣平の『秘録石原莞爾』に次のようなエピソードが記してある。――新京の石原の官舎を訪ねた人に、石原は軍司令官の官舎を指して「泥棒の親分の住宅を見ろ。あの豪奢な建物は関東軍司令官という泥棒の親方の住宅だ。満洲は独立国のはずだ。それを彼らは泥棒した。満洲国皇帝の住居は国民の現状から、住居の修築を遠慮しているのに、泥棒根性の日本は、これを不思議と思っていないのだ」と語り、また大川周明が満洲旅行の途中で、関東軍司令部の石原を訪ね、東條にも挨拶しようと、石原に参謀長の居室を尋ねたところ、石原は東條に聞こえよがしに「東條上等兵の部屋か、そこだよ」と答えたという〔㉓〕。また青江舜二郎『石原莞爾』によると、石原が新京に着任してから満洲事変・満洲国建国の立役者で、しかも「二・二六から今次事変という激動期を軍の中枢で過ごした人」の話しを聞こうということで多くの機関や団体から講演の依頼があった。しかし、この講師はもっぱら荒木や東條その他に対する悪罵《あくば》に終始したため、聴衆を「この〃俊傑〃も本当はこんなケチ男であったのかとシラケ」させたという〔㉔〕。

東條の〃能吏〃に対して、石原莞爾は〃天才〃と呼ばれることが多い。もし天才ならば、石原は何の天才なのであろうか。

軍事的天才か？――しかし、われわれは満洲事変での作戦参謀としての石原しかしらない。戦略・作戦の立案では優秀だったのかもしれないが、軍団の指揮能力はどうであったのだろうか。

思想的天才か？――最終戦争論や東亜連盟樹立などの議論に見られる構想力は、たしかに同時代の普通一般の軍人や政治家に見られない石原の才能なのかもしれない。しかし、その実現となるとどうなのであろうか。たとえば東亜連盟だが、そもそも〃中華思想〃の民が五族協和や民族平等の精神でやっていけるのだろうか。歩んで来た歴史が違い、依って立つべき伝統や文化とそれに基づく社会の成り立ちを異にする中国人を、肌の色も変わらないし、漢字や儒教を共有する同文同種の民であるとして、安易に連帯や友好が可能であると考える今日のわれわれ日本人の多くが陥っている過ちに、すでにして石原も陥っているのではないか。白人が敵ならば、中国人だって、朝鮮人だって、そして満洲人でさえも油断のならない敵であると筆者ならば思う。西力東漸の圧力を跳ね返すため五族の協和を追求しようとしたことは多とすべきなのであろうが、その実現が可能と見るのは少し考えが甘過ぎはしまいか。

天才か否か不明ではあるが、石原が昭和の政治と軍事に流した害毒はハッキリしている。

第一に、統帥権の独立を盾に、参謀総長や陸軍大臣の許可も、閣議の決定も経ず、したがって天皇の裁可もなく兵を動かしたことである。たまたまそれが成功したため、陸軍部内では石原のエピゴーネンが幅をきかすようになり、政府や陸軍中央部が出先の軍事機関に引きずられる傾向がいっそう増した。

第二に、軍部大臣現役武官制を盾にとり、大命降下した宇垣一成内閣を流産に追い込むに当たって指導的な役割をはたした〔㉕〕。この事件ほど、軍人勅諭で天皇が戒め、法律も厳として禁じている軍人による政治への関与干渉を公然となし、また天皇ではなく、もちろん政府・議会でもなく、陸軍こそが主権者ではないかということを満天下に知らしめた出来事はない。

第三に、陸軍部内における下克上の風潮を促進させた。それは天皇の軍隊を勝手に動かしたということだけをいうのではない。青江舜二郎が指摘しているように「口を開けば粛軍、上下の厳正な秩序を叫びながら、しかも人前もはばからず上司を上等兵とよび、高等小使いとあだ名する」石原の公私の場をわきまえない悪罵癖《へき》が、「どんなに軍の下克上の風潮を助長したかしれない」〔㉖〕ということも含めてである。公の場で、平気で他人の悪態を吐《つ》く。そのような石原の振る舞いは実に見苦しい。筆者ならば、上司として仕えるのも、部下として監督指導するのも、さらには友に持つのも遠慮したいが、昔も今も石原莞爾ファンが多いのはなぜだろうか。その世界観や戦略構想に魅せられたからか。それとも、東條英機など眼中におかないというような物言いに痛快さを感じるからであろうか。いずれにしろ筆者にはとうてい理解できない。

後述するように昭和一三年五月に東條は陸軍中央に戻った。後任の関東軍参謀総長には磯谷廉介《いそがいれんすけ》中将が第一〇師団長から転出してきた。東條とは陸大同期で、東條と同じく関東軍による内面指導を重視するというのが磯谷の基本的姿勢だった。石原はもはや満洲に居場所がなくなったと思ったに違いない。東加えて、若い頃に落馬して痛めた睾丸《こうがん》の病気が高じて肉体的に弱っていたことも理由の一つだろう。東條が東京に戻ってから三カ月後の昭和一三年八月半ば、石原は関東軍司令部に予備役編入願を提出し、正式な手続きを経ないまま、さっさと新京を離れて日本に帰国した。当然のことに陸軍中央部で軍規違反の声が上がった。盟友板垣のとりなしがあって、石原は予備役編入は却下され、一二月に舞鶴要塞司令官に転補された。無断で任地を去り日本に帰国したことについては何ら咎めがなかった。翌昭和一四年八月に中将昇進とともに京都を衛戍地《えいじゅち》とする第一六師団の師団長となった。そして、昭和一六年三月一日、東條陸相の下で予備役に編入され、軍人としての半生を終えた。石原はその軍事的「天才」を振るうことなく敗戦を迎えることになる。

■ユダヤ人救出

満洲の東條について、もう一つ触れておきたいことがある。ユダヤ人救出のいわゆるオトポール事件に、側面からではあるが、関わったことである。

ドイツにおけるユダヤ人に対する迫害の動きは一九三三（昭和八）年一月のヒトラー政権成立直後から、地方においてユダヤ人の商店、弁護士、医者などに対するボイコットという形で散発的に始まっていたが、四月にナチスはこれを全国的な規模で展開するに至った。五月にドイツ学生同盟がベルリンのオペラ広場で、詩人ハイネ、共産主義のマルクス、精神分析のフロイト、歴史家のツバイクなどユダヤ系の代表的知性の著作二万冊を焚書した。さらにさまざまな職業や国家の資格試験からユダヤ人を排除する法規が公布されたため、ヒトラー政権最初の二年間で、四千名の弁護士、三千名の医師、二千名の官吏、俳優や音楽家など六万人が海外に亡命を余儀なくされたという〔㉗〕。相対性理論のアイシュタインがアメリカに亡命したことは、歴史の教科書にも記されている。他にもユダヤ系知識人で特にアメリカに逃れた著名人は多く、たとえば数学・物理学者でマンハッタン計画（原爆製造計画）にも関わったノイマン、法学のケルゼン、全体主義研究のハンナ・アレント、社会学のフロムやマルクーゼ、指揮者のワルターやクレンペラーがいる。

昭和一三（一九三八）年三月頃、ドイツからポーランドを経て、満洲里の西方、ソ満国境の街オトポールに多数のユダヤ人が来着、満洲国への入国を希望しているとの情報がもたらされた。満洲里は、前述した東清鉄道の清国側の最初の駅が置かれた地で、北緯五〇度に位置し一年の内六カ月の気温は零度以下で降水量も少ない。日本なら初春の三月ですら平均気温はマイナス一〇度に近く生活には苛酷な土地である。

当初、満洲国は門戸を閉じていたが、哈爾浜《ハルビン》特務機関長の樋口季一郎《ひぐちきいちろう》少将は、在哈爾浜のユダヤ人指導者カウフマンの援助要請があって、満洲国側と協議し人道上の問題としてユダヤ人の入国を認めさせた。さらに満鉄総裁の松岡洋右と諮り救援列車を仕立てたという。こうした措置によって救済されたユダヤ人の数は不明である。一説に二万といわれるが、実数はもっと少なく「何千」というのが妥当であろうと推定されている〔㉘〕。

半月後、カウフマンらは哈爾浜のユダヤ人経営のホテルに樋口を招いて感謝大会を催した。そこで樋口は講演を行い参集のユダヤ人から拍手喝采を受けた。樋口は言う。「文明の花、文化の香り高かるべき二十世紀の今日、世界の一隅において……ユダヤに対する追及又は追放を見つつあることは、人道主義の名において、また人類の一人として私は衷心悲《ちゅうしん》しむものである。ある一国は、好ましからざる分子として、法律上同胞であるべき人々を追放するという。それを何処へ追放せんとするのか。追放せんとするならば、その行く先を明示しあらかじめそれを準備すべきである当然の処置をせずしての追放は、刃を加えざる虐殺に均しい。私はかかる行為をにくむ。ユダヤ人追放の前に彼らに土地すなわち祖国を与えよ」と。

講演中の「ある一国」が、日本と防共協定を結んでいるドイツを指すことは言うまでもない。この感謝大会の二週間後、ドイツ政府の訓令に基づき駐日大使オットーから外務省に抗議書が届けられた。内容は「今や日独の国交はいよいよ親善を加え、両民族の握手提携、日に濃厚を加えつつあるは欣快とするところである。然るに聞くところによれば、ハルビンにおいて日本陸軍の某少将が、ドイツの国策を批判し誹謗しつつありと。もし然りとせば日独国交に及ぼす影響少なからんと信ず。請う速やかに善処ありたし」というものであった。抗議書のコピーは陸軍省を経て樋口に送り届けられた。その一方で樋口は東條から釈明を求められ、「もしドイツの国策なるものが、オトポールにおいて被追放ユダヤ民族を進退両難に陥れることにあったとすれば、それは恐るべき人道上の敵ともいうべき国策である。そして、日満両国が、かかる非人道的ドイツ国策に協力すべきものであるとすれば、これまた驚くべき問題である。私は日独間の国交の親善を希望するが、日本はドイツの属国でなく、満洲国また日本の属国にあらざるを信ずるが故に、私の忠告による満洲国外交の正当なる動きに関連し、私を追及するドイツ、日本外務省、日本陸軍省の態度に大なる疑問を持つ」と答えている。東條は樋口の主張に同意し、彼の意見書を陸軍省に送ったという。樋口は東條を評して「大東亜戦争突入に対する軽率」を批判しつつも、「敗戦の故に彼の長所を全部抹殺することには賛成しないものであり、この場合彼は、正当なる考慮に出たものとして敬意」を表している〔㉙〕。

結局、事件は日独間の外交問題には発展せずウヤムヤのうちに終わった。樋口はこれによってなんら処罰を受けることなく、逆に昭和一三年七月に参謀本部第二部長（情報担当）に栄転、昭和一四年一〇月に中将に昇進した。大東亜戦争の配色が濃厚となった昭和一八年七月、樋口はアリューシャン列島のキスカ島撤退作戦を成功させ、また昭和二〇年八月一八日には北千島の占守島で、上陸を試みようとしたソ連軍二万を撃退している。

樋口は敗軍の将の一人となったが、ユダヤ人はその人道的行為を忘れてはいなかった。オトポールで彼を補佐した大連特務機関長の安江仙弘《やすえのりひろ》（当時・大佐）とともに樋口は、戦後イスラエル政府によって〝ゴールデンブック〟にその名が刻印され、永くその功績が顕彰されることになった。ちなみに、樋口、安江は陸士二一期で石原莞爾と同期である。さらに付け加えれば、安江は昭和一五年に予備役に編入されるとともに、満洲国政府や満鉄から活動資金を得て私設の安江機関を創設し情報活動に当たっていたが、終戦時にロシア軍に逮捕され、昭和二五年（一九五〇）にハバロフスクの収容所《ラーゲリ》で死去した〔㉚〕。

仮にオトポールにおけるユダヤ人救出劇に東條が関わったことが、わずかでも知られていたなら、欧米における東條に対する印象、評価が少しは変わっていたに違いない。

第4章　陽の当たる場所へ

■陸軍次官

東條は一年と七カ月ぶりに満洲から東京に戻り、昭和一三年五月三〇日に梅津美治郎の後任として陸軍次官に就任した。齢《よわい》五五だった。時の首相は近衛文麿（第一次）、仕えた陸軍大臣は石原莞爾と並ぶ満洲事変の立役者板垣征四郎で、東條とは「おれ、おまえ」の仲だった。

陸軍次官の就任は、東條の中央でのいわばデビュー戦である。徐々にその名は知られて行くことになるが、『日日』五月三一日付夕刊は「軍略的手腕に定評」との見出しを掲げ、東條が「かねてより今日あるを期待されていた英才で、梅津の後任としては東條を置いてなしとまでいわれていた人」であり、「さきに兇刃に斃れた永田鉄山をして『東條こそ将来の陸軍を背負う人物である』と讃嘆せしめたほどである」と持ち上げている。記事はその人となりを、身体は「矮小《わいしょう》であるが、全身これ智といったような型で、頭脳は頗る明敏、実行力の豊富な点で、部内でも定評」があり「豪放というよりもどちらかといえば事務家肌の人物であるが、ただの事務家ではない……江戸っ子型で仕事には相当うるさ型だが極めてサッパリとした半面」を持つと評している。

しかし、この中央でのデビュー戦はほろ苦い結果に終わった。一二月、次官就任半年余りで東條はその職から退くことになったのである。

支那事変をめぐる参謀本部次長多田《ただ》駿《はやお》（参謀総長は皇族の閑院宮載仁親王であり、事実上多田が参謀本部のトップだった）との確執が原因だったといわれる。当時参謀本部第二部長（情報担当）の職にあった樋口季一郎によると、閑院宮、多田次長、第一部長の橋本群《ぐん》そして樋口はいずれも事変の早期解決のため尽力しつつあった。ところが、一一月末に東條は多田ら穏健派を憤慨させるような講演を行い、両者の溝は深まったという〔①〕。その講演とは、一一月二八日に軍人会館で開かれた「陸軍省管理事業主懇談会」

で行われたもので、板垣陸相の挨拶に次いで演壇に立った東條は軍需産業の代表者を前に対ソ連・中国二正面作戦の準備を力説し、その理由について大要次のように述べている。『日日』（昭和一三年一一月二九日）に見てみよう。

まず蔣介石政権について、「広東及び漢口の相次ぐ大敗にも拘らず西南及び西北地方に退避して執拗なる抗戦を継続」しているのは「一に西南においては英仏より、西北においてはソ連より各々物心両面の援助を受くるに存すること極めて明白である」という。イギリスが蔣介石政権を支援するのは日本の大陸政策の成功が同国の中国における権益の基礎を動揺させ、さらににシンガポール・オーストラリア・インドが危険にさらされることになると考えているからで、「援蔣政策の由来する所極めて深遠なるものがある」。

ソ連については、その企図する「対支援助並赤化政策はその根本甚だ深く、今後愈々《いよいよ》積極的にこれを継続」するであろうと予測している。なぜなら「蔣政権を支持して極力抗日を継続せしめ、もって支那における自己勢力の強化拡充を図ると共に他方支那をして疲弊の極に陥らしめ」、「赤化のため恰好の温床を醸成せん」としているからである。さらに「早晩、不可避の運命にある日ソ衝突に備えるため、一方に於て極東の兵備を増強し重工業及び交通施設を整備するとともに、他方事変を長期持久に陥らしめ、ここにわが戦争力の消耗を計画誘致し、もって他日の日ソ開戦のため最も有利なる情勢を招来せしめんとしつつあることは幾多の事象に照らし」疑う余地はない。イギリスやソ連の支援が続く限り、蔣介石の抗日政策は強化されるであろう。「この間、ソ連は鋭意その企図する軍備充実、産業拡充、国内粛清等を急ぎ、その国家総力戦の準備成るとき抗日支那政権またこれに策応し、両国は一連の戦線において連合し、ここに東亜の破局を招来することあるを予期せざるべからず」というのが東條の観測であり、「対ソ・支」二正面戦準備の論拠であった。

アメリカにも、わずかながら言及している。「米国は今日中立的態度を維持しあるも、元来東亜の新情勢の進展にも拘らず過去旧時代における諸条約尊重を高唱し、新事態を認むるの態度を示さざるはその動機那辺にあるやは別とし警戒を要する所とす」と。

東條の以上のような議論は取り立てて奇矯でも過激でもない。というより、実情は東條の指摘するとおりに違いなく、強硬論だとて非難されるいわれはない。観測気球を上げて周囲の反応を見ようとするのは政治に関わる者のやるべきイロハと言っていい。非難されるとするなら、そうした含みもなく、また同僚との打ち合わせもなく、ただ自分の考えを真正直に吐露したことだろう。

東條と多田の対立に悩んだ板垣は、純日本的やり方、つまり喧嘩両成敗で決着を付けた。東條を陸軍航空総監に、多田を大陸派遣第三軍の司令官に転出させたのである。

■陸軍大臣

東條がいまだ航空総監であった昭和一五（一九四〇）年三月、中国本土で大きな動きがあった。現在に至るまで、満洲国と同じく「傀儡」とか「偽」として批判の対象となっている、汪兆銘を首班とする南京政府の樹立がそれである。一方、日本では、それから四カ月後に内閣交代劇があり東條英機が陸軍省のトップに躍り出ることになった。

この年、一月一六日に成立した米内内閣はわずか半年後の七月二二日に倒れた。ドイツ・イタリアとの連繫強化に反対の立場を堅持していた首相の米内光政（予備役海軍大将）が陸軍に疎《うと》まれてのことだった。畑俊六陸相が辞意を表明し、しかも陸軍から後継陸相を得られなかったのが内閣瓦解の直接の原因となった。

米内内閣の総辞職を承けて近衛文麿が再度登板したが、陸軍からは畑俊六陸相・閑院宮載仁《かんいんのみやことひと》参謀総長・山田乙三《おとぞう》教育総監のいわゆる三長官の推薦によって東條英機が、畑の後継陸相として入閣することになった。陸軍航空総監として大陸に出張中だった東條は、七月一七日に畑からの急な帰国命令があって飛行機で日本に向かったが、朝鮮海峡で暴風雨にあい二度引き返し三度目に危険地域を突破して岐阜に着陸、すぐさま夜間飛行で立川に到達したという〔②〕。齢《よわい》五七、広く国民のあいだに東條の名が知られるようになるのは、この時からであろう。首相に就任する一五カ月前、真珠湾攻撃のほぼ一七カ月前のことである。なお主要閣僚は他に海相が吉田善吾の留任（九月に及川古志郎《おいかわこしろう》に交替）、外相が松岡洋右、蔵相が河田烈《かわだいさお》である。

東條は初め陸相就任に難色を示していたという。陸軍部内で米内内閣倒閣が総意とされた頃、畑陸相の下で陸軍次官を務めていた阿南惟幾《あなみこれちか》の依頼で陸相就任の打診に行った山中峯太郎に「水商売は懲りた。やるもんじゃない」と答えている。陸軍次官の苦い経験がそう言わせたのだろう。結局、阿南の次官留任を絶対条件としてようやく首を縦に振ったという〔③〕。ちなみに山中は陸大中退、中国で反袁世凱の革命運動に参加し、その後作家となった変わり種で、代表作に戦後黒澤明の脚本で映画にもなった、日露戦争が舞台の『敵中横断三百里』がある。東條とは幼年学校（一年後輩）以来の間柄だった。

畑陸相の下で軍務局長となり、留任して東條にも仕えることになった武藤章は、巣鴨の獄中手記の中で次のように回想している。いかにも東條らしい。――「東條中将は着任早々軍隊に於ける各級指揮官はもとより、各官衙《かんが》、学校に於ける長官、校長等の陣頭指揮を要求し事務の電撃的処理を要望された。これは日本軍に、将官ともなれば否将官とならなくとも、部隊長となればとかく部下委せで、大西郷のような風格をおびるのを以て可《よ》しとする風があるので、率先自ら陣頭に立ち、その責任を果せということであった。また事務に於ても繁文縟礼《はんぶんじよくれい》に陥り、或はセクショナリズムに凝りかたまって、領分の争をしたり乃至《ないし》は又責任を回避して、事務が捗々《はかばか》しくゆかない弊風を矯正せんとするものであった。この訓示を発した東條大臣は颯爽《さつそう》として実際範を示した。自ら一切を採決された」〔④〕。

東條の訓示がいう「将官ともなれば……部下委せで、大西郷のような風格をおびるのを可しとする」とは、戦前の日本陸軍の「弊風」を正しく指摘していると言っていい。しかし、この弊風は東條が考えたよりは、おそらくよほど深刻な問題を孕《はら》んでいるように思われる。青山学院を繰り上げ卒業で入隊し、フィリピンのジャングルでの彷徨、収容所の捕虜生活を体験した山本七平は、帝国陸軍とはよく言われるような「下剋上」の世界ではなく「上依存下」の世界――つまり、上官が下級者に心理的に依存し決定権をも委ねている世界だったと指摘している。その結果として「たとえ彼が一少佐参謀であろうと、実質的に一個師団を動かし得た」。そのような状態のなかでは、もはや軍司令官はその少佐参謀の「代読者」に過ぎなくなり、さらには「一中佐の軍務課長が代読者を通じて全陸軍を、ひいては全日本国家を支配し得」ることになる。連隊であれ、師団であれ、軍団であれ、中央の官衙であれ、決断とこれにともなう責任を負うべき主体が曖昧で、「帝国陸軍では、本当の意思決定者・決断者がどこにいるのか外部からは絶対にわからない」情況が生まれるのである〔⑤〕。

■南進政策

昭和一四（一九三九）年九月のポーランド侵攻で第二次世界大戦の幕を切って落としたドイツは翌年四月、奇妙な戦争（phony war）――第二次世界大戦の勃発にともない英仏とドイツは相互に宣戦布告したが、八カ月あまり実際に干戈を交えることがなかった――に終止符を打って、まずデンマーク・ノルウェーを制圧し、次いで五月にベルギー・オランダに侵攻、マジノ線を突破してフランスに軍を進め、ダンケルクの戦いでイギリス軍をドーバー海峡に追い落とした。六月一〇日イタリア参戦、一五日ドイツ軍パリ占領、そして二二日にフランスは降伏した。このヨーロッパ情勢の激変に軍部は浮き足だった。〃この好機を捉えろ、バスに乗り遅れるな〃というわけである。

好機を捕捉して実行しなければならないのは、一つには東南アジア――とくに本国がドイツの膝下に下った仏印（フランス領インドシナ＝現在のベトナム・ラオス・カンボジア）と蘭印（オランダ領東インド＝現在のインドネシア）への施策である。仏印はアメリカ・イギリスによる蔣介石政権への軍需物資補給のルートとなっており、また日本の主食である米や重要な軍需物資のゴム・非鉄金属の供給地だった。蘭印は言うまでもない。石油を筆頭にゴム・錫鉱石など軍需物資の宝庫である。

東條が加わった第二次近衛内閣の手で対南方政策は推進されるのことになるのだが、まず仏印については、外務省はフランスのヴィシー政府（フランス陥落後に南部フランスを管轄するため、第一次世界大戦の英雄ペタンを首班としてヴィシーに樹立された対独協力政府）と交渉を行い、八月末に松岡と駐日大使アンリとの間に協定が結ばれた。これに基づき、現地では九月初めに西原一策《にしはらいっさく》中将とマルタン仏印軍司令官の間に軍事協定が成立、同下旬に援蔣ルート遮断を目的とする日本軍の北部仏印進駐が完了した〔⑥〕。

もっとも事はスンナリといったわけではない。この間、現地軍事協定調印の直前に南支那方面軍が越境事件を引き起こし、日本軍と仏印守備隊との間に衝突が起こった。またハイフォン港において日本の航空機による誤爆騒ぎがあった。この越境・誤爆事件に東條は陸相として厳しい態度で臨んでいる。安藤南支那方面軍司令官、久納第二三軍司令官、中村第五師団長、三木連隊長、越境の張本人である森本大隊長は現役を追われ、参謀本部から現地に派遣されていた富永恭次少将が第一部長を解任された。南支方面軍の幕僚として北部仏印進駐に深く関わった佐藤賢了は事情説明のため海南島から上京した際、東條に安藤司令官解任の取り消しを直訴したが、東條は「いかなる事情があるにせよ、越境事件、海防《ハイフォン》爆撃事件は統帥の過失だ。いまこそ一糸みだれぬ統帥の尊厳をとりもどす重大なときである。陸軍大臣として、信賞必罰には何者の容喙《ようかい》も許さない。すでに内奏も終わっている。この件については何も言ってはならぬ」と述べ、佐藤の主張を断乎斥けた〔⑦〕。

そしてこの後間もなく、東條は二・二六事件後の粛軍人事に匹敵する人事異動を実施した。もっとも中央を追われた幕僚たちの多くは、一年を経ずして省部の枢要な部署に復帰させられている。なかでも富永はやがて東條の陸軍次官として、佐藤は軍務局長として東條を支えることになるが、当時もこうした人事に批判があったことは確かである。「それにもかかわらず、この大異動を契機として、下剋上の風潮が衰え、軍首脳部とくに陸軍大臣の統制が強化されたのも、事実であった」と長岡新次郎は指摘している〔⑧〕。これまで陸軍というムラの長《おさ》たちにもっとも欠けていたのが、信賞必罰の姿勢ではなかったか〔⑨〕。

一方、蘭印に対する外交攻勢は見るべき成果を挙げることができなかった。すでに前内閣の有田外相から錫鉱石・ゴム・石油・ボーキサイト・ニッケル鉱など一二品目について「将来如何なる事態に於ても日本に輸出すること」を申し入れており〔⑩〕、九月から一一月にかけ小林一三商工相がバタビア（現ジャカルタ）におもむき交渉に当たったが、成果は得られなかった。これより前、一月から三月にかけワシントンで米英両国の幕僚が現下の世界情勢に対応する共同作戦について討議を重ね、次いで四月にはシンガポールで米英蘭の現地軍司令官と幕僚が日本の攻勢に対する共同防衛について討議し、たとえば日本による米英蘭の領土や委任統治領に対する直接の戦争行動や日本の軍艦・船団が明らかにフィリピン群島・マレー半島東岸などに向かっているときなど、三国は共同して反撃行動を行うべきことを勧告している〔⑪〕。当時アメリカ政府は軍事会議の勧告を受け容れることはなかったが、オランダの対日強硬姿勢の背後に、このようなＡＢＤ包囲網の動きがあったことは疑いない。

■三国同盟

ヨーロッパ情勢の急変を好機とするいま一つの動きは、独伊との提携強化である。これまでも、三国防共協定強化の企図は陸軍を中心に試みられていたが、海軍や大蔵省の反対、独ソ不可侵条約（一九三九年八月調印）による対独不信などが原因となって実現には至らなかった。しかしドイツ軍快進撃の報が伝わり、さらに独伊との提携強化に反対していた米内内閣に代わって第二次近衛内閣が成立するや、国論は一気に軍事同盟締結に向かった。

七月一九日、首相就任を三日後にひかえていた近衛は留任の東條陸相と吉田海相および外相就任予定の松岡洋右を荻窪の別邸に招いて会談し、対外政策については「東亜新秩序を建設するため日独伊枢軸の強化」を図ることで合意した。そして新内閣成立後、七月二七日の大本営政府連絡会議で決定をみた「世界情勢の推移に伴う時局処理要綱」では「対独伊ソ施策を重点とし、特に速かに独伊との政治的結束の強化が唱われた〔⑫〕。

日独の実質的交渉は九月初め東京において松岡外相とスターマー特使の間で始められた。参謀本部の記録によれば、三国同盟最大の目的は「米国が現在の戦争に参加すること又は将来日本と事を構えることを防止」することであり、「日独伊三国の決意せる毅然たる態度……を米国を始め世界に知悉《ちしつ》せしむる事によりてのみ強力且《かつ》有効に米国を抑制し得」るというのが両者の見解だった〔⑬〕。

松岡・スターマーの交渉は九月二四日に妥結、二七日ベルリンで来栖三郎《くるすさぶろう》駐独大使・リッベントロップ独外相・チアノ伊外相の三者によって調印された。同盟条約はヨーロッパに関しては独伊が、東アジアに関しては日本が指導的地位にあることを認め、第三条において「三締約国中いずれかの一国が現に欧州戦争または日支紛争に参入しおらざる一国（アメリカのこと）に依って攻撃せられたるときは、三国はあらゆる政治的、経済的及び軍事的方法に依り相互に援助すべきことを約す」と規定している〔⑭〕。

日本では、新聞が酔えるがごとく独伊との提携強化を礼讃し感激にひたっている。三国同盟調印の翌日、『日日』は「盟邦独・伊外相と／結ぶ新枢軸の産声／颯爽《さっそう》たり松岡外相」「街頭の感激／〃待ってたぞ〃の興奮」などの見出しを掲げ、『朝日』（東京朝日新聞、現・朝日新聞）は「いまぞ成れり〃歴史の誓〃めぐる盃、万歳の怒濤／……降るような星月夜……三国同盟の締結の夜である、まさしく歴史に残るこの夜の情景！決意を眉宇《びう》に浮べて幾度か万歳を唱えて誓いの盃をあげる日独三国の世界史を創る人々……冴《さ》ゆる銀河の下、日独伊三国の運命を一つに結んで誰しもが異常な決意と感動に濡れた夜であった」と報じた。社説は、三国同盟が「恒久平和の先決条件として世界の新秩序を建設すべき共通の理念と確信」に基づく「国際史上画期的の出来事」（『朝日』）であり、東亜とヨーロッパを「アングロサクソン圧制から解放」（『日日』）するものであると論じている。

両紙の主張は随分と威勢がよくかつ楽観的だが、外交・軍事の門外漢であっても、この時期にドイツ・イタリアとの同盟を強化するについては当然アメリカの反発が予想できよう。松岡外相はどんな考えを持って三国同盟の締結に邁進したのであろうか。――九月一九日の御前会議で枢密院議長原嘉道《はらよしみち》の懸念に、松岡は「今や米国の対日感情は極端に悪化しありて僅《わず》かの機嫌取りして恢復するものにあらず。

只々我れの毅然たる態度のみが戦争を避くるを得べし」と答えている⒂。

ヨーロッパで圧倒的力を見せたドイツとの提携と「毅然たる態度」が松岡の対米政策の基本的な考え方であった。陸相の東條も首相の近衛も松岡と大筋において変わるところがない。東京裁判に提出した宣誓口供書において東條は、前記の「世界情勢の推移に伴う時局処理要綱」を審議した大本営政府連絡会議を振り返って、「独伊関係については支那事変の解決及世界変局の状態よりして日本を国際的の孤立より脱却して強固なる地位に置く必要がある。支那事変を通じて米英のとりたる態度に鑑み、従来の経緯に拘らず独伊と提携してソ連と同調せしむるよう施策すべしとの論」があったと述べている。では、予想されるアメリカの反発についてはどうか。「全員は皆、独伊との提携強化が日米関係に及ぼす影響を懸念」し、「皆支那事変の解決には英米との良好関係を必要とすることを強く感じ」ていた。しかし松岡外相はワシントン会議以来の「米英の非友誼的態度の顕然たるに鑑み」、対米戦を極力回避しつつも「毅然たる態度をとるの外ない」と強く主張、参会者は「具体案については外相に信頼するということ」になったという⒃。

しかし、アメリカは日本の「毅然たる態度」に畏れ入ることはなかった。七月二日に成立した防衛強化促進法――第六条は国防上必要と認めた場合、大統領は武器弾薬・機械器具・原料品の輸出禁止もしくは削減をなし得ると規定――に基づき、ローズヴェルト政権は軍需物資の対日輸出規制を本格化して行く。主な措置を挙げると、七月二六日航空機用ガソリン・同潤滑油が輸出許可制品目に指定され、また三一日には西半球以外への航空機用ガソリンの輸出禁止措置が講じられた。そして一〇月一六日以降、全等級の屑鉄がイギリスおよび西半球以外への輸出禁止とされた⒄。

このアメリカの措置が日本にとってどれほど深刻だったか。――同年八月二日調製の企画院による「応急物動計画試案説明資料」は、屑鉄について「其後著しく鉱石法に転換したる本邦製鋼法も今猶全能力の40%は屑鉄法に依らざるべからざるの現況にして、屑鉄の輸入途絶は直之等製鋼設備の操業を著しく圧縮又は廃止せしむるの止むなきに至るべし」といい、また輸入機械類について「由来機械類の輸入は米国よりのものがその過半を占むるものにして、支那事変の勃発による日満支を通ずる国内軍需工業の大伸長と第二次欧州戦乱による海上輸送路の封鎖等の影響により対米依存性を益々顕著にし、生産力拡充計画其他に於て生産計画の一部を変更するの余儀なきに到りたるものなり。然るに今米国よりの輸入途絶を想定するときは其の一部を独其他の欧洲に切替へ得るとするも、機械設備の型式等の変更は生産計画の設計方式を変更するものを生ずべし、又海上輸送以外には其の入手不可能のものあり、陸路にては個々の重量及全体的に量的制約もあり其の混乱は数字的に見る以上のものなるべし……遺憾ながら米国よりの輸入途絶を想定するは無謀に近きものと称する外なかるべし」との判断を示している〔⑱〕。

■アメリカの主敵

ヨーロッパ情勢の激変はアメリカの政策にも大きな変化を呼び起こした。

一つには、対英支援の姿勢を明確にしたことである。ドイツ軍の電撃的攻勢で大陸派遣のイギリス軍はダンケルクからの撤退作戦で多数の艦船と最新の陸軍装備・武器弾薬の大半を失った。チャーチル首相（ネヴィル・チェンバレンに代わって五月一日戦争内閣の首相に就任）の要請で、六月にフランクリン・ローズヴェルト政権は余剰の武器弾薬の売却に踏み切り、次いで九月には国際法違反を承知の上で、ニューファンドランドおよびカリブ海地域のイギリス基地を今後九九カ年借用する見返りとして老朽駆逐艦五〇隻を譲渡した〔⑲〕。

第二には軍備増強に拍車がかかった。当時アメリカは近代の消耗戦に不可欠な資源・科学技術・工業生産力を擁してはいたが、軍事力それ自体は西半球を防衛し、かつ枢軸国を敵に回して戦うにたる十分な戦力を持っていたわけではなかった。ローズヴェルト政権は、議会の承認を得て兵員二〇〇万・航空機一万八〇〇〇からなる陸軍および大西洋・太平洋で展開可能な両洋海軍の構築を目指し予算措置を講じた。九月には、アメリカ史上初の平時における徴兵制を規定する選抜徴兵法が議会を通過、二一歳から三六歳までの男性アメリカ市民は一カ年間の兵役義務に服することになった⑳。

第三に、軍事戦略もヨーロッパの事態に即応するものとなった。当時アメリカでは、既存の色分けされた諸国家（たとえば日本はオレンジ、イギリスはレッドで表される）に対する個々別々の作戦計画＝カラー・プランの見直し作業が終わり、新たにレインボー・プランと呼ばれる複数の国家ないし戦場での戦いを想定した戦略計画が策定されていたが、英仏両国の敗北に直面して一一月にはまずレインボー５――つまり「大西洋での攻勢、太平洋での守勢」という枠組みで戦略計画の立案が進められることになった。少し後のことになるが、翌年六月二日に陸・海軍長官の承認を経てローズヴェルト大統領に供された統合陸海軍基本戦争計画（Joint Army and Navy Basic War Plan）は「ドイツは枢軸国の有力なメンバーであり、大西洋および欧州方面が決定的戦場になるものと考えられる。アメリカの主要軍事努力は、この戦場に向けられるであろうし、その他の戦場におけるアメリカ軍部隊の作戦は、その努力を容易にするための手段として行われるであろう」と明言している㉑。――ドイツ軍の電撃的勝利は、ローズヴェルト政権に是が非でも守るべきは大西洋とヨーロッパであり、絶対に打倒しなければならないのは日本ではなくドイツであることをハッキリと認識させた。

もう一つ……この年（昭和一五＝一九四〇年）の八月にアメリカは日本の外務省が使用している暗号

の解読に成功している。これから大東亜戦争勃発を経て敗北に至るまで日本外交の機密情報（アメリカ側は「マジック」と呼んだ）は、ほぼ筒抜けになったわけである。解読者はアメリカ陸軍通信部のウィリアム・F・フリードマンで、解読されたのは日本の外務省が昭和一二年から主要な在外公館に配置していた九七式欧文印字機だった〔㉒〕

第5章　明けて昭和一六年

■〃新世紀〃の開幕

昭和一六（一九四一）年は皇紀二六〇一年、つまり皇紀二七世紀の第一年に当たる。庶民の思いや願いは知る由もないが、二大新聞は次のような言葉とともに新たな年を迎えた。

一月一日の『朝日』社説は「今や新方針、新発足の下に、我が国家が一大勇躍を遂ぐべき時が来た」とし、「事変すでに第五年に入り、大陸の奥地なほ皇威に慴状《しょうじょう》せざるもの存すと雖《いえ》ども、新東亜建設の鴻業《こうぎょう》が着々とその歩を進めつつある事実は、日満華三国間の善隣条約締結によりても、はたまた、我国と共栄圏に立つべき仏印、泰、蘭印等に対する友好関係の逓増《ていぞう》によりても歴然たるものがある」「太平洋上に於ける我が権益を直接に窺窃《きせつ》せんとする米ソ両国が巧みに表面的になお欧州戦乱の圏外に立ち、東西両半球に向つて和戦両様の態勢を保ちつゝある限り、我が日本はあくまで、世界を導くべき崇高にして迫力ある自主独立の立場を堅持すべきことはいうまでもない。かくてこそ初めて我国が名実ともに東亜の盟主として新東亜建設を指導し、進んで世界平和の再建と世界秩序の実現とに貢献し得るのである」と主張する。

翌二日の『日日』社説は、いま現在を「日露戦争をもってその発端」とする「史上空前の戦国時代」ととらえる。ロシアが日本に敗れた結果ヨーロッパの「均勢」が崩れ、第一次世界大戦の勃発に繋がった。ところでこの大戦は「米英仏等の偽善が唱導したように戦争を撲滅するための戦争」ではなく、また「アングロサクソン族が平和条約をもって、デモクラシーの仮面の下に世界制覇を確保するための具にした時に次の戦争は不可避とされた」という。「しかるに奇しき因縁なるかな、現状打破の第一矢を放って現在の大戦争を誘発する動因をつくった」のは日本で、その第一矢は満洲事変であり、「同事変は現状打破をモットーとする伊エ戦争を誘発した」（一九三五年イタリアはエチオピアに進攻し、翌年イタリア領に併合している）。第二矢は支那事変であり、「ここに至って現状打破の運動は澎湃《ほうはい》として地球の全面に瀰漫《びまん》するの勢いを呈し、敗戦の創傷癒《い》えたドイツを促して乾坤一擲《けんこんいってき》の壮挙に起たせる機運はつくり出されたのである」。もとより「前の大戦も現大戦もアングロサクソン族の覇権欲から生まれたもの」であって日本が欲したものでなく、したがって法的責任はないのだが、「国際政局の一方の旗頭たる日本帝国としては従来偶然にも果たして来た役割の手前、人類の歴史に対して精神的責任を負はねばならないであろう」と主張する。社説は末尾で、ローズヴェルトが二九日の放送で三国同盟とアメリカが相容れない関係にあると述べたことを以て中立国としてのアメリカが「最後の段階に達した」と指摘し、「国民よ地平線を見よ。心眼をもって地平線の外まで見よ」と結んだ。

支那事変処理にひと筋の光明もなく、三国同盟締結で示した「毅然たる態度」にもかかわらずアメリカによる経済的鉄鎖の強化が予想されるなか、国政と軍事の要路にある人士の多くは新聞の社説ほどには強気の言を吐くことはできなかっただろう。むしろ暗澹《あんたん》たる思いで新年を迎えたに違いない。

三月、この逼塞《ひっそく》情況を打開すべく松岡外相はソ連およびドイツ訪問の途についた。ソ連を日独伊の同盟に引き込み米英に対抗するということ、および日ソ間の国交調整とソ連に援蔣行為を放棄させることが主な狙いであった〔①〕。往路モスクワで一泊した松岡はスターリンと予備的な意見交換を行い、次いでベルリンに向かいリッベントロップ外相およびヒトラーと会談を持った。すでに秘密裡にバルバロッサ作戦（ソ連侵攻作戦）を始動させていたドイツは四国同盟には関心なく、日ソ国交調整にすら批判的で、対英戦略の観点からひたすら日本をしてシンガポールを攻略させることに熱心だった。

四国同盟を断念した松岡は帰路モスクワに立ち寄り、四月一三日にモロトフ外相と中立条約を結んだ。主な内容は次のとおりである〔②〕。

第一条　両締約国は両国間に平和及友好の関係を維持し且相互に他方締約国の領土の保全を尊重すべきことを約す。

第二条　締約国の一方が一又は二以上の第三国よりの軍事行動の対象と為る場合には他方締約国は該紛争の全期間中立を守るべし。

条約調印後に、松岡とモロトフは「大日本帝国が蒙古人民共和国の領土保全及不可侵を尊重すること」、反対にソ連は「満洲帝国の領土の保全及不可侵を尊重すること」を約す旨の声明を発した。ソ連は満洲国を事実上承認したのである。クレムリンでの条約調印式の折り、グルジア（現ジョージア）出身のスターリンは松岡と抱き合い「われわれはともにアジア人だ」と言って喜びを表し、さらにモロトフともどもモスクワ駅頭に現れて再び抱き合い、帰途につく松岡を見送ったという〔③〕。西方でドイツの脅威にさらされているソ連にとって、極東で日本が静謐《せいひつ》を保ってくれること、また中立条約を奇貨として南進政策を強化することになれば、願ったり適ったりだろう。スターリンが松岡を抱擁したくなるのも無理はない。

もっとも中立条約は日本にとっても有難かった。ソ連は、一九二八（昭和三）年に始めた第一次五カ年計画以降、世界恐慌の局外にあって重工業が著しい発展を見せ、第二次五カ年計画が終了した一九三七年には、ヨーロッパの先進工業国を凌《しの》ぎアメリカに次ぐ世界第二の工業生産力を持つ国家に成長したいわれる。その二年後、一九三九（昭和一四）年六月から九月にかけ関東軍は、ソ連の傀儡国家モンゴル人民共和国と満洲国の国境紛争に端を発したノモンハン事件でソ連軍と死闘を演じ、その強力な軍事力を再認識するに至った。支那事変解決の兆候が見られず、またアメリカとの対立が先鋭化する中で、一時的にでもソ連軍の脅威を取り除くことができるわけである。

■独ソ戦勃発と〝関特演〟

しかし事態は急変する。条約調印からわずか二カ月後の六月二二日にドイツ機甲軍団がソ連に襲いかかった。このバルバロッサ作戦はヒトラー年来の反共主義とか生存圏の確立という理由があったのだろうが、直接的な理由としては独ソ不可侵条約以来の友邦ソ連との間に勢力圏をめぐる対立が生じたことがあげられよう。同条約の秘密協定に基づきポーランド東半を制圧したのち、ソ連は一〇月にバルト三国に兵を入れ（翌四〇年八月に併合）、一一月にはフィンランドを襲い、その結果バルト海およびスウェーデンの鉄鉱石とフィンランドのニッケル鉱へのアクセスにソ連の圧力が及ぶようになった。さらに翌四〇年六月には石油資源に富むルーマニアからベッサラビアと北ブコビナを奪った。ヒトラーならずとも、ソ連に天誅を下したくなるではないか。ところがヒトラーの不満や焦燥を理解していなかったからなのか、スターリンはモスクワ駐在のアメリカ大使スタインハートやチャーチル首相、さらには自国の諜報機関——東京で暗躍したリヒャルト・ゾルゲがよく知られている——の度重なる警告にもかかわらず、ドイツ軍の急襲に備えてなんら打つべき手を打たなかった。そのため、ソ連軍は緒戦で壊滅的な打撃を被ったのである〔④〕。

日本ではこの独ソ戦を好機と捉える動きがあった。またぞろ〝バスに乗り遅れるな〟というわけで、いわゆる「関特演（関東軍特種大演習）」——つまり、この機に乗じて北方からの脅威を一挙に解消すべく対ソ武力行使を想定し、関東軍の戦力増強のために大規模な動員を実施したのがそれである〔⑤〕。

大本営政府連絡会議における数次の審議を経て、七月二日の御前会議で決定された「情勢の推移に伴う帝国国策要綱」は、独ソ戦に対して「三国枢軸の精神を基調とするも、暫く之に介入することなく密かに対ソ武力的準備を整え自主的に対処す。……独ソ戦争の推移帝国の為有利に進展せば、武力を行使して北方問題を解決し北辺の安定を確保す」との方針で臨むとしている〔⑥〕。一連の大本営政府連絡会議で、スターリンと抱擁した松岡が即時対ソ戦を主張しているのが注目される。たとえば六月二七日の会議で東條から支那事変との関係を問われ、「昨年迄は南を先きに次で北と思っておった。南をやれば支那は片付くと思ったが駄目になった。北に進みイルクーツク迄行けば宜しかるべく、其の半分位でも行けば蔣にも影響を及ぼし全面平和になるかもしれんと思う」と答えている〔⑦〕。

松岡の主張は容れられることはなかった。即時対ソ戦を断行する――青柿主義（青柿であっても強引にもぎ取る）――のではなく、機が熟する――熟柿主義（柿が熟して木から落ちたのを拾う）――のを待って対ソ戦を開始するというわけである。具体的には、ドイツ軍が有利に戦いを進め、それにともなって極東ソ連軍が西送されて地上軍（狙撃三〇個師団）が半減し、かつその他戦力（航空機二八〇〇機・戦車二七〇〇輛・潜水艦一〇三隻など）が三分の一に減少するに至ったならば、九月初頭から武力発動するというのが陸軍の想定だった。省部の間で動員の時期や兵力量をめぐって紛糾が続いていたが、七月五日に現有の在満洲・朝鮮一四個師団＝三五万の兵力から一六個師団を基幹とする総兵力八五万に増強、そのため新たに五〇万を動員招集することが本決まりとなった。そして支那事変勃発四周年に当たる七月七日、東條陸相と杉山参謀長は天皇に上奏して裁可（許可）を仰ぎ、同日第一次動員を下令した。動員下令の通達は通常の電報から書簡に切り換えるなど密かに進められ、応召者の壮行会や歓迎会の催しは一切禁じられたという。

しかし、関特演は八月上旬には事実上中止となった。その理由の一つは好機が到来しなかったことである。ソ連が本年中にドイツに屈服することはないとの情勢が確実視され、期待していた極東ソ連軍の西送もわずかであることが判明した。また、陸軍中央部に対する現場からの批判の声も強くなってきた。当時支那派遣軍司令官だった畑俊六は、「中央は兎角《とかく》支那事変処理の根本を忘れ、我より進んで此際事を構へんとするの懸念あり、当軍よりも六個師団及航空の全力を北に転用せんとするが如き研究あるを以て、此の如きは支那事変処理の根本を忘却し国民との公約を無視する一大事」との考えから、杉山元参謀総長に具申書を提出している〔⑧〕。さらに、後述するように日本軍の南部仏印進駐の動きに対し七月末に米・英・蘭三国が経済断交に踏み切るという事情も加わった。

関特演にむろん陸相の東條は深く関わっている。東京裁判の宣誓口供書では、関特演それ自体について東條は多くを語っていない。「独ソ戦に備うるため一部の武力的準備を具える事」、あるいは「日本が具体的に実施したことは平時編制をとっておった在満鮮軍隊の作戦行動に必要なる不足の人馬等を補充し、一部の部隊を増加したというに過ぎません」と述べているだけである〔⑨〕。確かに師団数で言えば一四個師団から一六個師団に増員するだけで、しかも動員途中で中止になったのだから「一部の部隊を増加」したに過ぎないとも言えようが、関特演がそれほど単純なものでないことはこれまで見てきたとおりである。ただ、東條が率先して対ソ戦を唱道するようなことはなかった。東條にとって最優先の課題は支那事変の早期解決である。そうした立場から、当初東條は動員をごく一部に限定すべきとする軍事課長真田穣一郎《さなだじょういちろう》大佐ら下僚の主張に同意していたが、対ソ強硬派の急先鋒である田中新一参謀本部第一部長に説得されて一六個師団体制を承認したというのが実情のようである。

北方にはなお強力なソ連軍が存在し、中国戦線ではそのソ連やアメリカ・イギリスに支援された蒋介石に決定的な勝利を得ることができず、しかも南方でアメリカ・イギリスと事を構えるかもしれないという状況のなかで、不確かな好機を当てに始められた、どこかドタバタ劇を思わせる関特演はこうして泡沫のように消えた。

■日米交渉の開始

時間が前後するが、松岡がヨーロッパでムッソリーニやヒトラーと会談を重ねていた頃、悪化した日米関係の打開にむけた交渉が緒についている。

前年（昭和一五）の一一月二五日に「メリノール始祖」として知られているカトリック海外伝道協会（Cathoric Foreign Mission Society of America）の司教ウォルシュとドラウト神父が来日、松岡外相や陸軍省の実質ナンバー2とも言うべき武藤章軍務局長、新たに駐米大使としてワシントン赴任が決まっていた野村吉三郎予備役海軍大将（昭和一六年二月着任）、若槻礼次郎元首相など政治・軍事の要路と面談して一二月二七日に横浜港から帰国した。このとき二人の聖職者を応援したのが、門司税関署長を最後に大蔵省（現・財務省）を離れ、当時は産業組合中央金庫理事を務めていた井川忠雄《いかわただお》である。両人が、ニューヨークのクーン・レーブ商会（日露戦争の折り、日本の国債を引き受けたシフ一族によるユダヤ系金融機関）の重役ストラウスの井川宛紹介状を持参してきたからである。

来日した二人の聖職者も井川忠雄も、ただ両国の関係悪化を憂える善意の民間人として日米交渉に携わっていたわけではない。ウォルシュとドラウトの背後には、ローズヴェルトの大統領選挙の資金集めに辣腕を振るい、大統領に大きな影響力を持つといわれるフランク・ウォーカー郵政長官が控えていた。大蔵官僚の時代に近衛文麿のブレーントラストとも言うべき昭和研究会の創設に加わっており、当初から近衛と連絡を取り合っていた官界に身を置いた井川忠雄も、当然のことだが政界とつながりがあった。る。二人を、旧知の陸軍省軍事課長岩畔豪雄《いわくろひでお》を通じて武藤章軍務局長に引き合わせたのも近衛の指示による。

二月、井川は近衛の期待を担ってワシントンに向かった。次いで三月に岩畔豪雄が渡米した。野村駐米大使はかねてから中国問題に詳しい軍人の派遣を要請していたが、岩畔に白羽の矢が立ったのである。いや「白羽の矢」というのは間違いかもしれない。岩畔は良く言えば「有能かつ活動的」、悪く言えば「口八丁手八丁」の人物で上司と衝突することもたびたびあった。東條も武藤もてあまし気味だったようで、ていよくアメリカに追い払ったというのが実情のようだ。本人も「東條大臣から疎《うと》んぜられて転出を命ぜられた」と語っている〔⑩〕。

岩畔の偽悪的な物言いによれば「ドラウト師、井川君及び私の三人がデッチ上げた」〔⑪〕日米諒解案が四月一六日に完成、同日野村大使とハル国務長官の間でこれを基礎として話し合いを行うことで合意をみたという。日米両国政府の関係調整を目的として諒解案は七項目を挙げているが、のちに交渉破綻の主因となる二つの項目について要約紹介しておきたい〔⑫〕。

（イ）「欧洲戦争に対する両国政府の態度」——日本政府はドイツが戦争に参入していない国家に攻撃された場合にのみ三国同盟を発動し、アメリカ政府は現在および将来において一方の国を援助して他方を攻撃することがないことを闡明《せんめい》にすること。

（ロ）「支那事変に対する両国政府の関係」——アメリカ大統領が中国の独立、日中両国間の協定に基づく日本軍の撤退、門戸開放の復活、蔣介石政権と汪兆銘政権の合流、満洲国の承認という条件を認め、かつ日本政府がそれら条件を保障する場合、大統領は蔣介石政権に和平の勧告をなすこと。

加えて諒解案は、近衛とローズヴェルト両首脳によるホノルル会談を盛り込んでいる。

諒解案を基礎とする日米交渉に、近衛はもちろん岩畔を送り出した陸軍省も、安易に飛びついたわけではない。軍務局長の武藤章は、中国問題について野村大使を補佐するという本来の職務をこえて外交に首を突っ込んでいる岩畔に対する不信感を隠さなかったし、またアメリカの対応にも警戒感を抱いていた。佐藤賢了ら下僚の「うまくいけば儲けもの、失敗しても、もともとです」という交渉推進論に対し、武藤は「枢軸分裂のアメリカの謀略ではあるまいか」「アメリカはだね。日本にちょっと飴をしゃぶらせて、中国から全面撤退させるのが目的ではないのかね。ドイツの料理が終わったら、一転して世界中で袋だたきにするという手もあるからなあ」との疑念を吐露、東條も日米諒解案を眉唾ものと評し岩畔の行動に不快の模様だったという⒀。

しかし、結局は東條も武藤も諒解案を基礎とする交渉に期待をかけ推進する側に立つ。東京裁判の宣誓口供書で東條は「此案を受取った政府は直ちに連絡会議を開きました。連絡会議の空気は此案を見て今迄の問題解決に一の曙光《しょこう》を認め、或る気軽さを感じました。何故かと言えば我国は当時支那事変の長期化に悩まされて居りました。他方米英よりの引続く経済圧迫に苦しんで居った折柄でありますから、此の交渉で此等の問題の解決の端緒を開いたと思ったからであります」と述べている⒁。

■日米交渉の齟齬

こうして始まった日米交渉は、しかし初手から齟齬をきたしていた。

第一に、アメリカ側は諒解案を交渉の基礎とすることを認めたものの、ハル国務長官は一六日の会談で野村に対し⑴国家の領土保全と主権の尊重、⑵内政不干渉、⑶商業上の機会均等、⑷平和的手段による変更を除き太平洋の現状維持――という四原則を、交渉の条件として提示したことである⒂。

第二の齟齬は、そもそもアメリカは日米諒解案に対して、少なくとも日本よりは熱意や期待が薄かったのではないかということである。前述したとおりアメリカの主要な関心はヨーロッパに向けられており、東アジアでは、ヒトラーを打倒するまで、あるいはその目途が付くまで、本気で交渉するよりは日本に「飴をしゃぶらせ」静かにさせておくという思惑だったのではないか。——独ソ戦が勃発して一週間が経った頃、ローズヴェルトはイッキーズ内務長官に宛てた書簡で次のように語っている。「ロシアや南方に攻撃をかけるか（そうしてはっきりドイツと運命を共にするか）、あるいは形勢を見てわれわれとより友好的になるか、ジャップども（Japs）はつかみ合わんばかりの論争をしているところだ。どのような決定が下るかそれはわからない。しかし君も知ってのとおり、大西洋をコントロールするに当たって極めて重要なことは、太平洋において静謐を維持し、それを助長することだ。率直に言って私は四方に派遣できるほどの海軍力を持ってはいない。太平洋でなにかちっぽけな事件が起きても、それは大西洋での艦船の減少を意味するのだ」と〔⑯〕。

またそうであるなら、つまりヨーロッパが第一であるなら、アメリカが日本を三国同盟から切り離そうとするのは当然である。日本が三国同盟第三条（三締約国中いずれかの一国が現に欧州戦争または日支紛争に参入しおらざる一国に依って攻撃せられたるときは、三国はあらゆる政治的、経済的及び軍事的方法に依り相互に援助すべきことを約す）を拡大解釈して参戦する可能性があるわけで、そうなればヒトラーの打倒はいっそう困難になるだろう。日本が三国同盟に執着する限り、アメリカとしては、早急に日本との交渉を妥結させようなどという気はなかったのではないか。

さらにそのことと密接に関係するが、日本を中国との戦いに苦吟《くぎん》させておくのがアメリカやイギリスの安全にとってむしろ好都合であるという見方も存在した。だとしたらローズヴェルト政権が、わざわざ日米諒解案に言うような蔣介石と日本との関係を取り持つことはあり得ないということになる。実際、国務省内きっての対日強硬派として知られ、極東政策の決定に大きな影響力を持ったといわれるホーンベック政治問題顧問は諒解案がまとめられつつあった頃に一文を草し、日本軍が敗北せず無傷のままで日中間の交戦が終わるようならば、それはアメリカおよびイギリスの利益にならないであろうと三国同盟の署名国は確信していると指摘し、現下の世界情勢においては「日本が中国に足を取られているということは、アメリカおよびイギリスにとって有利である」と述べ、日本を中国の泥沼から解き放つことの危険を説いている〔⑰〕。また長官のハルも五月一六日にハリファックス駐米イギリス大使と会談した折り、アメリカが日中和解の交渉に関わっているとの報道がなされているが、「これまでその問題を真剣に採り上げたことはなかった」と語り、二三日には駐米中国大使の胡適《こてき》——われわれには、文学革命の指導者の一人で白話文学（口語文学）の提唱者としてなじみが深い——に同様の趣旨のことを述べ、「仮に日本との交渉がそのような段階に到達することになったとしても、当然私は事前に中国政府と十分かつ徹底的に話し合うであろう」と約束している〔⑱〕。

このようにアメリカが日本との和解や協調という問題にはたして真摯に取り組んだのか、さまざまな疑問が湧いてくるのだが、そもそも日米交渉を「交渉」と捉えていなかったことも指摘しなくてはならない。野村大使によると五月一一日のハルとの会談の際に「今は未だ話合い（talk）であって、交渉（negotiation）には入って居ない」とハルは語ったというが〔⑲〕、この姿勢は一貫して変わらない。

第三の齟齬は、ヨーロッパから戻った松岡外相が日米諒解案に冷淡だったことである。渡欧の留守中に、外交の最高責任者たる自分の預かり知らないところで日米諒解案が作成され、さあこれを基礎として交渉を始めようと言われて、平静尋常な気持ちでいられる外務大臣はいないだろう。しかも、随行した加瀬俊一によると、松岡は渡欧中に駐ソ連アメリカ大使スタインハートと会談を重ね日米関係打開の道を探っていたというのである〔⑳〕。

帰国後、松岡は病気を理由に御殿場の別荘に引き籠もったり、連絡会議に出席しても中途で退席するなどしたため、近衛はもちろん東條や武藤の焦燥と反発を呼び起こした。アメリカから松岡不信も伝えられた。ここに至って近衛はあくまで松岡で行くか、松岡を切って交渉の打開をはかるかの選択を迫られることになり、後者を選ぶことになる。

■第三次近衛内閣

七月一五日、松岡が病気で欠席した閣議の終了後、近衛は東條陸相、及川古志郎《おいかわこしろう》海相、平沼騏一郎《ひらぬまきいちろう》内相と協議した。四相は「外相を罷免することは種々悪影響があり、何とかして協調して行きたいと大いに努力して来たが、今となってはもう駄目だ。この際外相の更迭か、内閣総辞職か、何れかを断行するより外ないであろう」という東條の言で意見が一致〔㉑〕、近衛第二次内閣は一六日に総辞職した。翌一七日夕に三度めの大命が近衛に降り、一八日午前、第三次近衛内閣が成立した。東條を含め留任する大臣が多かったが、新外務大臣には、第二次近衛内閣の商工大臣で予備役海軍大将豊田禎次郎《とよたていじろう》が就任した。

こうして松岡は政治の表舞台から退場した。しかし、松岡をワシントンにでも派遣して思う存分腕を振るわせてみたかったとの思いがよぎる。どんな結果になったか分からないが、ただローズヴェルトやハルと丁々発止と渉り合えるのは、言葉（英語）や場数を踏んでいることを含め松岡しかいなかったのではないか。求められるのは知米派人士などではなくハード・ネゴシェイターであろう。それがもっとも必要なときに舞台から消えてしまった感がする。三国同盟の立役者として、また日米交渉をデッドロックに追い込んだ張本人として松岡に対する批判は強いが、この〃駻馬《かん》〃を乗りこなせなかった近衛も批判されてしかるべきだろう。加えて、アメリカの忌避を承けたかたちで松岡を切ったのも問題である。アメリカが好む相手というのは、要するにアメリカにとって与《くみ》しやすい人物ということだ。アメリカが手強い、やっかいだと考えている人物を敢えて交渉者として起用することも、外交交渉の要諦の一つではないかと筆者ならば思うのだが。

ところで、この第三次近衛内閣の成立には参謀本部の幕僚たちは大いに不満だったようで、「新内閣は非枢軸英米依存の性格を以て誕生せんとするか。憂鬱、憤激、慨嘆に堪えず。大臣に対する省部（陸軍省と参謀本部）の信頼地に落つ。陸軍の本政変に対する発言衰徴［微］す。其罪大臣の無節操にあらずや」「東條陸相、近衛を代弁せるか、既定国策不変を強調せり。其の心情不可解なり。……東條陸相の近衛の歓心を買うに営々たるや、心外の至りなり」との批判が渦巻いていた〔㉒〕。——こうした不満の声は東條の耳にも達したであろう。下剋上ならぬ上依存下の組織内で実質的に参謀本部を仕切っている佐官級の幕僚の突き上げに、強気で鳴る東條にしても心労を重ねたに違いなく、〃酔心〃をチビリチビリやる夜が続いたのではないかと想像する。

第6章　破局に向かって

■南部仏印進駐

独ソ戦勃発を機に北進論が日程に上り「関特演」が一部実施に移されたが、八月初めまでに対ソ戦争が断念されたことは、すでに前章で見たとおりである。同じ頃、日本は南方に対して後戻りすることがもはや不可能となってしまう大きな一歩を踏み出した。南部仏印進駐がそれである。六月初め石油取得のための蘭印との交渉が不調に終わることが予想されるに至った頃、軍部を中心に対南方施策が検討され、六月二五日に至って大本営政府連絡会議は南部仏印進駐を正式に決定した。

陸相として南部仏印進駐に深く関わった東條は、東京裁判の宣誓口供書において南部仏印進駐が必要だった理由を五つ挙げている。「その一つは支那事変を急速に解決するの必要から重慶（蔣介石政権）と米、英、蘭、の提携を南方に於て分断すること」「その二は米英蘭の南方地域に於ける戦備の拡大、対日包囲圏の結成、米国内に於ける戦争準備並に軍備の拡張、米首脳の対日圧力の言動」「三つは前二項に関連して対日経済圧迫の加重、日本の生存上必要なる物資の入手妨害」「四つは米英側の仏印、泰《タイ》に対する反日離反の策動、仏印、泰の動向に敵性を認めらるること」「五は蘭印との通商会談の決裂並びに蘭印外相の挑戦的言動」である〔①〕。

この中で筆者の注意を引くのは、対日経済圧迫、特に主食たる米の取得に対する妨害を挙げていることである。意外に思われるかもしれないが、現代に比較すれば遙かに農業国であった戦前の日本においても食糧は重要な輸入物資であった。主食の米はタイ・ベトナム、小麦はオーストラリア・カナダ・中国、豆類は満洲・中国が主要輸入先である。四方を海に囲まれた日本としては、食糧を自給できるか否かは戦略上また国民生活上、きわめて重要な課題となる。支那事変の勃発と拡大はそれをわれわれ日本人の目の前に突きつけたのである。しかも昭和一四年に西日本と朝鮮半島が旱魃《かんばつ》に見舞われた結果、それまで安定的であった米の需給バランスが一挙に崩れ、国内における食糧増産が緊急の度を増すに至った。東條の論拠となったであろう昭和一六年六月二三日付けの大本営陸海軍部の「軍事上経済上政治上の見地より北部仏印と共に南部仏印に速に所要兵力を進駐せしむるの絶対必要なる理由に就て」と題する一文書は、南部仏印進駐の経済上の絶対必要な理由の一つとして米の取得を挙げ、もしこれを確保できないなら「帝国は戦わずして食糧問題に関し一大危機を招来するに至るべし」と言い切っている。しかも仏印当局は日仏経済協定の約束を無視して、集荷不良などを理由に減額を申し入れるありさまで、文書はこれを「明らかに仏印内に於ける英米の強力なる策動に因するは疑いの余地なき所なり」と断じている〔②〕。

関特演の項でも紹介したように七月二日の御前会議で「情勢の推移に伴う帝国国策要綱」が決定をみたが、南方への施策については「仏印及泰《タイ》に対する諸方策を完遂し以て南方進出の態勢を強化す、帝国は本号目的達成の為対英米戦を辞せず」との文言が盛り込まれた〔③〕。そして一四日、加藤外松《かとうそとまつ》駐仏大使はヴィシー政府に対し、所要兵力・艦艇・航空部隊の派遣、サイゴン・カムラン湾など航空基地・海軍基地の使用、駐屯軍隊の演習・居住・行動の自由を認めかつこれに対する便宜の供与――の申し入れを行った〔④〕。

ヴィシーにおける交渉は二一日に妥結し、二三日には現地仏印においてドクー仏印総督と大本営特派の澄田睞四郎《すみたらいしろう》陸軍少将の間で細目協定が成立、二五日に海南島の三亜港から第二五軍と支那方面艦隊からなる進駐部隊が発進、二九日までに平和裡に進駐をはたした。

このような日本の動きに対して、アメリカ政府はついに〝伝家の宝刀〟を抜いた。二五日夜、在米日本人に関わるすべての金融と貿易取引をアメリカ政府の管理下におくとの行政命令を発表した。一般に在米日本資産凍結といわれている措置がこれである（二六日にイギリスが、二七日にはオランダが続いた）。当時アメリカに保持していた現金二億円、証券三億円相当〔⑤〕を自由に使用することができなくなったわけで、これによって日米間の貿易は事実上途絶した。次いで八月一日にアメリカ政府は航空機ガソリン用潤滑油と発動機燃料の輸出禁止措置をとり、その結果石油はほぼ対日全面禁輸の情況となった。こうして、戦争の遂行に絶対不可欠な軍需物資たる石油をもはや手にすることができなくなるという、日本がもっとも恐れていた悪夢が現実のものとなった。

■日本の対米「謬見」

しかし考えて見ると、政軍の指導者たちのなかで南部仏印進駐に対抗してアメリカがそうした強硬措置をとるかもしれない、と予想した者はいなかったのか。

首相の近衛は予想していなかったようである。支那事変以来悶々とした日々を読書で紛らわす生活を送っていた元外相幣原喜重郎は、その夏に珍しくも近衛からの「申越し」で千駄ヶ谷の新居近くのある場所で面会したが、その模様を次のように記している〔⑥〕。

近衛公は私に向って、「いよいよ仏印の南部に兵を送ることにしました」と告げた。私は、「船はもう出航したんですか」と訊くと、「エエ。一昨日出航しました」という。「それではまだ向うに着いていませんね。この際船を途中台湾か何処かに引戻して、そこで待機させるということは、出来ませんか」「すでに御前会議で論議を盡《つく》して決定したのですから、今さらその決定を翻えすことは、私の力ではできません」との答えであった。

「そうですか。それならば私はあなたに断言します。これは大きな戦争になります」と私が言うと、公は、「そんな事になりますか」と、目を白黒させる。……

軍人たちはどうか。驚くべきことに、「大勢としていなかった」と、当時陸軍省軍務局高級軍事課員の石井秋穂《いしいあきほ》中佐は回想している。東條も軍務局長の武藤章も、そして海軍もそうだった。「甘い希望的観測を大多数の人が抱いていた」という〔⑦〕。

駐日アメリカ大使グルーは「私の個人的見解だが、豊田提督も多くの日本人公吏と同じく、米国は報復手段に出ぬものと信じていた。それで米国が日本の仏印進駐の報復として資産凍結を行ったことは、彼らにとっては寝耳に水だったのである。この米国政策への謬見《びゅうけん》が米国駐在の日本官吏が米国の世論を正確につかむことが出来なかったことによるのか、この点に関して彼らが日本政府を納得させるに足る報告を出来なかったのが原因か、私は知らない」とし、続けて「私は日本政府を対手《あいて》にして、いつもこの謬見を正すことに出来るだけのことをしてきた。だが私は日本が最近の進展に驚き、重大な関心を持つていることは真実で、米国政府の処置が日本で引き起こした苦い怨恨の情が本物であることを、確信している」と七月二六日の日記に認《したた》めている〔⑧〕。

南部仏印進駐に対してアメリカが在米日本資産凍結・石油全面禁輸という強硬措置をとったということが、政軍の指導者たちにとっては予想外のことで「寝耳に水」だったという。満洲事変からこの方、大陸への進出をめぐって対立を深め、またドイツに与《くみ》して三国同盟を結び、今また南進政策を強化する日本に対してアメリカがなんら対抗策をとらないであろうという「希望的観測」は、いったいどこから導き出されたものなのであろうか。アメリカは満洲国を認めず、蔣介石を支援し、東亜新秩序建設の行く手を阻む憎っくき敵ではなかったか。その敵が日本の攻勢になんらの手も打たないということがあろうか。――そうしたことが念頭に浮かばない、むろん東條を含めてのことだが、政治家・軍人の思考様式は、筆者には不可思議としか言いようがない。これは政治や軍事に関する史料・文献を漁《あさ》るだけでは片が付かない問題であるように思われる。筆者には日本人論をするつもりも、する能力もないが、われわれの思考や行動のあり方に関わってどこか根源的なところまで突き詰めて行かないと、この不可思議は理解できないのではないか。

かつて筆者は、日本人の精神構造を解明すべく古沢平作《こさわへいさく》が創始し小此木啓吾によって確立された「阿《あ》闍世《じゃせ》コンプレックス」論を手懸かりに、われわれ日本人の対外認識やイメージの形成について論考を試みたことがある。詳細は拙稿に譲るが〔⑨〕、その際、次のような三つの特性を指摘した。

第一の特性は、ある特定の国家ないし体制の理想化である。この特性についてはこれまで多くの論者によって指摘されてきた。それは、山本七平の言葉を借りれば、ある国家や体制が現実にいかなるものであるかを吟味・考慮することなしに、ひたすら「あこがれ」、ひいては日本の歴史や置かれた情況を一切無視して絶対化し、それになるか、それに近づくことを目標とする態度である〔⑩〕。イギリスの議会制民主主義、アメリカンデモクラシー、永世中立のスイス、福祉のスウェーデン、あるいは一時期のソ連や中華人民共和国、北朝鮮ですらも一部の知識人やマスメディアによって目標とすべき対象とされた。

第二は、相手国（理想化された国家のみならず「劣等国」「弱小国」を含め）に対して多分に一方的な一体感を抱くという特性である。たとえば「五族協和」などはこの種の一体感の典型的な事例であろう。それは、つまり相手の実情にお構いなしにある種の期待をよせ、しかも相手がそれを受け入れることにまったく疑いを抱かないという類いの一体感（甘え）であり、そこには明確な自他の区別、敵味方の意識が希薄である。この点に関して、比較文学者の佐伯彰一が著名な作家たちの「真珠湾」前後におけるアメリカに関する記述を評して「敵としてのアメリカのイメージは、いかにも希薄、抽象的で、実体の手応えが欠けている。そして伊藤（整）日記に表明されていた一見露骨な敵意（伊藤は一二月八日に、我々は白人の第一級者と戦う外、世界一流人の自覚に立てない宿命を持っている、と記している）も、じつは、相手に対する文化的、文学的なアンビヴァレンス、愛憎からみ合う二重性によって裏打ちされていた」⑪と指摘しているのは実に興味深い。

第三は、日本人の対外硬（論）の特性であって、相手国が日本人の一体感を裏切ったことに発する攻撃性、言い換えると、公然と発揮された攻撃性ではなく、理想化した国家に対する幻滅や相手国が期待通りにしてくれない、して欲しいことをしてくれないという欲求不満や怨みに起因する攻撃性である。加えて、小此木によれば、日本人が攻撃性を発揮するときには「隠忍自重」のはての爆発というかたちをとることが普通であるとし、その象徴的なあらわれは大東亜戦争開戦の詔勅（後掲）だという⑫。

日本の政軍の指導者たちが、敵たるアメリカによる在米日本資産凍結と石油全面禁止を予測できなかったことの理由は、筆者には、阿闍世コンプレックスの観点から見る以外に理解不能である。相手に対する研究不足や情報不足、あるいは政策や交渉の稚拙というような呑気な話ではなく、問題は、彼らが根本において国際社会を熾烈な権力闘争の場として、また他国を油断のならない厳しい敵として見ていないということ、そしてなんら根拠もなく、それらに一方的な期待を寄せ一体感を憶えるということにあるとしか思えない。その結果は、対立抗争する相手の決定的誤認である。敵の意図や能力を冷静に分析することをせず、敵に甘えさえして政策決定がなされるのなら、国益の損失や危機の到来――これに勝る原因はないだろう。日本人に特有な心のあり方に依拠してのみ日本の対外政策を論ずるわけにゆかないことは、むろん重々承知はしているが、〃真珠湾攻撃〃については筆者には阿闍世コンプレックスの角度から見ることでむしろ腑に落ちるところがある。

■泡沫の日米首脳会談

希望的観測を砕かれた軍部は急速に開戦へと傾斜して行くが、なおアメリカとの交渉に期待をかける近衛は日米首脳会談で局面打開をはかろうと考え、八月四日夕、東條陸相と及川海相にその構想を打ち明けた。両相は即答しなかったが、及川はその日の内に「全面的賛意」を伝え、東條は会談が失敗に終わる公算が大きいとしながらも、「総理自ら挺身して難局打開を試みんとする決意」に敬意を表し、「米国大統領が帝国の真意を理解せず、依然現在とりつつある政策を履行せんとする場合は、断乎対米一戦の決意を以て之に臨まるるに於ては、陸軍としても敢て異存を唱える限りに非ず」と書面を以て賛同の意を告げた。ただし「大統領以外のハル長官以下との会見ならば不同意」「不成功の理由を以て辞職せざること」との条件をつけた〔⑬〕。

八月八日、野村から正式に首脳会談を申し入れたが、アメリカ側の正式回答は遅れた。ローズヴェルトがチャーチルとの初めての首脳会談に臨んでいたからである。場所はカナダのニューファンドランド島南部に位置するアーゼンティア湾（またはプラセンティア湾?）で、ローズヴェルトは巡洋艦オーガスタ、チャーチルは最新鋭戦艦プリンス・オブ・ウェールズに搭乗してやってきた。会談は九日から始まり、一四日に米英両政府は、ナチスの最終的打倒など八項目からなる大西洋憲章を公表した。

それら項目には「日本」の語が見えないが、対日政策について検討されたことは言うまでもない。米英蘭三国共同の対日警告は見送られたが、アメリカが単独で警告することは合意された。チャーチルによると、ローズヴェルトは三〇日程度の時間稼ぎとしてインドシナの中立化についての交渉を考えており、また日本がこれ以上南西太平洋で進出の歩を進めるならば、アメリカは日本に対し戦争に至るかもしれない対抗措置をとるとの覚書を、日本大使に手交するつもりであると語ったという〔⑭〕。――その言葉どおり、一七日朝ワシントンに戻ったローズヴェルトは同日夕、野村をホワイトハウスに招いた。

この、ローズヴェルトと野村の第四回目の会談は和やかな雰囲気で始まった。大統領はニューファンドランド島までの航海のこと、チャーチルと艦上で会談したこと、オーガスタでは本来軍艦では禁じられている酒を用意してチャーチルを接待したことなどを野村に話して聞かせたあと、「自分も、国務長官も、貴大使も外交官出身に非ず、したがって外交上の慣例にはそわないことがあるかもしれない」としたうえで、「今自分の申すことは外交文書でもなく、控（aide memoir）でもない。ただ率直に話すことを一応書いたものである」と念押ししてから、それを読み上げ、ついで「斯かることは申上げたくなきも、併しはっきりしておく方が宜しかろうと考えて敢えて申す次第である」と語った〔⑮〕。

その文書の末段に次のような見逃すことのできない言葉が連ねてある〔⑯〕。

もし日本政府が、隣接する国々に武力ないし武力の威嚇よる軍事的支配の政策もしくは計画をこれ以上進めるならば、合衆国政府はアメリカおよびアメリカ国民の正当な権益を守り、かつアメリカの安全と防護を確実にするため直ちに必要と思われるあらゆる手段を行使せざるを得ないであろう。

ウェルズ国務次官が、大統領の命をうけてニューファンドランドから一足先にワシントンに戻り、一五日に作成した原案はもっと強硬な言葉使いをしていた。警告の箇所では、日本の太平洋地域でのさらなる軍事的支配の拡大に対して、「自らの安全に必要とされるのならば、それがたとえ両国の間に衝突（conflict）を生む結果になったとしても、アメリカ政府は直ちにあらゆる類《たぐ》いの手段を行使せざるを得ないであろう」と述べている。しかしこの原案はハルを含む国務省内の討議の結果トーンダウンされた〔⑰〕。とはいえ、ローズヴェルトが野村に手交した文書を素直に読めば、必要と思われるあらゆる手段（any and all steps）に軍事力の行使（戦争）が含まれることは疑問の余地がない。「あらゆる手段」なのだから。……時間稼ぎのためか、議会や世論の動向に配慮したためか（一二日に下院は徴兵期限延長を内容とする選抜徴兵法の修正案をわずか一票の差で可決した）、いずれにしろアメリカの明確な意思を伝えるために公式の「外交文書」でも「控」でもないという体裁をとった理由がわかろうというものだ。ただしハルとスティムソンは共に、この警告を最後通牒（ultimatum）と表現することに躊躇することはなかったという〔⑱〕。逆に日本では、近衛にしろ陸海軍首脳にしろ、ローズヴェルトの言明を単に警告として受け取りはしたが、最後通牒とまで突き詰めて考えた者はいなかったようである〔⑲〕。

野村に「最後通牒」を手渡す一方、ローズヴェルトは首脳会談に積極的な姿勢を示した。二人の間に次のようなやりとりがあったというが、なにローズヴェルトに手玉にとられたというのが本当のところだろう〔⑳〕。

> ホノルルに行くことは地理的に困難である。自分は飛行機の搭乗を禁ぜられて居る、日本の総理がサンフランシスコ或はシヤトル辺りに来ることは困難であろうと思うが、或はジュノー（アラスカに在り）はどうか、丁度ワシントンと東京の中間であると思うが、日本より何日位を要するやと尋ねたので、余から約十日間位なるべしと答えた。尚、又十月中旬頃の気候は如何かと問われたので、其の頃が宜しからんと応酬した。

日本では、陸海軍が首脳会談の実現に備えて準備を進めていた。随員は、陸軍では主席随員に軍事参議官兼陸軍航空総監の土肥原賢二大将、陸軍省から武藤章軍務局長と軍務課員の石井秋穂《いしいあきほ》中佐、参謀本部から次長の塚田攻《つかだおさむ》と有末次《ありすえやどる》大佐が、海軍では首席随員に軍事参議官の吉田善吾大将、海軍省から岡敬純《おかたかすみ》軍務局長と軍務課員の藤井茂《ふじいしげる》中佐、軍令部から次長の近藤信竹《こんどうのぶたけ》などが予定されていた。訪米団の乗船する船舶も優速船の新田丸と決まった〔㉑〕。

しかし風向きが変わってくる。……「甘い希望的観測」を抱いていた日本側がそう感じただけに過ぎないのかもしれないが。

八月二八日午前、野村はローズヴェルトとの第六回目の会見に臨み、「大所高所より太平洋全般に亙る重要問題を討議し時局救済の可能性ありや否やを検討することが喫緊《きつきん》の必要事」との近衛メッセージを手交した。ローズヴェルトはこの時も首脳会談に乗り気の姿勢を示した。「近衛公との会談は三日間位を希望する」と言い、「近衛公は英語を話すや」という問いに野村が「然り」と答えると、「それは非常に好都合である（that's fine）」と応じた。しかし、会談の期日については即答しなかった。議会通過の諸種法案を裁可しなければならないというのがその理由だった。同日夜に野村はハルと会談したが、首脳会談についてハルは相変わらず消極的で慎重な姿勢を示した。また中国問題に関しては「米国側に於ては支那問題は重要な問題の一であるから之を離れて日米国交調整は困難である」「日本は単に日支間の橋渡しと云われるが、米国側としては繰返し申した通り、日米国交を改善すると共に米支関係に悪影響を来たすことを欲しない、米国政府の行為に依り支那が爆発（explode）するが如きあることを望まない、したがって日支交渉の原則は之を承知し支那を納得させしむるを要する次第であって、米国政府としては困難なる大仕事である」と語った〔㉒〕。

そして九月三日夕刻、ローズヴェルトは野村をホワイトハウスに招き、首脳会談を事実上拒否する回答を伝えた。「私は野村提督により伝達された、閣下（近衛）の八月二七日付メッセージを有難く拝読いたしました」で始まるオーラル・ステートメントにおいて、ローズヴェルトは日米両首脳による協力の成功を阻害すると思われる観念が日本の一部に存在することを見過ごすことはできないとし、「このような情況にあっては、閣下も私と同様な見解であると確信していますが、企図されている会談（meeting）を確実に成功させるため、協定すべき基本的かつ重要な問題に付き直ちに予備的会談（preliminary discussions）の開始を試みることによって慎重を期すことが、極めて望ましいことであろうと提案せざるを得ません」と述べた〔㉓〕。……ローズヴェルトにすれば、情けないことに、春から続く日米交渉は交渉でも予備的会談ですらない。

■対米戦争の決意

アメリカが事実上首脳会談を拒否してから間もない九月六日の御前会議で「帝国国策遂行要領」が決定された。その要点は以下のとおりである〔㉔〕。

（1）一〇月下旬を目途とし戦争準備を「完整」すること
（2）平行して米英に対し外交の手段を尽して日本の要求貫徹に努力すること
（3）一〇月下旬までに外交交渉によって日本の要求が貫徹する目途が立たない場合、直ちに対米（英、蘭）開戦を決意すること

天皇は「帝国国策遂行要領」とその原案を作成した統帥部に大いに不満かつ疑問を抱いており、前日の五日に近衛立ち会いの下で杉山参謀総長と永野軍令部総長をお召しになった折り、その存念をハッキリと示している。とりわけ杉山参謀長には「予定通り出来ると思うか。お前の大臣の時に蔣介石は直ぐ

参ると言うたが、未だやれぬではないか」という叱責の言葉があった。御前会議でも明治天皇の御製

よもの海みなはらからと思ふ世になど波風の立ちさわぐらむ

を懐中から取り出して御読み上げになったという〔㉕〕。

東條が御前会議でどんな発言をしたのかよく分からない。会議から戻った軍務局長の武藤が興奮して「オイ戦争なんぞは駄目だぞっ。陛下はとてもお許しになりっこない」と叫んだのと、「聖慮は平和にあらせられるぞっ」という東條の最初の一言が、ひどく印象的だったと佐藤賢了は記している〔㉖〕。

一〇月に入って日米交渉は完全に行き詰まった。

なお依然として首脳会談に望みをかける近衛首相は九月六日――御前会議で「対米開戦を決意」した当日の夜、陸海外三相の諒解の下にグルーと極秘の会談を持った。場所は、伊藤博文の妾腹の子で分家を構えていた男爵伊藤文吉《いとうぶんきち》邸で、近衛の秘書官牛場友彦《うしばともひこ》とアメリカ大使館のドーマン参事官が同席した。

グルーによると、近衛は日本は四月にハルが提示した四原則を決定的かつ全面的に同意するとし、「日米両国関係が現在のような悲しむべき情勢に陥った」のは自分の責任であることを認め、しかし自らの存命中に「所期の結果を成就しうる首相は一人もいないであろう」と断言、関係改善に全力を尽くす決意を示した。次いで近衛は「当初から、陸海軍首脳部の力強い協力を受けて」おり、「現に今日も陸軍大臣と会議したが、陸軍としては大将をローズヴェルト・近衛会談に随伴させることを約し、海軍大臣も大将を近衛公に随伴さすべきだ」と言ったという。また「近衛公爵は再三再四、時が大切だということを力説」、「他国による経済的圧迫に対する憤慨が日一日と高まって行く現在、半年後あるいは一年後

に、このような解決計画を実行に移せるかどうか」保証できないとも語った〔27〕。

戦争の準備を「完整」すべきタイムリミットが迫りつつあった九月二九日にグルーは、近衛の意を汲んで、ハル国務長官に首脳会談の開催を進言する長文の公電を発している。

西洋諸国と根本的に異なる日本人の心理を理解することが重要であること、そして「どんな特定の情況であれ、これに対する日本人の反応を推測することは不可能であり、また西洋のいかなる物差しでも予測することはできない」とグルーは指摘し、「もしアメリカが現在行われている予備交渉において、原則についても、また具体的細目についてもアメリカ政府が満足するであろう明確な約束に関して日本政府の同意を期待し待つようなことがあるのならば、会談は確実に長引き、何の成果も得られず、その結果、アメリカとの和解を望む近衛首相と彼の支持者たちをして合意に達する見通しはなく、アメリカはただ時間稼ぎをしているのだという結論に導くであろう。もし日本人の持つ特異な繊細さや面目を失うことの持つ特別な意味を考慮するならば、そのような場合における日本の反応はおそらく深刻なものとなる。近衛内閣の信用失墜、反米感情の激発という結果となり、抑えのきかない行動がもたらされるであろう。……相互に報復手段が繰り返され、戦争を避けることを難しくするような事態が生じ、その理論的結果として近衛内閣が倒れ、アメリカとの正面衝突を避けようとしない傾向もしくは気質を持つ軍部独裁が成立することになろう」と警告した。さらにグルーは言う。枢軸国との関連において日本政府は、三国同盟から離脱するであろうと明確に約束することを拒否してはいるが、アメリカと公式的な交渉を開始することに歓迎の意を表することによって実質的に三国同盟を空文化する用意があることを示したのであり、「したがって大使（グルー）は、日本がこれまでの予備的会談で提案した以上に明確で満足のいく約束を、近衛公が直接大統領に提供する立場にあると考えても、不都合はあるまいと思われる」と〔㉘〕。

イギリス大使クレーギーもグルーと同様な危機感を抱いていたらしく、日米会談の難関が「一字一句についても厳格に合意せねばならぬと固執しているところにある。アメリカ側の態度は日本の国民と国情を理解せぬものだが、本使着任以来の最も好い極東問題の解決の機会を失うようなことがあってはまことに残念である。……首脳会談が流産したり、現在の交渉が長引けば、内閣は瓦解するだろう。いたずらに警戒的態度をとって好機を逸するのは、極めて愚策と信ずる」との見解を、九月三〇日に本国政府へ打電している〔㉙〕。

しかし、国務省当局の反応はグルーの期待を裏切るものであった。一〇月二日、ハルから野村に手交されたオーラル・ステートメントは、またしても四原則を持ち出す一方、首脳会談については取り決めるべき事項についてもっと話を詰めておくべきとの内容で、八月一七日にローズヴェルトが野村に語ったことと同じだった〔㉚〕。日本にすれば時間稼ぎとしか思えない。

アメリカが首脳会談を最終的に受け入れなかったのは、日本の対外政策とその先兵たる軍部への不信感や警戒感はむろんのことだが、そもそも近衛に信を置いてなかったということも理由の一つにあげられよう。アメリカの対外政策に関する公式記録とも言うべき国務省編『戦争と平和』は「アメリカ政府は、首脳会談に臨むであろう首相の近衛公が一九三七年に日本が中国を攻撃した時に内閣を率いていたこと、また彼は、日本政府が中国と結ぶどんな和平協定においてもおそらく譲ることのないであろう諸原則を主張し公表していたことを記憶していた」と記している〔㉛〕。不信の眼を向けている相手に向かって、自分が首相の今こそ難局転換の時であるとして首脳会談の実現に躍起になっている近衛の姿を想像すると、どこかもの悲しくさえ感じられる。

■不思議なアメリカ

日本の南部仏印進駐に対し、アメリカは在米日本資産を凍結し石油の全面禁輸を断行した。近衛の首脳会談も体よく断った。グルーの言うような「相互に報復手段が繰り返され、戦争を避けることを難しくするような」プロセスが進展しつつあった。

それにしても不思議なのはアメリカの対応である。アメリカが真の敵と目していたのはドイツであり、そうであれば太平洋では静謐を保つというのがアメリカの政策でなければならないはずだった。しかも大西洋では、アメリカ艦船とドイツの潜水艦が衝突する事件が多発し、〝事実上の海戦（de facto naval war）〟が始まった。というのは、アメリカは三月に成立した武器貸与法に基づき国際法の明白な義務違反となるイギリスへの武器弾薬ほか軍需物資の供給を開始したが、ドイツの潜水艦によって撃沈されるイギリス商船がおびただしい数に上り、その結果アメリカ艦船がイギリス商船を護衛することになったためで、九月四日、双方に実害はなかったが、アメリカの駆逐艦グリーア号とドイツの潜水艦が追いつ追われつの戦闘を展開した。一〇月一七日には船団護送に当たっていた駆逐艦カーニー号がドイツ潜水艦の魚雷攻撃を受けて乗組員一一人が犠牲となった。三〇日には海軍の給油艦サリナスが魚雷攻撃を受け、翌三一日にはアイルランド沖合で駆逐艦ルーベン・ジェイムス号が撃沈されて乗組員一一五名の生命が失われた〔32〕。この事件は参戦前にアメリカの軍艦が海の藻屑《もくず》となった最初の事例であり、多くの犠牲者を出したにもかかわらず当時大きな関心を呼ばなかったという。ロバート・シャーウッドは「子弟を奪われた家族は嘆き悲しんだが、一般の人々の関心の多くは陸軍対ノートルダム大学のフットボール試合に向けられていたように見える。アメリカ国民の間には、たとえ艦船が潜水艦に撃沈されようとも誰も興奮しないというある種の暗黙の了解が存在していた。なぜなら、かつてそうした興奮がアメリカをして戦争に導いたからである」と記している〔㉝〕。

イギリスへの物的支援という戦争に至らない手段（methods short of war）の帰結として、〃事実上の海戦〃の幕が切って落とされ、一九一七年と同様にアメリカがヨーロッパの戦いに参入するかもしれないという暗雲が大西洋を掩《おお》うに至った。アメリカ陸軍公刊戦史シリーズの一書は、アメリカは名目的には未だ交戦国の一員とはなっていなかったが、一九四一年一二月初めまでに大西洋の戦いはアメリカの戦いとなったと指摘している〔㉞〕。

にもかかわらず、アメリカは、日本をして「戦争を避けるのことを難しくするような」措置をとったのである。南部仏印進駐に対してアメリカが強硬政策に出てくるとは思い至らなかった日本の政軍指導層と同様なうかつさが、アメリカの要路にもあったということなのであろうか。

そうとしか思えないようなエピソードを、グルー大使の下で書記官を務めていたジョン・K・エマーソンが伝えている。一九四一年一〇月エマーソンは一時帰国したが、その時、かつて極東部長の地位にあり、今は政治問題顧問として対日政策に大きな影響力を持つ対日強硬派のホーンベックを表敬訪問した。ホーンベックから、駐日大使館は日本との戦争をどのように考えているか質《ただ》されたエマーソンが、躊躇することなく「われわれは、日本が東アジアを支配しようと欲しており、それも戦争することなくそうすることを望んでいると考えております。しかし、もしそれが不可能であると思えたなら、日本は絶望から戦争に訴えることになりましょう」と答えた。ホーンベックは、生徒の間違いを正す教師のような口調で「歴史上かつて絶望から戦争に突入した国家があったら、私に教えてくれたまえ」と言ったという。エマーソンは適切な事例を挙げることができず、この数年グルーが語っていたこと——つまり日本人は外国の圧力に屈するくらいなら、喜んで「国家的腹切り」を賭す精神を持ち、また絶望から戦争に飛躍する国家的心理を持つ民族であるということを繰り返したにとどまった。エマーソンによると、ホーンベックは日本が絶望の果てに行動を起こすかもしれないという駐日大使館の見解を、真剣には受け取ってこなかった。そしてご丁寧にも、真珠湾攻撃の一〇日前、ハル国務長官に覚書を提出し「日本政府は直ちにアメリカと武力衝突を望みもしていないし、意図も、また予想もしていません。日本政府は、極東のどこかで新たな攻勢的作戦を展開するかもしれませんが、アメリカを攻撃することも、またアメリカから攻撃をうけることも必死になって避けるでしょう」とその見解を披瀝している〔㉟〕。

ホーンベックは結果的に大きな判断ミスをしたのだが、それは単なる認識不足のためだろうか。ゴードン・プランゲは、第二次大戦前の数年間、アメリカ人は日本を過小評価し、日本人をまったく軽蔑していたとして次のように述べている。「幼児のように単純なアメリカ人の近視眼的な目から日本人を見ると、アジアの土地を傲慢な態度で闊歩《かっぽ》し、つり上がった細長い目に角縁の眼鏡を掛け、不可解な顔に歯をむき出して笑う出っ歯の小さい動物に見えた。……この滑稽な顔は頭の鈍い、読み書きはできるが決まった仕事しかできない奴隷のように思考力に乏しく、新しい情況に適応し得ない想像力が欠如した模倣人種に見えた。アメリカ人はいつの間にか日本人と日本を漫画や雑誌や新聞でおもしろおかしく書き立て、それを喜ぶようになっていた」〔㊱〕。

一般市民だけでない。政軍の高官全般にもどこか日本人を軽んじるところがあったのではないか。そもそも総帥のローズヴェルトにしてからが、人種差別主義者と言っていいような人物で、日本人を劣悪な民族と見なしていたようである。一九四二年八月、ミッドウェー海戦の勝利の後のことだが、ローズヴェルトはハイドパークの私邸における私的な会話の中でイギリス公使ロナルド・キャンベルに、極東の状況改善のためには人種の交配を進めることが必要であること、極東での悪業は日本人種の頭蓋骨が未発達なせいであるからだと語ったという。そしてキャンベルは本国に「私の知るかぎり、インド―アジア系、あるいはユーラシア系、さらにいえばヨーロッパ―インド―アジア系人種なるものを作り出し、それによって立派な文明と極東『社会』を生みだしていく、日本人は除外し、もとの島々に隔離してしだいに衰えさせる、というのが大統領の考えのようである」と報告している。ローズヴェルトの日本人蔑視の性根は次のような言葉にも現れている。モーゲンソー財務長官に語ったという。「ドイツ軍を打ち負かせば、イギリス艦隊の助力のもとに、われわれは六週間で日本軍を打ち破ることができる」と(37)。――こんな人物だから、日独伊との戦いにもかかわらず、日系人だけを強制的に収容所に送り込んだのだろう。

第7章　図らずも総理大臣の印綬を帯びる

■荻外荘会談

昭和一六年一〇月一六日、近衛第三次内閣が総辞職した。東條の頑《かたくな》な姿勢が原因であるとの議論が多い。

九月六日の御前会議において「開戦を決意す」と設定されていた一〇月上旬に至ってもなお、日米両国の間に合意が成立するような情勢は見られなかった。このまま事態が推移すれば日米開戦必至の情勢となろう。前掲の国務省編『平和と戦争』は、日米の合意が不可能な主要問題として三国同盟において日本がドイツ・イタリアに負う義務、日本による四原則の厳守、日本軍の中国からの撤退を挙げている〔①〕。日本側にしてもこの三点が日米交渉のネックであるのとの認識を抱いていたのは疑問の余地がない。ただし三国同盟「空文化」の覚悟を決め、またハル四原則に全面的に同意するという意志を固めているのであれば、近衛にとっては中国からの日本軍撤退が日米交渉最大の障害となる。この障害を除去したいが、そこに立ちはだかったのが東條というわけである。

しかし、加瀬俊一が指摘しているように、中国問題ではなく「実は、三国同盟こそは、アメリカ政府にとって、一貫して、日米交渉の最大眼目」だったのではなかったか〔②〕。国務省の極東問題専門家ジョゼフ・バランタインは東京裁判において合意不可能な理由を、当時アメリカは大西洋において戦争に巻き込まれる可能性があり、仮にアメリカが自衛のために参戦した場合、日本は「三国同盟の条約に依り、日本の義務として、米国を攻撃しなくてもよいというような保障を我々に与えてくれなかったからであります」と証言している〔③〕。中国からの日本軍撤退問題にしても、国務省内では日本が大陸の泥沼に足を絡《から》め取られていたほうがむしろ有利であるとの考え方もあったし、軍部も同様の見解を持っていた。一〇月末ごろ陸軍省は中国に対する援助について再検討を行い、「日本の大軍が中国大陸に引き止いいめられたままの状態にあることは望ましい。……より大きな観点からすれば、将来中国が敗北するかもしれないという理由によって、いまこの時点でアメリカが日本との戦いに巻き込まれるのは正当化されない」との結論に達していた〔④〕。――アメリカの中国政策は、蔣介石を助けて日本を大陸から駆逐することを以て良しとするような単純なものではない。それはヨーロッパの形勢とも深く関わっているし、また大陸から撤退した日本の大軍が次はどこに展開されるのかという憂慮もあろう。日本軍の撤退をアメリカが文句なく歓迎し、その結果日米交渉が進捗して合意に至ると観測するのは、国際政治の何たるかを皆目理解していないと言うほかはない。

ともあれ近衛は一〇月一二日、荻窪の別邸荻外荘《てきがいそう》に東條陸相、及川海相、豊田外相および鈴木企画院総裁を招き五相会議を持った。午後二時から六時まで続いた会談では、時期が時期だけに日米交渉を継続するか否かが主要な議題となった〔⑤〕。

近衛と豊田は妥結の余地ありとして交渉の継続を主張し、東條は「妥結の見込みはなしと思う、凡そ交渉は互譲の精神がなければ成立するものでない、日本は今日迄譲歩に譲歩し四原則主義も主義として之を認めたり、然るに米の現在の態度は自ら妥協する意志なし」として御前会議の決定どおり、対米開戦の準備を進めるべきであると力説した。これに対し海相の及川は「外交で進むか戦争の手段によるかの岐路に立つ、期日は切迫して居る、其決は総理が判断してなすべきものなり、若し外交でやり戦争をやめるならばそれでもよろし」との所信を披瀝している。

この及川の発言の裏にはいろいろ経緯《いきさつ》がある。前夜、荻外荘会談の下打ち合わせのため富田書記官長は近衛の意を受けて岡敬純《おかたかずみ》海軍軍務局長と会い、「この会談において、海軍として総理大臣を助けて、戦争回避、交渉継続の意志をハッキリ表明してもらえないだろうか、もし海軍の意志表示が無ければ近衛公は辞職するかも知れないと思う」と説いた。驚いた岡は「近衛公が辞めるなんてことになれば、必ず日米戦争に突入してしまう、大変なことだ。これは重大問題だから、君から直接海軍大臣にはなしてくれ給え、僕も付いて行こう」と言い、二人は深更《しんこう》海相官邸を訪れた。パジャマ姿で出てきた及川は富田の説得に以下のように語ったという。「あなたの言われる所は能く解ります。併し、軍として戦争できる、できぬなど言うことはできない。戦争をする、せぬは政治家、政府の決定するところです。戦争をすると決定されたなら如何に不利でも戦うというのが軍の立て前だと思います。そこで明日の会談では海軍大臣としては、外交交渉を継続するかどうかを総理大臣の決定に委すということを表明しますから、それで近衛公は交渉継続ということに裁断してもらいたいと思います」と〔⑥〕。翌日、つまり荻外荘会談当日の朝に海軍首脳は会議を開き総理一任論を以て方針とすることを決定、その旨岡軍務局長から富田書記官長に伝えている（なお書記官長は現在の官房長官に相当）。

そんな経緯を知らない東條は「問題はそう簡単にはゆかない、現に陸軍は兵を動かしつつあり、御前会議決定より兵を動かしつつあるものにして今の外交は普通の外交と違う。やってみると言う外交では困る」として、日米交渉が妥結できるかどうか「確信」を以て言えるのかどうか参会者に迫り、「確信」のないアヤフヤな事を基礎としているのなら、「（外交で行くと）総理が決心しても陸軍大臣として之に盲従は出来ない」と断言した。次いで東條の舌鋒は豊田に向かう。外相に「確信」があるかという東條の問いかけに対する豊田の返答がふるっている。「遠慮ない話を許されるなれば、御前会議御決定は軽率だった、前々日に書類をもらってやった」というのである。

結局、荻外《てきがい》荘会談では東條の提案に基づき、日米交渉問題は駐兵問題を中心とする主要政策を変更せず、かつ支那事変の成果に動揺を与えることなし——という条件の下に統帥部の希望する期日までに外交を以て妥結する方針で進み、作戦準備は打ち切るということで、とりあえずは合意がなされた。
ただし、東條は中国からの軍の撤退については「駐兵問題は陸軍としては一歩も譲れない、所要期間は二年三年では問題にならぬ、第一撤兵を主体とすることが間違いである、退却を基礎とすることは出来ぬ、陸軍はがたがたになる」「御前ででも主張する考えなり」として断乎反対の立場を堅持した。東京裁判の宣誓口供書ではこの点を敷衍《ふえん》して次のように述べている〔⑦〕。撤兵問題の難しさについて的を射た指摘であろう。

仮に米国の要求を鵜呑みにし、駐兵を抛棄《ほうき》し、完全撤兵すれば如何なることになるか。日本は四年有余に亘りて為したる支那事変を通しての努力と犠牲とは空となるのみならず、日本が米国の強圧に依りて中国より無条件退却するとすれば、中国人の侮日思想は益々増長するであろう。共産党の徹底抗日と相待ちて日華関係は益々悪化するであろう。その結果、第二、第三の支那事変を繰返すや必ずである。日本の威信の失墜は満州にも、朝鮮にも及ぼう。

こうして荻外荘会談は東條が主導権を握る形で終わったが、それはなにも東條の声が大きかったからではない。政策の決定に、そして決定された政策の遂行に真摯に取り組んだ人物の声がとおったということであろう。当然である。豊田の「軽率」発言には唖然とさせられる。戦争に関わる国策の決定に対するこの不真面目さをなんと表現したらいいのか。東條ならずとも声を荒らげたくなろうというものだ。
東條は職務を疎《おろそ》かにしない精励恪勤《せいれいかっきん》の人だった。東條に関わった多くの人士が指摘するところである。その職務に対する誠実さについて、東條首相に仕えた菅井斌麿《すがいとしまろ》（当時大佐）は回顧している。「東條さんが総理大臣のときに、僕は陸軍省の高級副官になったでしょう。そうすると、いろいろ、ハンコをもらうべきものがあるんです。第一線からきた電報の返事とかね。僕は第一線に返事を打つべきものが出てくると、夜の1時であろうが2時3時であろうが、遠慮するなと部下にいうてあるんだ。とにかく第一線には一刻も早く返事をしてやらにゃいかんからと。それを持って総理大臣官邸、いまの議会の下の官邸へ夜中でも行って、大臣あいすみませんがというと、ちょうど寒いときでしたが、大臣が袖なし殿中《でんちゅう》といいますか、半袖のあれを着て、起きて来られるんです。2時か3時頃でしたね。『閣下、御決裁頂きます』といって書類を出すと、『うん』といって書類をごらんになるんです（勝子夫人が気を利かして振る舞ったウィスキーを飲んでいる菅井のそばで東條は熱心に書類に目を通していたという）。……あの人は夜の夜中に持っていっても文句をいわん人でしたよ」――ちなみに昭和一九年七月の東條内閣総辞職にともない後継陸軍大臣に就任した杉山元を、菅井は嫌いだったという。なぜなら「宴会があって、お客さんが来て、大臣官舎で飲んでるでしょう。ところが第一線に打たなきゃならん電報とか用件ができて、それで『ちょっと大臣お願いします』というと、『明日でもいいじゃないか』なんておっしゃる」からである〔⑧〕。ここにも職務に不真面目な将星がいる。

■近衛内閣総辞職

言葉にはしなかったようだが、近衛も御前会議の決定を「軽率」だったと、臍《ほぞ》を噬《か》む思いでいたに違いない。荻外荘会談前後にも、近衛は東條と幾度か面談し撤兵問題で再考を求めたが、東條は首を縦に振らなかった。しかし、頑《かたく》なに対米硬論を主張し続けたわけではない。

一〇月一四日午後、武藤軍務局長が首相官邸に富田書記官長を尋ね、「海軍の肚がどうも決まっていないように思う。そこで海軍が本当に戦争を欲しないなら、陸軍も考えねばならぬ。所が海軍は陸軍に向って表面はそういうことは口にしないで、只総理一任だという。総理の裁断ということだけでは陸軍部内を抑えることは到底できない。しかし海軍が、この際は戦争を欲しないと公式に陸軍に言ってくれば、若い連中も抑え易い。海軍がそういう風に言ってくれるように仕向けて貰えないか」と申し入れた。むろん武藤が自分の意思だけで動いたはずはなく、東條の同意を得てであろう。富田は直ちに海軍の岡軍務局長に伝えたが、岡は「海軍としては、戦争を欲しないなどと正式には言えない。首相の裁断に一任というのが精一杯のことである」と答えている〔⑨〕。

同日夜、東條は鈴木企画院総裁を使者に立て、荻窪の近衛に存念を伝えている。そしてこれが近衛辞職の直接の引き金になった。――「段々其後探る処によると、海軍が戦争を欲しないようである。それなら何故海軍大臣は自分にそれらをはっきりと言うてくれないのか。海軍大臣からはっきり話があれば自分としても亦考えなければならんのである。然るに海軍大臣は全部責任を総理に任せている形がある。之は洵《まこと》に遺憾である。海軍がそういうように肚がきまらないならば、九月六日の御前会議は根本的に覆えるのだ。随って御前会議に列席した首相はじめ陸海軍大臣も統帥府の総長も皆輔弼の責を充分に盡さなかったということになるのであるから、此の際は全部辞職して今までのことを御破算にして、もう一度案を練り直すという以外にないと思う。それには陸海軍を抑えてもう一度この案を練り直すという力のあるものは、今臣下にはいない。だから、どうしても後継内閣の首班には今度は宮様に出て頂くより以外はないと思う。その宮様は先ず東久邇宮《ひがしくにのみや》殿下が最も適任と思う。それで自分としては、総理に辞めてくれとは甚だ言いにくいけれども事ここに至っては已むを得ず。どうか東久邇宮殿下を後継首相に奏請することに御盡力願いたい」〔⑩〕。

素直に耳を傾ければ、東條の提言は九月六日の御前会議決定の白紙撤回ということだろう。加えて、筋としてその決定に参与した首相、陸海軍大臣、陸海軍の統帥部長は責任をとって辞職すべきであり、それによって起こる混乱の収拾は皇族内閣によるほかはないというのが東條の考えであった。一部に東條自ら首相の地位に昇らんがため近衛に総辞職を迫り、現実味のない皇族内閣を提言したという説があるようだが、そもそも、〃能吏〃の東條がどうして突然腹黒い芸達者な政治屋になるのか、その理由を聞きたいものだ。……佐藤賢了によると、皇居へ参内するまえ東條は陸相官邸から用賀の私邸へ引っ越しを始めていたという〔⑪〕。佐藤の言に嘘はないであろう。筆者には、東條が謀略を逞《たくま》しくする人物であるとか、闇夜に権門を叩くような人物とは思えない。

結局、東條の提言は実らなかった。一五日朝、同じく鈴木企画院総裁を通じて内大臣の木戸幸一にもその意向を伝えたが、後述するように木戸は東條の提言を受け入れることはなく、また天皇も皇族内閣には否定的だった。

近衛は一六日に挂冠《けいかん》した。天皇に捧呈された近衛の辞表は〃一身上の都合〃とか〃健康上の都合〃とかで済ませる先例とは異なって総辞職に至った経緯を明記しており、後段には以下のような文言がある。「臣（近衛）は哀情《あいじよう》を披瀝して東條陸軍大臣を説得すべく努力したり。之にたいし陸軍大臣は、総理大臣の苦心と哀情とは深く諒とする所なるも撤兵は軍の士気維持の上より到底同意し難く、又一度米国に屈する時彼は益々驕横の措置に出て殆んど底止する処を知らざるべく、仮令《たとえ》一応支那事変の解決を見たりとするも日支の関係は両三年を出でずして再び破綻するに至ることも亦予想せらるる。且国内の弱点は彼我共に存するを以て時期を失せず此の際開戦に同意すべきことを主張して止まず」〔⑫〕。

こうして東條は第三次近衛内閣瓦解の〃主犯〃となってしまったが、それにしても近衛文麿――皇族に次ぐ貴種の家系に生まれ、一高を経て東京帝大文科の門をくぐり転じて京都帝大法科に学んだ明晰な頭脳を持ち、若くして公爵を継ぎ、貴族院議長を務め、四七歳で首相となったこの政治家をどのように捉えたらいいのだろうか……

いったい政治家、とくに一国の首相の地位にある政治家はどうあるべきなのか。マックス・ヴェーバーは、政治とは「国家相互の間であれ、あるいは国家の枠の中で、つまり国家に含まれた人間集団相互の間でおこなわれる場合であれ、要するに権力の分け前にあずかり、権力の配分関係に影響を及ぼそうとする努力」であり、したがって権力は「一切の政治の不可避的な手段」「一切の政治の原動力」である。それゆえ「政治にタッチする人間、すなわち手段としての権力と暴力とに関係をもった者は悪魔の力と契約を結ぶものである」と言い、政治家の重要な資質として情熱と責任感と判断力の三つをあげている。また言う。「政治とは、情熱と判断力の二つを駆使しながら、堅い板に力をこめてじわっと穴をくり貫《ぬ》いていく作業である。もしこの世の中で不可能事を目指して粘り強くアタックしないようでは、およそ可能なことの達成も覚束《おぼつか》ないというのは、まったく正しく、あらゆる歴史上の経験がこれを証明している」。そしてヴェーバーは最後に次のような言葉を以て筆を擱《お》く。「自分が世間に対して捧げようとするものに比べて、現実の世の中が――自分の立場から見て――どんなに愚かであり卑俗であっても、断じて挫けない人間。どんな事態に直面しても『それにもかかわらず！』と言い切る自信のある人間。そういう人間だけが政治への『天職《ベルーフ》』を持つ」〔⑬〕。

首相としての行跡を振り返ってみると、近衛は「政治への天職《ベルーフ》」が欠けていたと言わざるを得ない。政治の本質が権力をめぐる闘いであること、そして政治家は時として悪魔とも契約を結ぶものであること――に近衛は覚悟が及ばない。また堅い板に力をこめてじわっと穴をくり貫こうとする粘り強さも、不可能事にアタックする情熱も持ち合わせているようには見えない。だから国内の様々な人間集団のなかでも権力の分け前にあずかり、権力の配分関係に影響を及ぼすべく人並み以上に努力する陸軍に簡単に道を譲ることになる。陸軍の圧力に対して闘いを挑みもせず、困難な事態に直面すると周囲に辞意をもらし、「ぼくの力が弱いんですよ」とか「もうロボット稼業はホトホト嫌になりましたよ」と泣きごとを言い、はては「一体世間が自分を買被り過ぎておる。総理大臣なんかということは実は柄ではないので、まことに僭越至極《せんえつしごく》な話だ」〔⑭〕と他人事のような言葉を弄《ろう》する。

近衛のような、権力への覚悟も意志も粘り強さにも欠ける政治家ほど国家にとって危険で有害な存在はない。なぜなら国内の反対勢力に道を譲って政策を枉《ま》げるだけではない、彼ならば外国の圧力にも簡単に屈するに違いないからである。政治は真空の中で行われるのでも、無重力の場で行われるのでも、無菌室で行われるのでもない。政策を企図し、その実現を目指す政治家の前には、権力の分け前にあずかろうとする、あるいは隙《すき》あらば彼にとって代わろうとする数多の人間集団が待ち構えている。それこそが政治の現実である。軍の横槍《よこやり》にすぐ腰が退け、愚痴をこぼして政権を投げだすのは児戯と言う他はない。

■大命降下

近衛が辞表を捧呈した翌一七日午後一時一〇分から「宮中西溜の間」において後継内閣の首班を奏薦《そうせん》（首相候補者を天皇に推薦）するための重臣会議が開かれた。会議を主宰した内大臣木戸幸一の日記によると当日は金曜日で天気は晴、参集した重臣は最高齢九二歳の清浦奎吾《きようらけいご》ほか若槻礼次郎・岡田啓介・林銑十郎・広田弘毅・阿部信行・米内光政の首相経験者および原嘉道《はらよしみち》枢密院議長である〔⑮〕。

東條が提案した皇族内閣は陽の目を見ることはなかった。木戸が断乎反対したからである。その理由として、近衛内閣が解決できなかった難問の打開策を皇族に「御願」することは絶対不可であること、臣下に人材がいないということになること、さらに皇族内閣によっても日米問題が所期の結果をえられず開戦ということにでもなれば皇室が国民の「怨府」となる恐れがあることを挙げている〔⑯〕。

その木戸が重臣会議で若槻に見解を問われ、東條を推して参会者を驚かせた。

逆説的な言い方になるのでお解りにならぬ点があるかも知れないが、結局今日の癌は、九月六日の御前会議の決定である。東條陸相と可なり其の点に就て打割た話をして見ると、陸軍と雖も海軍の真の決意なくして、日米戦争に突入することの不可能なるは、十分承知している。然し御前会議の決定より、而して右決定に対する海軍側の明かなる修正意向なき限り、これに向て邁進するの外なし、と云うにあるのである。即ちこれに依て事態を見るに、陸海軍の真の協力未だ見られず、而して御前会議の重大なる決定は怱卒《そうそつ》の間に（慌ただしく）決定せられて居る、というのが実情である。そうすれば此事態の経過を十分知悉《ちしつ》し、その実現の困難なる点も身を以て痛感せる東條に組閣を御命じになり、同時に陸海軍の真の協調と御前会議の再検討とを御命じなることが最も実際的の時局収拾の方法であると思う。……

重臣たちから宇垣などの意見が出されたが、結局は木戸の意見が通った。また会議では東條の陸相兼任も承認された〔⑰〕。

重臣会議は三時四五分に終わった。木戸は散会後四時から同一五分までその模様を詳細上奏、次いで宮中に東條が召し出された。「御召し」があったとき東條は天皇から近衛内閣瓦解について詰問されるものと思っていたようである。「拝謁の前に、木戸から『今日は御椅子を賜りません』といわれ、いよいよ近衛内閣辞職に対する『お叱りかな』と陸相は独語し、恐る恐る御前に出た」と、東條の供をして皇居に参内した秘書官の赤松貞夫は記している〔⑱〕。ところが豈図《あにはか》らんや、自分に内閣組織の大命が降下したのである。しかも、続いて召された及川海相と共に、木戸を通じて天皇の優諚《ゆうじょう》（厚い思し召しの御言葉）が伝達された。九月六日の御前会議決定を覆す〝白紙還元の優諚〟である〔⑲〕。

天皇の御前から退出した東條は赤松を供に明治神宮、次いで東郷神社、さらには靖国神社を参拝して夕刻大臣官邸に戻った。その間、東條は黙り込んでほとんど口をきかず、赤松が大命降下を東條本人から聞いたのは靖国神社に向かう車中であったという。

■承詔必謹

官邸では陸軍省詰めの記者と報道部が東條の帰りを待ち受けており、大いに気勢があがっていた。また東條への大命降下のニュースを伝え聞いた軍務局では武藤局長を中心に組閣名簿の作成にとりかかっていた。佐藤賢了などは「生まれてはじめての組閣工作」にはしゃいだと告白している。しかし官邸に戻ってきた東條は玄関に出迎えた下僚の「おめでとうございます」の挨拶にも「深刻な表情でマユひとつピクリとも動かさず」、さらには武藤が組閣名簿を差し出すと、あからさまに不機嫌な顔をして「君たちは干渉してくれるな」と言い、名簿をポケットにねじ込んで奥へ消えた〔⑳〕。その奥の日本間《にほんま》で東條は赤松と稲田周一内閣総務課長を相手に組閣の準備に取りかかったが、その時東條は「今日からは首相という立場で万事を処理しなければならないから、従来のように陸軍だけの代表ではない。公正妥当な人選をしなければならぬ」と語ったという〔㉑〕。

このような東條の態度については石井秋穂が興味深いエピソードを記している。大命降下の前日、石井は誰かに大命が降りて、東條が天皇から「新内閣に協力せよ、陸軍は残念だろうが駐兵を譲れという御諚があると予想し、そのときは駐兵は必要でございますと大臣に頑張って貰おう」と一案を起草した。

大命降下の後に武藤を通じて提出したところ、しばらくして大臣室から出てきた東條は「君達のこの名文は拝見しました。だが、私は天子様がこうだとおっしゃったら、ハイと言って引き退ります」と言いながら最敬礼して起案紙を石井に返したという〔㉒〕。荻外荘会談で中国からの撤兵に反対し、「御前ででも主張する考えなり」と断言していた東條の変わりようを、石井は東條の信条たる承詔必謹《しょうしょうひつきん》によるものであろうと記している。

承詔必謹とは聖徳太子の〝十七条憲法〟第三条の冒頭に掲げられている条規で「天皇の詔《みことのり》（命令）を承《うけたまわ》ったならば、必ずや謹《つつし》んでそれに従わなければならない」というほど意味である。そうであるなら、差し当たっては九月六日の御前会議の決定（帝国国策遂行要領）にとらわれず、対米関係の改善を図ることが東條内閣の最優先課題となる。外務大臣に東郷茂徳、大蔵大臣に賀屋興宣を配したのは東條の承詔必謹が形だけのものではなかったことを示すものである。なぜなら両人はアメリカとの交渉継続、非戦を条件に東條の懇請に応えたからである。

東郷の遺した手記によると、「外務大臣に就任する以上は交渉成立に全力を盡すべきことを方針とするものであるから、陸軍側で駐兵問題に付て充分の余裕を以て考慮し且其他の諸問題に付きても再検討を加え相当の譲歩を為すの覚悟あり、合理的基礎の上に交渉を成立せしむることを真に協力するというに非ざれば入閣を承諾する訳には行かぬ」との主張に、東條は交渉を「成立せしめたいのは自分も同感である」「諸問題に付き再検討を加うることには何等異存はない」と述べたという〔㉓〕。

賀屋は東條内閣入閣の経緯について、昭和四七（一九七二）年に東京12チャンネル（現テレビ東京）の番組「私の昭和史」で司会の三国一郎の問いに次のように答えている〔㉔〕。

私が第一に聞いたことは、アメリカと戦争するのか、しないのかと、するならどういうわけだと、徹底的に聞かしてもらいたいと言いましたところが、「いや戦争をしないでできるだけ外交交渉で平和に片付けるつもりだ」という返事でした。私、はなはだ意外に感じた。しかし東條の顔を見ますと決して嘘をついている顔つきではないんです。真面目にそう言っている。あくまで交渉に努力すると。

大命降下の翌一〇月一八日は靖国神社例祭日で、朝に天皇陛下の御親拝があり、むろん東條も参列した。午後一時に閣員名簿を捧呈、四時に親任式を終え、ここに東條内閣が成立した。新内閣の顔ぶれは東郷、賀屋の他に満洲で活躍した〃二キ三スケ〃のひとり星野直樹が書記官長に就任し、同じく岸信介が商工大臣として加わった。前内閣からの留任組には企画院総裁の鈴木貞一、司法大臣の岩村道世《いわむらみちよ》、農林大臣の井野碩哉《いのひろや》、文部大臣の橋田邦彦《はしだくにひこ》がいる。これら閣僚の選定は一七日夜に大半は終わったが、海軍大臣の推薦は遅れ、翌朝に及川から嶋田繁太郎《しまだしげたろう》を推すとの連絡があったという。

東條は総理大臣ということで、中将としての任期が不足していたが特例として大将に昇進した。陸軍大臣を兼任することになったので、むろん現役のままでである。こうして史上初めて現役の軍人が総理の座に就いた。さらに東條は内務大臣をも兼任した。その理由を、宣誓口供書において「当時の情勢では、もし和と決する場合には相当の国内的混乱を生ずる恐れがありますから、自ら内務大臣としての責任をとる必要があると思ったのであります」と述べている〔㉕〕。

対米避戦の場合の「国内的混乱を生ずる恐れ」については、天皇もかなり深刻な危惧を抱いていたことを伺わせる、次のような言葉を遺されている〔㉖〕。

私が若し開戦決定に対して「ベトー（veto）」をしたとしよう。国内は必ず大内乱となり、私の信頼する周囲の者は殺され、私の生命も保証出来ない、それは良いとしても結局狂暴な戦争が展開され、今次の戦争に数倍する非惨事が行われ、果ては終戦も出来兼ねる始末となり、日本は亡びる事になったであろうと思う。

承詔必謹の東條に対して陸軍内外からの風当たりが強くなり、身辺警護に随分と気を配る必要が出てきたと、陸軍大臣秘書官だった西浦進（当時大佐）は回顧している。「私のところへ随分部内からも部外からも東條は総理大臣になった途端に軟化したといっていろいろ文句が来ました。部内でも随分ありました。参謀本部の部長あたりが大臣に恐れないものだから、私を呼びつけて随分怒ったのがありました。それから、右翼があれをするというので、憲兵が官邸の警戒を随分やりました。これも私には相談があったが大臣に言うと、大臣がつむじ曲がりだから、なお怒って止めさせますから、大臣の目につかないように官邸の庭に憲兵を配置したりして随分しましたです」〔㉗〕。また東條内閣成立の産婆役を務めた木戸幸一の警護も厳重になった。木戸の手記によると「最初、東條内閣の成立を以て即日米開戦と誤認したる主戦派は一時大に気勢を上げたが、其の然らざること漸次判明し来るや、此所に空気は一変して頗る険悪な状態となった。余の住居の如きも平常は五人位の警護警官が配置されて居ったが、此頃より十五人となり、夜は特別警備隊より十人、結局二十五人により警戒されることになった。役所への出入り自動車は毎日道を変えさせられるという様な有様であった」という〔㉘〕。

ところで、この軍人内閣の出現を敵たるアメリカはどのように受けとったのであろうか。

駐日大使のグルーは、一〇月二〇日のハル国務長官宛て覚書で、新内閣がアメリカとの関係調整や支那事変の解決に向けて前内閣が定めた路線を踏襲するであろうこと、したがって新内閣にアメリカとの戦争の動因となるよう計算された路線を追求する軍事独裁政権との烙印を押すのは早計であろうとの判断を示した。さらに東條の首相就任の重要な側面として、東條が現役の将軍としてその地位に昇ったことは陸軍がそれまで拒否してきた「政府の行動と政策の責任を受け入れる」ことになったこと、また陸軍部内の急進派に対しかなりの抑制になるであろうことが期待できると指摘している〔㉙〕。

　これより前、国務省極東部のウィリアム・R・ラングドンは一七日付覚書の中で東條の首相就任は「アメリカとの会談継続を含む近衛内閣の政策の継承と思われる」と述べ、一八日付のハミルトン極東部長の手になる「東條内閣の評価」と題する覚書は、東條内閣がきわめて軍事的色彩の濃い強力な内閣であり、（仮に交渉による解決が失敗したときには）軍事力の準備や配備が充分でないという理由で軍事的解決の機会を逃すことのないようあらゆる可能な手段をとるであろう」と指摘している。しかしその一方でハミルトンは東郷の外相就任に目を向け、駐ソ大使に就任する以前の東郷は排外主義者、反米主義者とされていたが、モスクワでスタインハート駐ソ大使らと交流を深め練達の外交官として評判を得ているとし、「彼の外相任命は、それによって日露間、あるいは日米間の敵対を解消するものではないが、同時に日本政府がアメリカやロシアと話し合いによる解決に向けて継続的な努力を考えていることを示唆するもの」との判断を明らかにしている〔㉚〕。また須藤眞志によると、二二日に国務省極東部で東條内閣の詳細な報告書が作製され、東條内閣は強力な枢軸派であること、日本の大陸政策は強硬となること、東條内閣は南方よりも北方により強い関心を示す傾向があること、以前の内閣に比べ妥協の兆候はより少ないことなどの判断が示されたという〔㉛〕。

　国務省内において、東條内閣が近衛内閣と比べ対米強硬内閣ではあるにしても直ちにアメリカと事を構えようとする戦争内閣とは映じていなかったことは意外な感がする。

第8章　関頭に立つ

■戦争か交渉継続か

天皇の「白紙還元の御諚」を承け、一〇月の下旬に入ってから連日のように大本営政府連絡会議が開かれ、対米関係について次の三案をめぐって検討が行われた。

第一案　戦争せずに臥薪嘗胆《がしんしょうたん》（将来の成功を期して堪え忍ぶ）を貫く。

第二案　直ちに開戦を決意して作戦準備を早急に進め、外交を従とする。

第三案　戦争決意の下に作戦準備を進めるが、外交交渉も継続する。

一一月一日早朝、東條と杉山元《すぎやまはじめ》参謀総長の間で会談がおこなわれたが、その席で東條は第三案を主張し、外相の見解は不明だが嶋田海相、賀屋蔵相、鈴木企画院総裁も第三案に賛同していると伝え、さらに「お上の御心を考えねばならぬ。日露戦争よりも遙かに大なる戦争なるが故に御軫念《ごしんねん》（心配）のことは十分拝察出来る。又お上は正々堂々とやることをお好みなることも考えると、今開戦を決意し其後欺騙《ぎへん》外交をやることは、御聞き届けにならぬと思う」と述べている。この会談後に開かれる予定の大本営政府連絡会議で「国交調整は断念する、戦争を決意する、戦争発起は十二月初旬とす、作戦準備をする、外交は戦争有利になる様に行う」旨主張したいとする杉山に対し、東條は「統帥部の主張は止めはしないが、お上に御納得していただくには容易でないと思う」と、あくまで第三案で行く覚悟を示した。同日午前九時に始まった第六六回大本営政府連絡会議は「十七時間連続し、一日深更二日午前一時半」に及んだ〔①〕。

激論の主因は統帥部が主張する即時開戦論と東郷、賀屋が力説する対米非戦・現状維持論である。参謀本部の杉山総長と塚田攻《つかだおさむ》次長、軍令部の永野修身《ながのおさみ》総長と伊藤整一《いとうせいいち》次長は、いわゆるジリ貧論――つまり米英蘭三国の経済封鎖が続けば石油を筆頭に軍需物資が枯渇し、日本は座して死を待つ運命にあるとの判断に基づいて、十二月初頭の開戦を主張し、アメリカとの交渉の期限を塚田は一一月一三日、伊藤は一一月二〇日とした。永野軍令部総長は「戦争第三年以降（勝利の）確算なし」との見透しを語り、賀屋の「何時戦争したら勝てるか」の質問に語気強く「今！戦機はあとには来ぬ」と答えている。

賀屋と東郷は勝算の不確かなアメリカとの戦いに臨むことにはもちろん、現状維持で推移すればアメリカが将来戦争を必ずや仕掛けてくるとの前提にも疑問を呈した。また東郷は「外交には期日を必要とす。外相として出来そうな見込が無ければ外交はやれぬ而して戦争は当然やめなければならぬ」と反論した。ここに至って外交打ち切りの日時をめぐってまず議論が白熱し、最終的に「戦争を決意す、戦争発起は一二月初頭とす、外交は十二月一日零時迄とし、之迄に外交成功せば戦争発起を中止」することが決まった。東條はこの間、遺された記録から類推すると積極的な開戦論も、また積極的な非戦論も唱えなかったようである。参謀本部の記録には、東郷とともに「外交と作戦と並行してやるのであるから、外交が成功したら戦争発起を止めることを請合ってくれねば困る」という趣旨の発言をしたこと、参謀本部が外交の期限を一一月三〇日までと妥協案を提示したのに対して、「一二月一日にはならぬか、一日でもよいから永く外交をやらせることは出来ぬか」と要請したことが記されている。

次いで会議の議論は対米交渉案に向かった。

東郷外相は甲乙二案を提示した。甲案はこれまで続けられてきた中国・仏印・三国同盟を内容とする包括的な交渉案で、若干だがアメリカに歩み寄る姿勢を見せている。たとえば三国同盟の解釈と履行について「日本政府の自ら決定する所に依り行動する次第にして、此点は既に米国側の了承を得たるものなりと思考する旨を以て応酬」するとの方針で対処するとしている〔②〕。乙案は甲案を基礎として交渉を進めて埒《らち》が明かない場合の代案であり、交渉の範囲を日本軍の南部仏印からの撤兵、蘭印による対日貿易制限の撤廃およびアメリカの対日石油供給問題にしぼって妥結をはかろうとしたものであった。総理就任以来、参謀本部内では東條に対し「陸相として参本と同意見の主張をなすよりも、総理として参本と政府側の意見の折衷妥協を提議すること多き状況なりき」〔③〕との批判があったが、一日の杉山との会談を経て部内の東條に対する見方はいっそう厳しいものになった。遺された記録には「大臣は『外交か然《しか》らずんば戦争、両者は両立せず。外交に目途あればやるべし。作戦準備は中止すべし。目途なければ外交を断念し戦争すべし』と強硬に近衛に迫り近衛内閣を倒したるものなり。かくして近衛内閣を乗取りたる東條陸相が総理となるや、お上を云々《うんぬん》して決心を変更し近衛内閣と同様の態度を取るとは如何。東條陸相に節操ありや否や。総理は陣頭指揮宰相と言い乍《なが》ら他の大臣説得し所信を断行するの誠意と節操と努力を忘却せり」「総理の政治力なし。東郷、賀屋等同志的閣僚と思いしに豈図《あにはか》らんや、閣内の結束、何等の事前工作なし……電撃組閣を誇りたるも弱体内閣の根本は組閣の軽率なるに在りしと認めざるを得ず」「部内東條不信任の声澎湃《ほうはい》たるもののあり。東條総理亦如何とも弁解の余地なかるべし」と記されている〔④〕。

　激論の末に策定された新たな「帝国国策遂行要領」〔⑤〕は、一一月五日の御前会議で正式決定をみた。これによって日本は「現下の危局を打開して自存自衛を完《まっとう》し、大東亜の新秩序を建設する為、此の際対米英蘭戦争を決意」し、「対米交渉が十二月一日午前零時迄に成功せば武力発動を中止す」との条件の下に「武力発動の時機を十二月初頭と定め、陸海軍は作戦準備を完整」することになった。

　質疑応答の折り、東條は「爾来政戦両略緊密なる連繋の下に特に力を対米交渉の成功に傾けられまする次第で御座います、此の間帝国と致しましては実に忍ぶべきを忍んで交渉の妥結に努めて参りましたが未だ米側の反省を得るに至らず日米交渉継続中に内閣の更迭を見るに至った次第で御座ります。政府と大本営陸海軍部とは九月六日御決定の帝国々策遂行要領に基き、更に広く且深く之を検討すること前後八回に亘り連絡会議を開催致しましたる結果、今や戦争決意を固め武力発動の時機を十二月初頭と定め之に基き只管《ひたすら》作戦準備を完整すると共に尚外交に依る打開の方途講ずべしとの結論に意見一致」したと説明している〔⑥〕。

「政戦両略」を進めるとして、東條は対米交渉にどれほど成算を持っていたのだろうか。――五日早朝、前年九月に駐独大使として三国同盟条約に調印した来栖三郎《くるすさぶろう》が野村を補佐すべく甲乙両案を携えてアメリカに向かった（海軍機を乗り継いでマニラに飛び、八日アメリカのクリッパー機に搭乗して同地を出立、グアム島・ウェーキ島・ミッドウェー島を経て一五日にワシントンに到着）。その前夜、来栖は総理官邸で東條と会談している。来栖によると、今回の使命がきわめて困難であることを認める点において東郷、来栖と同様であったが、東條は両洋作戦の準備がまだ不十分であること、国民の世論が参戦を支持していないこと、ゴム・錫など重要物資の手当が不十分との理由でアメリカもみだりに戦争を望んではいないとの判断を明らかにし、交渉は成功三分失敗七分の公算であろうが、くれぐれも妥結に努力してくれと力説したという。ただ中国からの撤兵問題については「断じて譲歩することが出来ないのであって、もしこの問題で譲歩を敢えてすれば、自分は靖国神社の方を向いて寝られない云々《うんぬん》と述べたのを今でも覚えている」と来栖は記している〔⑦〕。

■戦いの準備

こうして日米必戦の情勢を迎えたが、では勝利に向けて最大の隘路《あいろ》と考えられていた物的国力についてどのような判断が下されていたのか。鈴木貞一企画院総裁は御前会議において次のような見解を開陳している。――支那事変を戦いつつ、さらに長期戦となるであろう対米英蘭戦争に必要な国力を維持増強することは容易ではない。万一天災など不慮の出来事が起こるようなことがあれば、困難の度合いはいっそう深まるであろう。しかし、長期戦の遂行がまったくの不可能事ではない。なぜなら「緒戦に於ける勝利の確算が充分」だからである。鈴木は言う。「此の確実なる成果を活用致し他方一死以て国難に赴むかんとする国民士気の昂揚を生産各部面は勿論消費其の他各般の国民生活に展開致しまするならば、座して相手の圧迫待つに比しまして国力の保持増強上有利である」と〔⑧〕。

ところで鈴木の言う「緒戦に於ける勝利の確算が充分」だとする根拠は何か。それは軍事力とそれを支える兵器・重化学工業の生産力拡充であろう。支那事変の拡大長期化にともない臨時軍事費を中心とする膨大な国費が投じられ、日本は盧溝橋事件以前に比べてはるかに強力な軍事力を持つに至った〔⑨〕。当時、軍部内では〃一面戦争他面建設〃という言葉が流布していたそうで、たとえば陸軍は臨時軍事費を盛んに流用して軍事力の整備に力を注ぎ、そのため中国戦線で作戦軍の維持に相当の困難を生ずることになったという。

こうして「緒戦に於ける勝利」を確実にする軍事力が構築されたが、秋丸次郎主計中佐を中心とした各国の経済力についての比較研究チームの調査によれば、日本の生産力はすでにピークに達し、ドイツの戦力も今が峠である。それに比べアメリカはなお相当な余力を持っているということだった。――秋丸は九月末に、この中間報告を陸軍部内で発表した。その際、杉山参謀総長の行った講評で秋丸は「愕然色を失った」。なぜなら「本報告の調査およびその推論の方法はおおむね完璧で間然するところ（非難すべき欠点）がない。しかし、その結論は国策に反する、したがって、本報告の謄写本は全部ただちにこれを焼却せよ」と杉山が命じたからである〔⑩〕。

彼我の格差はおそらく秋丸機関の研究どおりだったのだろう。前述したように、アメリカは一九四〇年半ばのドイツの電撃的勝利を契機として軍備増強に邁進する。それは自国の防衛だけではなく、イギリスをはじめ枢軸国と戦う国家への援助のためでもあり、翌年三月の武器貸与法によってアメリカは「民主主義の兵器廠」としてフル稼働するに至る。日本が〃一面戦争他面建設〃ならばアメリカは〃一面援助他面建設〃と言えよう。一説によると、一二月七日の時点で、すでに国内産業の一五パーセントが軍需に振り向けられていたという〔⑪〕。またある論者は言っている。「一九一七年、われわれは戦争に突入し、しかる後に経済戦を戦った。今次の戦争では、一年以上もの経済戦を遂行した後に実際の戦闘を始めた」と〔⑫〕。――ハーバード大学教授の経済学者アルヴィン・Ｈ・ハンセンによれば、一九三〇年代を通じて工業施設は代替と近代化が進み、一九四一年に〃民主主義の兵器廠〃として動き始めた時、すでにアメリカは近代的技術、膨大な工業生産力、独創的で勇敢な企業家と工業技術に習熟した労働力を併せ持つ経済的巨人であった。必要なものはその潜勢力に見合う市場のみ、そして戦争がその市場を提供したのだという〔⑬〕。

大陸での戦いを通じて建設に邁進してきたが、もはやその限界点に到達しつつあった日本と、その日本やドイツに抵抗する国家を援助しながら経済的巨人としてようやくその潜在能力を発揮し始めてきたアメリカが、間もなく〃真珠湾〃で交錯することになる。

しかしそのアメリカにしてなお、とくに陸海軍の軍人たちは直ちに日本との戦いに突入する意思はなく、時間を欲していた。大西洋でドイツと対峙しつつ太平洋で日本と事を構えるほどの軍事力を未だ備えてはいないという認識を持っていたからである。ローズヴェルトに提出されたマーシャル陸軍参謀総長とスターク海軍作戦部長連名の「極東の事態」に関する一一月五日付覚書は「現下においては太平洋のアメリカ艦隊は日本艦隊に対して劣勢であり、西太平洋において無制限に戦略的攻勢をかけることは不可能である。そうしようとするなら大西洋から局地的防衛力以外の艦艇のすべてを引き上げなければならないであろう。……大西洋から艦艇および商船隊を撤退させたならば、イギリスは近い将来『大西洋の戦い』に敗れる結果となる」「米英両国の主要な目的はドイツの打倒である。もし日本が敗れてもドイツが敗北していないならば、目的が達成されたことにはならない。いずれにしろ、日本に対して無制限な攻勢をとるべきでない。なぜなら、もっとも危険な敵であるドイツに対する大西洋での米英連繋の努力を弱体化させるからである」との判断を示している。さらにハル・ノート手交後のことになるが、二七日付け大統領宛覚書でマーシャルとスタークは繰り返しアメリカによる対日軍事行動の自制を強調し、「アメリカの観点からすれば、いまもっとも重要なことは時間を稼ぐことである。フィリピンに対する陸海軍の強化が急ピッチで実施されているが、満足のいく段階には未だ達していない」「日本との戦争ということになれば、必ずやシベリアへの物資補給は遮断されるであろうし、対中援助の作業も妨害を受ける可能性が大きい」ことを主張し、「直接的な交戦に至るいかなる行動」も差し控えることを訴えた〔⑭〕。

■ハル・ノートの衝撃

日本側の最終提案とも言うべき甲案は七日に野村から、乙案は来栖の着任後の二〇日に両大使からハルに手交された。ハルにしてみれば陸海軍の要請を容れて時間を稼がなければならないが、結局、一一月二六日いわゆるハル・ノートと呼ばれる対案——正式には「米日協定の基礎となる提案の概略」(Outline of Proposed Basis for Agreement Btween the United States and Japan) を手交することになる。なおハル・ノートが日米戦争を望むソ連の謀略という説があるが誤認だろう。基礎となったのはモーゲンソー財務長官の私案だが、それを起草したハリー・D・ホワイトがソ連のエージェントだったにしろ、ユダヤ系アメリカ人たるモーゲンソーの私案は国力をドイツ打倒に集中することを目的とした、日本には宥和的内容でハル・ノートとは似て非なるものだ〔⑮〕。

ところでスティムソンの遺した記録によると、前日の二五日午後ホワイトハウスにおいて、ハル国務、スティムソン陸軍、ノックス海軍の三長官にマーシャル陸軍参謀総長とスターク海軍作戦部長が加わり、大統領を交えて対日政策の検討が行われた。この席でハルが日本は攻撃の用意ができており、いつなんどき攻撃をしかけてくるかわからないと述べ、またローズヴェルトも日本が無警告攻撃で知られた国であり、たとえば、次の月曜日にでも攻めてくるかもしれないと語った。では、そのような日本にどう対処すべきか。ただ手を拱《こまね》いて日本の攻撃を待つのは普通には賢明な策とはいえない。しかしここは、たとえ危険を冒してでも日本に第一撃を打たせることが、日本が侵略国であることを明確にさせ、アメリカ国民から完全な支持を獲得するうえで望ましい、というのが彼ら六人に共通する認識だった。会議を終えてホワイトハウスから陸軍省に戻ったスティムソンに、三〇隻から五〇隻にもおよぶ日本の艦船が上海から南方へ動き出したという陸軍情報部からの気がかりなニュースが待ち受けていた。彼はそのことをすぐハルに電話で知らせ、大統領には報告のコピーを届けた。翌二六日朝、こんどはハルからスティムソンに電話が入り、その際ハルは目下の最善策は、もはや提案すべきことが何もないことを日本側に明確に伝えることであると語った〔⑯〕。

こうして二六日ハル・ノートが日本の手に渡ったのだが、具体的にそれはどんな内容だったのか。――第一節「政策に関する相互宣言案」は四月以来のハル四原則繰り返しと言っていいだろう。第二節が核心であり、「米日両政府がとるべき措置」として一〇項目を列記しているが、その重要な項目は概略次のとおりである〔⑰〕。

3．日本政府は中国およびインドシナからすべて陸海空の兵力と警察力を撤退させる。

4．両国政府は、一時的に重慶を首都としている国民政府以外のいかなる政府や政権に対しても軍事的、政治的、経済的支援を行わない。

7．両国政府は、在米日本資金凍結と在日アメリカ資金凍結を相互に撤廃する。

9．両国政府は、いずれの一方が第三国と締結しているいかなる協定も、太平洋全域における平和の確立と維持という本協定の根本目的に矛盾するように解釈されるべきではないということに同意する。

東京裁判の宣誓口供書〔⑱〕において東條は、

此の覚書は従来の主張を依然固持する許《ばか》りではなく更に之に附加するに当時の日本の到底受け入れることのなきことが明らかとなって居った次の如き難問を含めたものであります。即ち（一）日本陸海軍はいうに及ばず警察隊も支那全土（満州を含む）及仏印より無条件に撤兵すること、（二）満洲政府の否認、（三）南京国民政府の否認、（四）三国同盟条約の死文化であります。

と指摘し、次いで二七日午後二時に開かれた大本営政府連絡会議の模様を次のように述べている。

一同は米国案の内容に唖然たるものがありました。その審議の到達したる結論の要旨は次の如くなりと記憶します。（一）十一月二十六日の米国の覚書は明らかに日本に対する最後通牒である。（二）此覚書は我国としては受諾することは出来ない。且《かつ》米国は右条項は日本の受諾し得ざることを知りて之を通知して来て居る。しかも、それは関係国と緊密なる了解の上に為されている。（三）以上のことより推断し又最近の情勢、殊《こと》に日本に対する措置言動並《ならび》に之に生ずる推論よりして米国側に於ては既に対日戦争の決意を為して居るものの如くである。それ故に何時《いつ》米国よりの攻撃を受くるやも測られぬ。日本に於ては十分警戒心を要するとのこと、即ちこの連絡会議に於ては、もはや日米交渉の打開はその望みはない。従って十一月五日の御前会議の決定に基き行動するを要する。

外相の東郷はハル・ノートに接した時「自分は眼も暗むばかりに失望に打たれた。又米国の非妥協的態度は予《かね》てから予期したことではあるが、其内容の激しさには少なからず驚かされた」と回顧している⑲。なぜハル・ノートに「眼も暗むばかりに失望」したのか、あるいは「其内容に少なからず驚かされた」のか。ハル・ノートは三国同盟破棄という国際信義の問題を除いても、東郷にとって受け入れ難いものだった。東京裁判において、ブレークニー弁護人に促されて東郷は、東條と同様な問題を指摘している。「今ハル・ノートを受諾した場合に、東亜における日本にどういう結果を来すかという問題を、ここに簡単に述べたいと思います。すなわち日本があのときの状況において撤兵し、かつ警察までも即時に引揚げるということになりますと、中央支那、すなわち北支、中支、南支の方面においての日本が今までなしたことは水泡に帰するし、すなわち日本の企業が全部これを遂行し得ないことになってきます。また南京政府（汪兆銘政権を指す）に対する日本の信義は、これは全然地に落ちてきます。従ってこの地方における日本に対する排日また侮日の感情というものは非常に強くなりまして、日本人は結局この方面から退去しなくちゃならぬという状況になります」と指摘している。それだけではない。問題は広くかつ深い。東郷は続けて次のように結論する。「満洲の方面にもハル・ノートはこれを要求したわけであります。従って今の理由をもって日本は満洲からも引揚げなくちゃならぬという状況になります。この政治的情勢はおのづから朝鮮にも影響します。すなわち日本は朝鮮からも引揚げなくちゃならぬという状況になります。すなわちこれを言いかえてみれば、対外的情勢においては、日本の今日の状況になると言っても差支えないわけであります。……日露戦争前の状況に返れという要求であります。これがすなわち日本の東亜における大国としての自殺である。またそうなってくれば日本は経済的にもほとんど存立することができない」（⑳）。

日米間の重大な懸案である三国同盟と中国からの撤兵問題について、日本は甲案によって三国同盟条約の死文化と条件付きながらも中国からの撤退を認めた。しかし、そうした日本の歩み寄りをまったく無視したように春以来頑《かたくな》に固持してきた原則論を、今また振りかざすアメリカの姿勢に、東條をはじめ大本営政府連絡会議のメンバーが「唖然」としたのは無理もない。しかも仮にハル・ノートを呑めば、東條が、そして東郷が指摘するように日本はこれまで大陸において合法的に獲得してきた権益や領土さえも失う可能性が出てくるのである。朝鮮・中国で培った財産はどうなるか？引き揚げ者をどのように処遇するのか？国内の反発にどう対処するのか？……東郷ならずとも目が暗みそうだ。

さらに言えば、ハル・ノートを以てアメリカによる実質的な最後通牒と判断したことは誤っているわけでも、早計なことでもない。ハル・ノートが日本側に手交された翌二七日の朝早く、スティムソンはハルに電話をかけ、日本側に与えた最後の言葉が何であったかを聞き出そうとした。これに対するハルの返答は多くの歴史家や研究者によって引用されている。「私はそれから手を引いた。それは、いまや君とノックス――陸軍と海軍の手中にある」というものだった（㉑）。またハルは、自身の手になる当時の覚書よると、二九日にイギリス大使ハリファックスと会談した折り日本との外交関係は事実上終わったとし、以後対日関係は陸海軍の当局者に委ねられることになるであろうと述べている（㉒）。

このようなハルの言葉、また前述した二五日午後におけるホワイトハウスでの会議についてスティムソンが遺した記録から推測すれば、すでにハル・ノートの手交前後にアメリカの首脳たちは、いつどこでかは予断を許さないにしろ、望むらくは日本に第一撃を打たせるという仕方で対日戦争に突入することを覚悟するに至ったと言っていい。その第一撃が真珠湾に加えられ、多大な損害を被るとは予想しなかったのだろうが。

■開戦の最終的決定

戦うということになるのなら、アメリカはなお時間的猶予を欲していたが、日本は物的国力、特に日ごとに減じてゆく石油の備蓄という観点からすれば早急に決戦を挑まなければならない。

一一月二九日、政府は開戦の最終的決定への手続きとして時局問題につき宮中において重臣との懇談会を持った。午前から午後にかけ熱心な質疑応答があったという。休憩時に御学問所において天皇が親しく重臣たちから見解を聴取したが、その際米内光政が言った言葉が前記ハルの言葉と同様に引用されることが多い。「俗語を使いまして恐入りますが、ヂリ貧を避けんとしてドカ貧にならない様に充分の御注意を願いたいと思います」がそれである。他の重臣はどうか。たとえば近衛は、東條内閣がアメリカとの国交調整に努力していることを評価しつつも、「いかんながら外交交渉の継続は此以上見込なしと判断するの外なきが、外交交渉決裂するも直に戦争に訴えるを要すや、此の儘の状態、即ち臥薪嘗胆の状態にて推移する中打開の途を見出すにあらざるかとも思われ……」と述べ、また広田も「今回危機に直面して直に戦争に突入するは如何なものにや。仮りに不得止《やむをえず》とするも、仮令《たとえ》打ち合いたる後と雖も、常に細心の注意を以て機会を捉えて外交交渉にて解決の途をたどるべきなりと思う」としてなお交渉による関係調整の努力を訴えた〔㉓〕。

重臣たちの慎重論に加え、翌三〇日には、当時軍令部所属の中佐だった高松宮宣仁《たかまつのみやのぶひと》殿下が天皇に拝謁した折り、海軍は手一杯で出来るならば日米戦争は避けたいような気持ちにあるとの観察を伝えている。憂慮した天皇は東條を御召しになって下問、東條は「此の戦争を避けたきことは政府は勿論統帥部も皆同じうする処でありますが、連絡会議に於て慎重研究の結果は既に内奏申し上げた如く、事、ここに至っては自存自衛上開戦止むを得ずと存じます。又統帥部に於ては戦勝に相当の確信を有すると承知致して居ります。然し海軍作戦が基礎をなすことでもあります故、少しにても御疑念を有《あら》せらるるならば軍令部総長、海軍大臣を御召の上十分御確め願います」と奉答して退いた。「然るに午後七時頃、木戸内大臣より電話がありまして陛下より軍令部総長、海軍大臣も共に相当確信ありとのことであるから、十二月一日の御前会議は予定の如く進めて差支なしとのことでありました」と宣誓口供書に記している㉔。

一二月一日午後二時から宮中で開かれた「対米英開戦の件」を議題とする第八回御前会議では、服装は文官がフロックコートまたはモーニングコート、武官はそれに準ずべき軍装と定められた。御前会議では常にそうした服装コードがあったか否か、それ以前の御前会議における記述がないので分からない。あるいは一二月一日の会議は特別だったのかもしれない。正装に身を包んだ参会者は、東條のほか東郷茂徳外務大臣兼拓務大臣、賀屋興宣大蔵大臣、嶋田繁太郎海軍大臣、岩村道世司法大臣、橋田邦彦文部大臣、井野碩哉農林大臣、岸信介商工大臣、寺島健逓信大臣兼鉄道大臣、小泉親彦厚生大臣、鈴木貞一企画院総裁、永野修身軍令部総長、杉山元陸軍参謀総長、原嘉道枢密院議長、星野直樹書記官長で、武藤章陸軍軍務局長、岡敬純海軍軍務局長が陪席した。東條、東郷、統帥部を代表として永野海軍軍令部総長、賀屋、井野による所管の事務の説明があり、続いて質疑応答、意見陳述、天皇入御（御退席）、そして出席者全員書類に花押を終えて散会したのは四時頃だったという。

このように対米戦争が苦渋の決断だったのは分かる。しかし、はたして必至の戦いだったのか筆者は疑問を持っている。いずれ詳しく論じてみたいが、英蘭の植民地を攻撃するが、アメリカとは戦端を開かないという選択肢があったのではないか。そうすればイギリスは西でドイツと戦い、東で日本と干戈《かんか》を交えるという事態に直面する。一方、アメリカはヨーロッパ第一であり、しかも国民の間には孤立感情がきわめて強かった。その場合、ローズヴェルト政権はどんな政策をとるのか。依然として参戦しないか、あるいはイギリスを救うべく議会内外の孤立感情を説き伏せてドイツ、または日本、または両国に同時に宣戦するのか。いずれにしろ、日本はアメリカ相手に有利な立場に立ち、交渉を進めることができたのではないか。岡崎久彦は、実に含蓄のある言葉だが、あの当時日米間の鋭い対立を調停しうる第三者はもはやアメリカの世論だけしかなく、しかも強力な調停者だったと指摘している〔㉕〕。

■戦前最後の帝国議会

御前会議で「帝国国策遂行要領」が決定され、大急ぎで対米開戦の準備が進められていた頃、一一月一六日に日米開戦前最後の第七七帝国議会が開会された。翌一七日、東條は衆議院において首相として初めて施政方針演説の舞台に立った〔㉖〕。

英米蘭諸国は、此の帝国の当然なる自衛的措置を迎えるに猜疑と危惧との念を以てし、資産凍結を行い、事実上全面的禁輸に依り、帝国を目標として経済封鎖を実施致しまするを共に、其の軍事的脅威を急速度に増加して参ったのであります、蓋《けだ》し交戦関係にあらざる国家間に於ける経済封鎖は、武力戦に比しまして優るとも劣らざる敵性行為であることは言を俟たないのであります（拍手）。斯くの如き行為は帝国の企図する支那事変解決を阻碍《そがい》するのみならず、更に又帝国の存立に重大な影響を与えるものでありまして（拍手）断じて黙過し得ざるものであります（拍手）。

続けて東條は言う。

然るにも拘らず常に平和を欲する帝国と致しましては、隠忍自重、忍び難きを忍び耐え難きを耐え、極力外交に依りまして危局を打開し、事態を平和的に解決せんことを期して参ったのでありますが、今なお其の目的を貫徹するに至らず、帝国は今や文字通り帝国の百年の計を決すべき重大な局面に立たざるべからざるに至ったのであります（拍手）。政府は肇国《ちょうこく》以来の国是でありまする平和愛好の精神に基き帝国の存立と権威とを擁護し、大東亜の新秩序を建設する為め、今なお外交に懸命の傾注している次第でありまして、之に依って帝国の期する所は、第一、第三国が帝国の企図する支那事変の完遂を妨害せざること、第二、帝国を囲繞《いにょう》する諸国家が帝国に対する直接的軍事的脅威を行わざることは勿論、経済封鎖の如き敵性行為を解除し、経済的正常関係を恢復すること、第三、欧洲戦争が拡大して禍乱の東亜に波及することを極力防止することであります。

これまでの経緯を知る読者には、日本を取り巻く情勢とこれに対する方針を、東條は思いのほか正直に語っていることが分かるのではないか。この演説は対米強硬論として非難されることがあるが、単純にアメリカに突っかかっているのではない。承詔必謹とはいいながら、対米開戦必至と覚悟を決めた東條の心情を反映したもののように思われる。

議会開催当日、貴族院が「陸海軍に対する感謝」決議を全会一致で可決し、翌一七日には衆議院において「安達謙蔵外百一名」が提出した「国策に関する」決議案がやはり満場一致で可決された。決議案の全文は次のとおりである(27)。

世界の動乱愈々拡大す。適性諸国は帝国の真意を曲解し、其の言動倍々《ますます》激越の度を加う。隠忍度あり、自重限あり。我が国策夙《つと》に定まり、国民の用意亦既に成る。政府は宜しく不動の国是に則り不抜の民意に信頼し、敢然起って帝国の存立と権威とを保持し以て大東亜共栄圏を建設し進んで世界永遠の平和を確立すべし。

提案者の「百一名」の中には内田信也《うちだのぶや》、大麻唯男《おおあさただお》、大口喜六《おおぐちきろく》、風見章、中島知久平《なかじまちくへい》、永井柳太郎《ながいりゅうたろう》、俵《たわら》孫一《まごいち》、芦田均《あしだひとし》など錚々たる顔ぶれに加え、東京裁判で東條の弁護人を務めることになる清瀬一郎《きよせいちろう》、戦後の自由民主党において小派閥を率い時として政局を動かした川島正次郎《かわしましょうじろう》、さらには小泉純一郎元首相の祖父小泉又次郎《こいずみまたじろう》がおり、また社会主義者の浅沼稲次郎《あさぬまいねじろう》、平野力三《ひらのりきぞう》、鈴木文治《すずきぶんじ》らが名を連ねている。

東條内閣と軍部が苦渋の裡《うち》に対米戦争を決意し準備を進めていた頃、二大新聞である『日日』と『朝日』の紙面にはアメリカに対する反省の強要、軽視、居丈高《いたけだか》が奇妙に入り混じった言葉が舞った。すべて非は、新事態に眼を蔽《おお》い、かつ日本（の使命）を理解しようとしないアメリカにこそある。「米、根本認識改めずば／太平洋危機去らず」（『朝日』一〇月一六日付夕刊）、「わが決意を過小評価／米の認識改まらず／茲に太平洋の危機あり」「米の出様如何に懸る／わが歴史的決意は牢固」（同一一月二日）である。アメリカという国は「伝統的な利己外交／我使命を強いて曲解」「傲慢で自惚《うぬぼ》れ強く／大変な焼餅やき」（『日日』一一月三日、六日）の国家であり、その軍隊は「今まで自由主義の下に遊び廻っていた青年層からの徴集だけに、上官の目を盗んでは遊びをやっている」（『日日』一一月一八日）。三選されたローズヴェルト大統領は「老獪《ろうかい》な法律の籠抜け戦法の達人」で、連邦共和制も「独裁政治」（『朝日』一一月一一日）である。また重慶の蔣介石政権は「極東制覇を狙う」アメリカの傀儡、蘭印は「笑止・自負に傲」り、フィリピンは「追随一途のみ」、ビルマは「援蔣路強化に躍起」となっている（『日日』一一月一三日）。

これに比べて日本は、『朝日』によると「国民の覚悟、鉄の如し／……国策の赴くところ、いかなる困苦にも耐え忍ぶ堅牢鉄の如き覚悟を固めて、各自の職域を以て守っている」（一〇月一六日）。『日日』

は「国民の覚悟は出来ているのだ。その不抜の覚悟を基礎として、政府は段々乎として国是に向って行動すればよいのである。政戦両略の挙国体制は、すでに成った」（一一月一九日）と論じ、「沸《わきあが》る国民兵の熱誠／待っていたぞ／奔流宛ら《さながら》の従軍嘆願」（一一月二一日）と報ずる。そして「ＡＢＣＤ陣営の妄動／今や対日攻勢化す」「わが平和意図蹂躙／四囲一斉に戦備開始」（『朝日』一二月三日、六日）という情勢を迎え、両紙は「米国が現状に目を蔽うて、原則論を振り翳《かざ》す限り、日米間に交渉の余地はあり得ないのである」（『朝日』一二月二日）、「政府のとりつつある外交上の最後的努力は多とするが、米国の偽装平和論に、これ以上耳を傾けるのは徒労である。国民は今や一丸となって、政府の断乎たる対策に満幅《まんぷく》の支持を寄せている」（『日日』一二月二日）と、対米戦争について自らの覚悟のほどを披瀝している。

第9章　一二月八日

■対米最後通告

日本時間一一月二六日朝、第一航空艦隊司令官南雲忠一《なぐもちゅういち》中将麾下《きか》の赤城《あかぎ》・加賀《かが》・蒼竜《そうりゅう》・飛竜《ひりゅう》・翔鶴《しょうかく》・瑞鶴《ずいかく》の航空母艦、戦艦比叡・霧島および重巡洋艦利根・筑摩を基幹とする機動部隊が択捉《えとろふ》島の単冠湾《ヒトカップ》を出航、勇躍ハワイに向かった。

一二月一日、永野軍令部総長は山本五十六《やまもといそろく》連合艦隊司令官に対し、「帝国は十二月上旬を期し米国、英国及蘭国に対し開戦するに決す」との大海令第九号を発した。機動部隊は、この日午後五時頃東経一八〇度線を越えて西半球に入った。翌二日午後五時三〇分、山本連合艦隊司令長官は同部隊に「新高山《にいたかやま》登れ一二〇八」(開戦予定日は一二月八日)との武力発動命令を発した。陸軍では、これより早く午後二時に杉山参謀総長から寺内寿一南方軍総司令官宛に開戦予定日が発電されている。「『ヒノデ』は『ヤマガタ』とす」というのが「X日は十二月八日とす」の隠語であったという〔1〕。

この頃、外務省は日本文・英文からなる対米覚書と交渉経緯の作成に多忙を極めていた、と起草に当たった加瀬俊一は回顧している。その日本の最後通告とも言うべき対米覚書は、五日の閣議の承認を経て、六日から七日にかけ東郷外相から野村大使に発出された。むろん外務省が独断で通告文の内容、相手方に提示する日時を決めたわけではない。統帥部、特に海軍軍令部の作戦構想に大きく左右されたことは言うまでもない。いや、それどころか大本営政府連絡会議の出席者といえども陸海軍大臣以外の閣僚、つまり対米通告の手交手続きを行う東郷外相でも日本軍がいつ、どこを攻撃するか知らされてはいず、そういう状況の中で外務省は対米通告の案文を作成しなければならなかった。もっとも通告文の手交は必ず攻撃前になすべきことは、そもそも真珠湾攻撃の唱道者たる連合艦隊司令長官山本五十六の繰り返し強調したところであり、また何よりも天皇の御意思もそこにあって統帥部も了解済みだった。東條によると「通告文の交付は攻撃の開始前に之を為すことは予《かね》て天皇陛下より私及両総長に屡々《しばしば》御指示があり、思召は之を連絡会議関係者に伝え連絡会議出席者は皆之を了承していました」という〔②〕。ハルに提示すべしとされた覚書は七項目からなり、端的に言えば、四月に始まった日米交渉がアメリカ側における原則の固執と遷延策によって成果が得られなかったこと、したがってもはや交渉の継続を断念するほかはないというのがその主たる内容で、次のような文言で終わる〔③〕。

惟《おも》うに合衆国政府の意図は英帝国其の他と苟合《こうごう》策動して東亜に於ける帝国の新秩序建設に依る平和確立の努力を妨碍《ぼうがい》せしめんとするのみならず日支両国を相闘わしめ以て英米の利益を擁護せんとするものなることは今次交渉を通し明瞭と為りたる所なり。斯くて日米国交を調整し合衆国政府と相携えて太平洋の平和を維持確立せんとする帝国政府の希望は失われたり。仍《よっ》て帝国政府は茲《ここ》に合衆国政府の態度に鑑み今後交渉を継続するも妥結に達するを得ずと認むるの外なき旨を合衆国政府に通告するを遺憾とするものなり。

■通告の遅れ

この覚書の通告をめぐって、われわれ日本人の名誉に関わる問題が起こった。

まず一つは通告の遅れである。――つまり、野村と来栖がハル国務長官に覚書を手交した時刻は、本省が指定したワシントン時間一二月七日午後一時から一時間以上も経った午後二時二〇分、ハワイ上空の第一次攻撃隊の飛行隊長淵田美津夫《ふちだみつお》中佐が全機に突撃を号令し、連合艦隊司令部と大本営海軍部に向けて「トラ・トラ・トラ」（我奇襲に成功せり）の電報を打った後だったことである。

覚書手交の遅れは受信した暗号電報の解読とタイプ清書に手間取ったからで、その責任は職務怠慢のワシントン大使館にあるとされてきた。この問題についてはこれまで様々に論じられてきたが〔④〕、とりわけ井口武夫――父貞夫が参事官として大使館に在職していた――は大使館失態論に対し、ワシントン時間六日午後一二時から一五時にかけ着信した覚書の第一部～第一三部に一七五の字句の乱れがあったこと、肝心の第一四部が翌七日午前七時～八時に着信したこと、それからわずかにして手交時間（午後一時）を指定する着信があったこと、アメリカ人タイピストの使用が禁じられたこと、暗号機破棄の訓令があり残された一台のみで第一四部の解読が滞《とどこお》ったことなどの理由を挙げて反論を試みている〔⑤〕。しかし、通告の遅れについて大使館、とりわけ野村と来栖および高級職員は「大失態」との批判を、やはり甘受しなければならないだろう。

来栖を輔佐すべくワシントンに随行した結城司郎次《ゆうきしろじ》一等書記官は東京裁判において、七日朝（日曜日）の動きを次のように述べている〔⑥〕。なお結城によると、大使館の高級職員の中で一応タイプを打てるのは奥村勝蔵《おくむらかつぞう》一等書記官一人であったという。

「九時頃大使館邸にある書記官室に行って見ると奥村書記官が一生懸命覚書をタイプに打って居りました。タイピングは六日の夜にはまだ始められて居なかった趣であります。間もなく電信課員が到着し始めまして、私は彼らとの話から前夜の晩餐後電信課員全員（堀内電信官以下梶原、堀、川畑、近藤、吉田各書記生）が再び登庁し、九時半頃暗号電報解読にとりかかり最初の十三通の解読を夜半前に完了し、最早第十四通の到着だけをまつだけとなったので、電信課員は十二月五日夜外務省の命令により破壊した暗号機の残物整理をしたが、第十四通目は同夜到着しなかったので井口参事官の勧告もあり、払暁、当直一名を残して各自宿舎に引揚げたということを承知しました。

……

「電信課員は九時三十分から十時までには皆登庁し、十時から電報解読にとりかかったのであります。……十二月七日午後一時を期して米側に覚書を手交すべき旨の訓電が解読されたのは十一時頃でありました。……

「一方、奥村書記官は午前十一頃迄に第十三通目を一応タイプし終わりましたが、之は下書のつもりであって、タイプの出来映えも十分でなく、又午後一時に尚十分時間があるといって煙石書記生を手伝わせ、初めからもう一度タイプし始めました。併し両君共正式のタイピストではなく、且つ当日は緊張したため、却って平常よりもスピードが鈍り、打字の間違ひも多かったのであります。……その上前述の訂正電報が解読された結果両君は折角打ち終った頁をもう一度打ち直さなければなりませんでした。……とにかく右の様な事情で予期した以上に手間どり、時間はどんどん経ってまいりました。十四通目即ち覚書の最後の部分が解読せられて書記官室に届けられたのは午後零時半前後であったと記憶しております。しかしこの時までには、未だ初めの十三通はタイプを終ってはいなかったのであります。……

「此の間野村大使は何度も書記官室に顔を出して書類を督促され、又来栖大使も出発の支度整い、じりじりしてタイプの終るのを待って居られました。……

春から続く対米交渉の過程で、覚書を手交するに当たって暗号機の破壊を命じ、かつアメリカ人タイピストの使用を禁じ、かつ手交時間を指定するという訓令がこれまであったのだろうか。なかったのなら、その暗号電報に「緊急」とか「大至急」とかの指定が付してあろうがなかろうが、何やらきな臭いと感じるのが普通だろう。アメリカ陸軍情報部極東課長ブラットン大佐は、時間指定の訓令を以て日本が太平洋地域のどこかにあるアメリカ軍基地を攻撃しようとしていると直感し、マーシャル参謀総長に伝えたという〔⑦〕。またワシントン時間六日夜九時半過ぎにホワイトハウスに届けられた覚書一三部のマジック情報（傍受電報）をローズヴェルトが読み、側近のホプキンスに「これは戦争を意味する」という趣旨の言葉を漏らしたと、書斎にいたローズヴェルトにマジック情報を届けた海軍情報局のシュルツ大尉が証言している〔⑧〕。ブラットンや一三部までを読んで戦争を想起したローズヴェルトのカン働きを褒めるべきなのだろうが、それに比べ日本大使館上下の職務に対する鈍感さ、イマジネーションの欠如、手落ち等々なんとも度し難い。

それ以上に情けないのは「何度も書記官室に顔を出して書類を督促」し、「出発の支度整い、じりじりしてタイプの終わるのを待つ」野村と来栖の姿である。タイプの浄書が間に合わないのなら、肝心な部分をとりあえず口頭で伝えれば済む話ではないか。井口でも誰でも野村、来栖にそのことを進言すべきではなかったか。マニュアルどおりに職務を遂行しようとする日本大使館の臨機応変のなさに、おそらくハル国務長官は腹の中で嗤っていたに違いない。回想録の中でハルは、日本政府は真珠湾攻撃に二、三分でも先だって覚書を手交するという意図を持っていたが、「野村の率いる大使館は解読に手間取ってヘマをした。……たとえ手元に覚書の最初の二、三行しかなかったにしろ、残部は用意ができしだい届けるように指示して、野村は一時ちょうどに私を訪ねてくるべきだった」と語っている。そして遅れてやって来た野村・来栖両大使に、ハルは「過去九カ月間の交渉中、貴方がたとの会談において私は嘘偽りをただの一言もいったことがなかった」と言い、覚書を「私の五〇年に及ぶ公的職務において、かつて見たこともないほど不名誉な愚行と曲解に満ちている」と非難し、野村が何か言いたそうな素振りをしたのを手で制止してドアの方を顎《あご》でしゃくった。野村と来栖は言葉もなく、うなだれて部屋を出て行ったという〔⑨〕。二人が真珠湾攻撃のニュースを始めて聞いたのは大使館に帰ってからだった、と来栖は回想している〔⑩〕。

■最後通牒の体裁を整えていたか

通告に関わるいま一つの問題は、対米覚書が戦端を開くに当たって国際法が要求する最後通牒の体裁をなしているか否かの問題である。ここで言う国際法とは、一九〇七（明治四〇）年、オランダのハーグで締結された「開戦に関する条約」（ハーグ第三条約）で、日本もアメリカも当事国となっているこの条約の第一条は「締約国は、理由を附したる開戦宣言の形式、又は条件附開戦宣言を含む最後通牒の形式を有する明瞭且事前の通告なくして、其の相互間に、戦争を開始すべからざることを承認す」と規定している。

日本の国際法学会は、開戦後間もなく外務省条約局の協力の下に、今後の国際法の展開について諸種の研究を行い、その研究成果を外務省内部の秘密資料として昭和一七年六月にまとめている。このたびの日本側通告を開戦の宣言として認めるには困難との見解がある中で、筆者は長岡春一《ながおかはるかず》の所説に注目したい。

常設国際司法裁判所判事の職にあった長岡春一は、「大東亜戦争の開始と海牙《ハーグ》第三条約」（昭和一七年一月七日調製）において、ハーグ第三条約の審議中、事前の通告と戦争開始との時間に言及のないフランス案が採択され、相手国政府に通告してから二四時間経過後でなければ戦争を開始してはならないとのオランダ案（日本・アメリカ・イギリスは反対票を投じた）が斥けられたことを論拠に「斯くの如くして本條約は一種のデモンストレーションに過ぎぬものと成り終り」と述べている〔⑪〕。

戦時国際法の権威である早稲田大学教授信夫淳平は、昭和一六年一一月に公刊した『戦時国際法講義』

において、ハーグ第三條約をヨーロッパとアジアの主要国が参加していることから「一の有力なる国際条約」としつつも、「実際的には正直の所その価値を疑はしむる点が少なからずある」と指摘し、長岡と同じように宣戦あるいは最後通牒の通告と実際の敵対行動の開始との間に一定の時間をおくとの規定がないことなどいくつか理由を挙げ、「遵守性の実際に期し能《あた》はざる法を法として存続せしむるは益なきのみならず、寧《むし》ろ法の精神を瀆《けが》すことにもなる」と断じている〔⑫〕。

対米通告文自体の内容について、つまり通告文には明確な宣戦布告もしくは類似の言辞がないという批判ついても傾聴すべき異論がある。東京裁判の最終弁論においてブレークニー弁護人（東郷茂徳・梅津美治郎担当）は、検察側が日本の対米通告が「たかだか交渉を打切ったものに過ぎない」と論難したのに対し、「宣戦の文字を使って居ないこと即ち言辞を費《ついや》して戦争状態の発生を述べて居ないということは疑ない」と認めつつも、国際法の権威オッペンハイムに依拠して「宣戦の文書に如何なる文字を使うかという点で或形式が使われなければならぬといわれたことはない」と主張し、次のように述べている。「然らば日本が米国に手交した通告は如何であろうか。……『太平洋の平和を維持……せんとする帝国政府の希望は遂に失われたり』という言葉は戦争になるということ以外に何を意味し得たであろうか」「もし日本が米国の最後の提案を受諾して全面的屈服をしないとしたら、又もし日本がそれ以上の交渉を無益と認め外交の努力を継続しないとしたら、日本の取るべき手段として戦争以外にはないということは政治家なら素人にも分かる筈である」「もし日本の最後の外交手続きが其の用語から戦争状態の発生を意味したということについてなお疑うものがあるならば、その疑いは米当局が其通牒を傍受して最初に見た時正しくそういう意味に解したという事実に依って全く解決するであろう。ローズヴェルト大統領は十二月六日の夜日本の通牒の十四部の中の十三部迄の傍受を読んだのである。即ち大統領はさきに引用した部分は電報の第十四部であって未だ読んで居なかったのであるが、其の部分なしですら之を読んだ大統領は外交家や法律家と相談する迄もなく的確に『之は戦争を意味する』と言ったのである」〔⑬〕。

なお今では、外務省の通告文原案に開戦を意図する明確な字句が存在していたことが明らかになっている。その結論部分は「合衆国政府は本交渉に一片の誠意の認むべきものなくて従て今後交渉を継続するも東亜の安定に何等寄与する所なきものと認め交渉を打切るの已む無きに至れること並に将来発生すべき一切の事態に付ては合衆国政府に於て其の責に任ずべきものなる旨合衆国政府に厳粛に通告するものなり」であるが、最後の文言が大本営政府連絡会議で開戦の決定を秘匿したい軍部の反対にあい、外務省はその主張を受け入れて削除したのだという〔⑭〕。むろんこの原案の手交にこしたことはないが、ブレークニーの弁論に従えば「今後交渉を継続するも東亜の安定に何等寄与する所なきものと認め交渉を打切るの已む無き」に至ったならば、戦争を意味するという「将来発生すべき一切の事態」の文言があろうがなかろうが、日本の取るべき手段は戦争以外にないではないか。

■経済封鎖は戦争行為

いま一つ長岡の所説を紹介したい。

ハーグ第三条約について、長岡は筆者にとっていっそう興味深い議論を展開している。つまり、米英による日本資産凍結や石油輸出禁止など経済封鎖が日本側の戦争事由（causus belli）になり得るというのである。長岡は言う。「斯くの如き情勢下に於てもなお帝国が四個月有余に亘り米国との交渉を続けたのは、衷心《ちゅうしん》平和を顧念するの熱情に燃え、世界福祉の為に出来得る限りの隠忍を盡《つく》せしに外ならぬ、もし日本にして思いを茲《ここ》に致すことなくば、資産凍結令実施の翌日を以てカーズス・ベリー（戦争原因）を構成するものと看做《みな》し、直ちに戦闘を開始しただろう」と〔⑮〕。

敵対する国家による経済封鎖が戦争事由を構成する。つまり経済封鎖は戦争行為であるとの立論は、東京裁判でローガン弁護人（木戸幸一担当）が弁護側最終弁論で展開している。フランスの外相ブリアンとともに不戦条約（一九二八年）の立役者となったケロッグ国務長官の上院における証言――経済封鎖は「断然戦争行為である」――を引用しつつ展開したローガンの主張を、断片的になるが紹介しておきたい〔⑯〕。

「一国からその国民の生存に必要な物資を剥奪することは、確かに、爆薬や武力を用い強硬手段に訴えて人命を奪うのと変るところの無い戦争方法であります。と申しますのは、それは緩慢な行動を以て相手国の抵抗力を減じ結局は在来の敵対行為として用いられた方法と同様確実に之を敗北せしめることになるからであります。そしてこの方法は、緩慢なる餓死といふ手段で徐《おもむ》ろに全国民の士気と福祉を消耗する事を目的とするものでありますから、物理的な力によって人命を爆破し去る方法よりも、一層激烈な性質のものであるという事さえ出来るのであります。

「日本は……連合国が行いました経済封鎖は日本に対する戦争行為に外ならないものであると断定する権利を有っていたのであります。がそれにも拘らず日本はその特有の忍耐力を以て、円満にこの争を解決しようとしたのでありました。然るに経済封鎖は強化せられ、軍事的包囲網の脅威と相俟《あいま》って、遂に日本をして自国の存立の擁護の為には、最期的手段として戦争に訴えざるを得ないと考えしむるに至ったのでありました。日本がこの連合国の経済封鎖を以て直ちに宣戦布告に等しきものなりと解釈する事なく、平和的解決を交渉に依て忍耐強く追求いたしました事は、永遠に日本の名誉とするに足る処であります。

ダグラス・マッカーサー陸軍元帥――戦時中は太平洋方面の連合国最高司令官にして戦後は日本占領軍の最高司令官となった――がアメリカ議会で行った証言は、アメリカが日本に実施した経済封鎖（対日経済政策）が日本にとって正当な戦争事由であったこと、その意味で対米戦争が自存自衛の戦いであったことを傍証するものとなろう。朝鮮戦争の折り、国際連合軍最高司令官を兼任していたが、遂行すべき軍事戦略をめぐってトルーマン大統領と対立して解任された。母国に帰還し上院軍事外交合同委員会に臨んだマッカーサーは、一九五一（昭和二六）年五月三日、一議員の質問に答えてつぎのような見解を披瀝している〔⑰〕。

問　では五番目の質問です。中共（原文はRed China）に対し海と空とから封鎖してしまえという貴官の提案は、アメリカが太平洋において日本に対する勝利を収めた際のそれと同じ戦略ではありませんか。

答　その通りです。太平洋において我々は彼らを迂回しました。我々は包囲したのです。日本は八千万に近い膨大な人口を抱え、それが四つの島の中にひしめいているのだということを理解していただかなくてはなりません。その半分近くが農業人口で、あと半分が工業生産に従事していました。

潜在的に、日本の擁する労働力は量的にも質的にも、私がこれまで接したいずれにも劣らぬ優秀なものです。歴史上のどの時点においてか、日本の労働者は、人間は怠けている時よりも、働き、生産している時の方がより幸福なのだということ、つまり労働の尊厳と呼んでもよいようなものを発見していたのです。

これほど巨大な労働能力を持っているということは、彼らには何か働くための材料が必要だということを意味します。彼らは工場を建設し、労働力を有していました。しかし彼らは手を加えるべき原料を得ることができませんでした。

日本は絹産業以外には、固有の産業はほとんど何も無いのです。彼らは綿が無い、羊毛が無い、石油の産出が無い、錫《すず》が無い、ゴムが無い。その他実に多くの原料が欠如している。そしてそれら一切のものがアジアの海域には存在していたのです。

もしこれら原料の供給を断ち切られたら、一千万から一千百万の失業者が発生するであろうことを彼らは恐れていました。したがって彼らが戦争に飛び込んでいった動機は、大部分が安全保障の必要に迫られてのことだったのです。

筆者は長岡の、信夫の、そしてブレークニーとローガンの立論に与《くみ》するものである。そして実際、東條内閣も、陸海軍統帥部も戦時国際法に則ってアメリカに戦いを挑もうとしたと理解している。戦術的にギリギリの間合いを狙ったかもしれないが、奇襲攻撃を成功させんがため戦時国際法を無視して攻撃を仕掛けたとの批判は正しくないだろう。

しかし、ワシントンにおける日本大使館上下の緊張感の欠如、一方的な思い込み、加えて臨機応変に対処する能力の無さによって、おそらく日本人は未来永劫〝騙し討ち〟の汚名を被ることになった。通告の手交が三〇分はおろか、一時間前、あるいは一日前であったとしてもローズヴェルトは多くの言葉を費やして日本人を「卑怯」「卑劣」呼ばわりしたに違いない。しかし事前に通告したか、事後に通告したかの違いは天と地ほどの開きがある。〝罪万死に値する〟と言ったら、野村吉三郎と来栖三郎両大使、さらには井口貞夫参事官および奥村勝蔵一等書記官ら下僚に厳し過ぎようか。

■宣戦の大詔

東條が真珠湾攻撃の勝報を海軍側から受け取ったのは八日午前四時半頃だったという。同日午前六時に大本営報道部はアメリカ・イギリスとの戦いが始まったことをラジオを通じて発表した。今でもテレビのドキュメンタリーやドラマなどで耳にする「帝国陸海軍は本八日未明西太平洋において米英軍と戦争状態に入れり」というのがそれである。そして午前一一時四五分、宣戦の大詔が渙発《かんぱつ》された。主要な箇所は次のとおりである〔⑱〕。

今や不幸にして米英両国と釁端《きんたん》を開くに至る洵《まこと》に已むを得ざるものあり。豈《あに》朕が志ならんや。中華民国政府（蔣介石政権）、曩《さき》に帝国の真意を解せず、濫《みだり》に事を構えて東亜の平和を攪乱し、遂に帝国をして干戈《かんか》を執るに至らしめ、茲に四年有余を経たり。幸に国民政府更新（汪兆銘政権）するあり。帝国は之と善隣の誼《よしみ》を結び相提携するに至れるも、重慶に残存する政権は、米英の庇陰《ひいん》を恃《たの》みて兄弟尚未だ牆《かき》に相鬩《あいせめ》ぐを悛《あらた》めず。米英両国は残存政権を支援して東亜の禍乱を助長し、平和の美名に匿《かく》れて東洋制覇の非望を逞《たくまし》うせんとす。剰《あまつさ》え与国を誘い、帝国の周辺に於て武力を増強して我に挑戦し、更に帝国の平和的通商にあらゆる妨害を与え、遂に経済断行を敢えてし、帝国の生存に重大なる脅威を加う。朕は政府をして事態を平和の裡に回復せしめんとし、隠忍自重久しきに弥《わた》りたるも、彼は毫も交譲精神なく、徒《いたずら》に時局の解決を遷延せしめて、此の間却《かえ》って益々経済上軍事上の脅威を増大し、以て我を屈従せしめんとす。斯の如くにして推移せんか、東亜安定に関する帝国積年の努力は悉《ことごと》く水泡に帰し、帝国の存立亦正に危殆《きたい》に瀕せり。事既に此に至る、帝国は今や自存自衛の為蹶然《けつぜん》起《た》って一切の障碍を破砕するの外なきなり。

筆者は、この詔書から勇壮果敢な雄叫びを読み取ることも、また米英に対する燃え上がるような憎悪の念も感じ取ることができない。詔書は、むしろ日本の真意を理解しようとしない米英および蔣介石政権の振る舞いに対する無念の思いに満ちている。

こうした詔書の重苦しさとは対照的に新聞は明るく、あくまで威勢がいい。『朝日』『日日』両紙上には「米英膺懲《ようちよう》世紀の決戦！」「ハワイ・比島に赫々《かくかく》の大戦果」「米海軍に致命的大鉄槌《てつつい》」（『朝日』一二月九日付夕刊、一二月九日）、「米英の暴政を排し／東亜の本然を復す」「興亜の大義此の一戦／必勝を確信・殉国の秋《とき》」「米英の毒牙を一掃／道義平和確立へ／遂に聖業完遂の日来る」（『日日』一二月九付夕刊、一二月九日）などの見出しが舞い、「事ここ到って、帝国自存を全うするため、ここに決然として起たざるを得ず、一億打って一丸とした総力を挙げて、勝利のための戦いを戦い抜かなければならないのである」「敵は豊富なる物資を擁し、しかも依ってもって立つところの理念は不逞なる世界制覇の恣意である。従って、これを撃砕して帝国の自存を確立し、東亜の新秩序を建設するためには、戦争は如何に長期に亙ろうとも、国民はあらゆる困苦に堪えてこの天の試練を突破し、ここに揺ぐことなき東亜恒久の礎石を打ち樹《た》てねばならぬ」（『朝日』一二月九日付夕刊）、「一剣閃《ひらめ》くや太平洋狭しと、わが皇軍は空に、海に、陸に武威を輝かしつつある。米英が久しく搾取を逞《たくま》しうした東洋と南洋の基地は刻々、壊滅しつつある。東亜の解放戦だ。新しき大東亜の創造戦だ」（『日日』一二月九日）。

第10章　はたして独裁者か

■首相の器

カミソリのような切れ味鋭い能吏であっても首相の器《うつわ》ではなかった、何かといえばメモをとる、料簡が狭く度量がない――というような東條観が、当時の軍人や政府関係者、あるいは歴史家や作家の口から語られることが多い。今でもだ。器とか器量とか極めて日本的と思われる言葉は、一体全体、何を意味するのであろうか。また彼らは、歴史上どのような人物を以て器が大きいであるとか器量人と呼ぶのであろうか。戦国時代の信長、秀吉、家康か、それとも幕末の西郷、大久保、木戸、坂本か……大政略を抱懐しつつも春風駘蕩《しゅんぷうたいとう》の風情を持し、清濁併《せいだくあわ》せ呑み、危機に臨んでも泰然自若《たいぜんじじゃく》、配下に思う存分仕事をさせ（失敗すれば自分が腹を切り）、死地に追い込まれても「カンラカンラ」と高笑いをして意に介さないというようなことが器量の証しなら、東條は器量人ではない。

日頃接する人物の言行や精神の在り方に、えも言われぬ才徳を感得して器が大きいとか器量人だとか表現するのは分らぬでもない。しかし、小説や映画やテレビドラマを別にして、われわれ日本人は人物を批評する上で、少し安易に器とか器量という言葉を使い過ぎるのではないか。その結果、たとえば戦前戦中の陸軍をどのような悪弊がおおったか。東條が陸相就任の際の訓示で危惧したような「将官ともなれば否将官とならなくとも、部隊長となればとかく部下委せで、大西郷のような風格をおびるを以て可しとする風」が幅をきかせ、山本七平の言う上依存下の世界が現出して「本当の意思決定者・決断者がどこにいるのか外部からは絶対にわからない」情況が生まれたのではなかったのか。そして、これは何も旧日本軍だけのことではないだろう。現在の様々な組織の問題でもあるのだ。

東條が首相の器でないことを認めるとして、では昭和一六年秋の情勢にあって、軍部の強硬派を抑え、新聞の対外硬論をいなして国内に静謐に保つ一方、対外的には満洲国の存立を確実にし、大陸における権益を維持しつつ中国からの名誉ある撤退を実現し、外交交渉によって米英蘭三国の経済封鎖を解かせることのできる大政略家はいたのであろうか。筆者には思い浮かばない。いたら教示してもらいたい。今どきのマスメディアがよくやる「誰を首相にしたいか」というような人気投票まがいではなく、明文・不文の制度に基づき首相に就くことのできる重臣、軍人、官僚、政党人の中からである。

東條はまた軍事的能力も疑われている。陸相、さらには昭和一九年の二月から政権の座を降りる七月まで参謀総長を兼任して戦いに敗れたのだから、その戦争指導のいたらなさを批判されるのは当然のことかもしれない。東條自身も東京裁判の宣誓口供書で「此の戦争は自衛戦であり、現時承認せられたる国際法には違反せぬ戦争なり」と主張する一方、「敗戦の責任については当時の総理大臣たりし私の責任であります。この意味に於ける責任は之を受諾するのみならず真心より進んで之を負荷せんことを希望するものであります」と記して筆を擱《お》いている〔①〕。

しかしその潔さは良いとしても、戦略や戦争指導の拙《つたな》さを、何も一身に引き受ける必要はない。東京裁判の宣誓口供書において東條は、一二月一日の御前会議から開戦に至るまでの経緯を述べた件《くだり》で、次のように記している〔②〕。

「一二月一日の御前会議に於て開戦決定を見たるより開戦に至るまでの重要事項は、（一）開戦実施の準備と（二）これに関する国務の遂行との二つであります。前者は大本営陸海軍部の責任に於て行わるるものであって、政府としては此のような統帥事項の責任には任じないのであります。唯《ただ》統帥の必要上軍事行政の面に於て措置せることを必要とするものがあります。此のことに関しては私は陸軍大臣として在任期間に於ける其の行政上の責に任じます。但《ただ》し海軍の事については自分は陸軍大臣としては勿論総理大臣としても関与致しません。

「（陸軍参謀本部条例と海軍軍令部条例によれば）参謀本部総長及軍令部総長は各軍の統帥に関し、政府と独立して輔翼《ほよく》の責に任ずることとなって居ります。これが日本特有の統帥権独立の理論であり又基本的の制度であります。即ち作戦用兵の計画実施、換言すれば純統帥のことについては行政府は関与出来ず、従って責任も負いません。唯各省大臣の内陸海軍大臣は帷幄《いあく》の参画者たる身分に於て他の各省大臣とは違った所があります。即ち作戦の方から惹《ひ》いて関係をもって来るところの行政（軍事行政）並に人事に関しては之に関与致します。此の場合でも作戦の実態である作戦計画の決定や作戦計画の実施には参与致しません。唯陸海軍大臣は作戦計画に関しては陛下に上奏して御裁可を受けた後にその通報を受けるのであります。

「陸海軍大臣は……本来大本営構成の一員ではありませんが、所要の随員を従えて、大本営の議に列すと規定せらて居ります。これは陸軍大臣として統帥に関係する軍事行政を敏速に処理するためであります。而して私の陸軍大臣在任中大本営の議に列したことは一回もありませんでした。又陸軍大臣は統帥部の決定には参画出来ず、其の最後的決定後通報を受くるのであります。

東條は参謀本部（大本営陸軍部）および軍令部（大本営海軍部）の作戦計画立案に参画できず、またその実施にも関与することができなかったという。なぜか。憲法になんら規定のない「統帥権の独立」という軍事制度が存在していたからである〔③〕。大本営の会議（大本営政府連絡会議ではない）に一度も出席したことがないというのだから開いた口が塞がらない。さらに驚くべきことは開戦劈頭の真珠湾作戦すら、東條は機動部隊が単冠湾を出航した日を知らされていず、また攻撃目標が真珠湾であることを知ったのは一二月一日、あるいは二日だったという。彼自身が軍事法廷の証言台で明らかにしているのが、そ〔④〕。——一国の首相が、国家の命運を賭す戦いの第一撃がどこに打ち下ろされるかを知ったのが、そのわずか一週間前だった。しかも首相としてではなく「陸軍大臣の資格において」参謀総長から伝えられたのだという。キーナン検察官（アメリカ）とウエッブ裁判長（オーストラリア）にとって、思いも及ばなかったに違いない。二人の母国では絶対にあり得ない言葉が東條の口から漏れている。聞きようによっては、保身のための言葉にしか受け取れないが、東條は事実を語っているに過ぎない。

昭和一八年四月から翌年七月まで東條内閣で最後の外相を務めた重光葵《しげみつまもる》によると、戦後、巣鴨の拘置所で東條は敗戦を論じて次のように語っている。「根本は不統制が原因である。一国の運命を預かるべき総理大臣が、軍の統帥に関与する権限のないような国柄で、戦争に勝つわけはない。その統帥がまた、陸軍と海軍に判然と分かれて、協力の困難な別のものとなっていた。自分がミッドウェーの敗戦を知らされたのは、一ヶ月以上後のことであって、その詳細に至っては遂に知らされなかった。かくの如くして、最後まで作戦上の完全な統一は実現されなかった」〔⑤〕。

ミッドウェーの敗戦については、東條内閣末期に農商務相を務めた内田信也《うちだのぶや》も聞いている。内閣瓦解直後、退任の挨拶に東條を訪問した時のことだという。「談たまたま戦局に及んだので、『なぜあのようにガダルカナルまで戦線を延ばしたのか』と尋ねてみた。すると東條の答えは、『ミッドウェー海戦の敗亡をきいたので永野軍令部総長に、予定の南方作戦はそのまま遂行して宜《よろ》しきや、海軍の所見は如何と訊《ただ》したところ、永野は連合艦隊は儼然《げんぜん》たり、以て守るに足ると断言したので、そのまま遂行したわけである。ところが後からきけばミッドウェーの敗戦は想像外に惨烈だったのだが、しかもなお空母を何隻喪ったのか、今日に至るまで、真相は明確に知らされておらぬ』であった。僕はこれをきいて意外というもおろかなばかり……文官出身の総理ならまだしも、総理大臣、陸軍大臣、参謀総長、軍需大臣を兼任し、文字通りの陣頭指揮をとっておったこの東條首相に対して、敗戦の真相を打明けぬのみか、かえって虚偽の報告を行い、それに基いて作戦行動に出でしめるというのであっては、戦争に負けるのは自明の理だ。……国民を欺すのみかは、総理、参謀総長、陸相をもペテンにかけるというのでは、背信行為どこの沙汰ではなく、全くの亡国的行為であるといわざるを得ない」と内田は憤慨している〔⑥〕。

東條の宣誓口供書や証言台での言辞、あるいは重光や内田の述懐を目にすると、統帥権独立とその弊害について何ほどか知っていたつもりの筆者ではあったが、正直唖然とさせられる。東條自身が縷々《るる》述べているような政治・軍事制度の下では、東條はむろん、当時のいかなる政治家や軍人にも大宰相、大戦略家を期待するのは無理というものだろう。

■中野正剛事件

東條批判として「首相の器にあらず」というほか「独裁者」というのが定番であろう。『朝日』の記者団は、かつての報道を棚に上げて、東條に「希有《けう》の独裁者」「八千万国民の運命をあの無謀な真珠湾の一撃に賭けた大賭博師」など罵詈雑言《ばりぞうごん》を浴びせている〔⑦〕。それにしても「希有の独裁者」とはよく言ったものだ。いったいどこの世界に、戦争を開始、遂行するに当たって軍事作戦の立案や実施にわずかにしか関与できない独裁者がいようか。それに、独裁者たるもの権力を手放すのは、大方は死没する時ではないのか。反東條派の重臣、軍人、閣僚の倒閣運動に抗しきれず平和裡に桂冠するというのでは（後述）、東條が「希有の独裁者」と聞いて泉下《せんか》のヒトラー、ムッソリーニ、スターリン、毛沢東は鼻先で嗤っているに違いない。

また、東條は憲兵を使って敵対者を屠《ほふ》る陰険この上ない悪人として今日に至るまで批判を浴びている。その象徴としてよく挙げられるのが中野正剛《なかのせいごう》事件である。

東方同志会（旧東方会）総裁の衆議院議員中野正剛は、昭和一七年に大政翼賛会を脱退し、戦局の悪化を背景として同志の衆議院議員三田村武夫《みたむらたけお》とともに各地で東條批判の演説を行い、また重臣や松前重義らと連絡をとりつつ密かに倒閣に向けて動き始めた。そして翌昭和一八年一月一日、かつて記者として勤務していた『朝日』紙上に「戦時宰相論」を発表し、西郷隆盛、レーニン、第一次世界大戦のドイツを指導したヒンデンブルクとルーデンドルフ、あるいは蜀の宰相諸葛孔明《しょかつこうめい》の名を挙げて暗に東條の戦争指導の拙さを批判した。中野は言う。「戦時宰相たる第一の資格は、絶対に強きことにある。戦は闘争の最も激烈にして大規模なるものである。闘争において弱きは罪悪である。国は経済によりて滅びず、指導者が自信を喪失し、国民が帰趨《きすう》に迷うことによりて滅びるのである」「全軍の総指揮を握った刹那《せつな》、彼等（ヒンデンブルクとルーデンドルフ）は半可通《はんかつう》の専制政治に顛落《てんらく》した。……彼等は国民を信頼せずして、これを拘束せんとした」「彼（諸葛孔明）は虚名を求めず、英雄を気取らず、専ら君主の為に人材を推挽《すいばん》し、寧《むし》ろ己の盛名を厭《いと》うて、本質的に国家の全責任を担って居る。……彼は誠忠なるが故に謹慎であり、謹慎なるが故に廉潔である」〔⑧〕。

こうして議会内外における東條批判の急先鋒となった東方同志会だが、同年九月六日に三田村武夫が、次いで翌一〇月二一日に中野が検挙された。第八三臨時帝国議会の開院を二日後にひかえた二四日、東條は「中野一派の問題について政府の態度をはっきりさせたい」との考えから、内務大臣安藤紀三郎《あんどうきさぶろう》、法務大臣岩村道世、国務大臣大麻唯男《おおあさただお》、書記官長星野直樹、法制局長官森山鋭一《もりやまえいいち》、検事総長松坂広政《まつざかひろまさ》、内務省警保局長町村金五《まちむらきんご》、警視総監薄田美朝《すすきだよしとも》、東京憲兵隊長四方諒二《しかたりょうじ》他を招集し、中野に対する処置を検討することにした。東條は「私は総理として国政に巨歩を進め一億民心を中心として十億民衆の結束を企図しつつあり。……然《しか》し乍《なが》ら、足並みをみだすものは断乎処置することを必要とする。今迄は教え導くことを主としたるも今日はそれ丈《だけ》では駄目なり。敗戦の原因の一は国内の足並の乱れることなり。今回中野一派の行為は許すべかるざるものあり」として行政検束、もしくはそれ以上の処置を主張し、星野書記官長、安藤内相らがこれに賛意を示した。しかし、松坂検事総長が「議会中、議員の行政検束をやるのは憲法上精神的には間違って居ると思う……議会開催中、行政検束をやって反対党を抑える先例となる虞《おそれ》大なり。国家永遠の為困るならん。出来得れば合法的にやり度し」との異を唱え、議論は紛糾した。東條と松坂に次のようなやりとりがある。

東條　……平時には犯罪にならぬが、戦時には良く考えてくれ。私は現在の司法部のやりかたには不満あり。

松坂　私は国民に与える影響を恐れるものなり。

東條　其の点はかね合いのところだ。法を枉《ま》げろとはいわぬ。又必要上どうしても法律をかえろといえばかえるが、然し頭を切りかえてやって貰《もら》い度《た》いと思うのだ。

一二月二五日に東條、星野、大麻は「三田村は監視付釈放、中野は強制拘束を行うの見地で爾後処置を進めることに決定し、「起訴成立する見込」が立ったとして、検事から予審判事に資料を送った。しかし、予審判事から中野に対する強制処分の手続きを採ることは困難であるとの通告があり、翌二六日、東條は大麻、星野、岩村、町村、薄田を招致して両人の釈放を決し、その処置をとった〔⑨〕。ところが、中野は帰宅後、同日夜に割腹自殺を遂げたのである。今日に至るまでその理由は謎とされている。

終戦時陸軍大佐で戦史研究家の稲葉正夫は、中野正剛事件に関連して「一代議士中野正剛の検束にも、このように関係者の衆議をつくす配慮があった。この中に、憲兵政治などというものを感知できるであろうか」と述べている〔⑩〕。実際、右の二四日の閣内の論議に目を通しても、筆者には憲兵を駆使する独裁者東條のイメージは湧いてこない。閣議にも諮《はか》らず、秘密裡に、自分の思いのままに事を進めて行くのが独裁者というものではないか。軍国主義と同様、独裁者という言葉も安易に使われすぎている。それとも東條を批判するのであれば、何でもありとでもいうのだろうか。

■松前重義事件

中野正剛事件とともに東條の陰険な政治手法の代名詞ともされているのが、松前重義《まつまえしげよし》懲罰召集事件である。戦後に松前の記したところによれば、それは次のとおりである。

敗戦のほぼ一年前、昭和一九年七月一八日、丸の内の東京會舘で電波技術委員会が開かれ、通信院の工務局長だった松前は委員長の塩原時三郎《しおばらときさぶろう》通信院総裁を補佐すべく会議に出席していた。会議が半ば頃まで進行したときに、下僚の篠原登調査課長が悲壮な顔つきでやってきて、熊本市長を発信人とする一通の電報を松前に手渡した。二二日までに郷里の熊本第六師団工兵隊第二二部隊に入隊せよという召集命令だった。陸軍二等兵としてである。電報を読んで「一瞬、わが目を疑った」松前は、この突然の召集について次のように記している。「篠原君たちの努力のおかげで、私の召集事件の張本人が、東條英機首相であることがわかった。『東條の奴め、とうとう最後の切り札を切ったな』――わたしは憤るよりも、失笑を禁じえなかった。当時、日本の敗色はすでに濃厚で、四二歳の私と、同年配の中年層にも、召集令状の網が広がってはいた。だが、私の身分は通信院工務局長。天皇の勅許なしには召集できない勅任官であった。もちろん、召集の勅許があろうはずがない。それにもかかわらず、私が『勅許なき召集』を受けたのは、負け戦の責任を取るため、退陣を迫られた東條首相が、内閣打倒に奔走した私に対する報復として、『懲罰召集』をかけたことは、あまりに明白だった。なぜなら東條内閣は七月一八日に瓦解、私が入営した二十二日に小磯国昭内閣が成立したからだ。私のことを快く思っていなかった東條首相は、自分が退陣する前に何がなんでも、私を懲罰召集にかけて恨みをはらそうとした」のだという〔⑪〕。

楳本捨三《うめもとすてぞう》によると、召集業務を扱う陸軍省の兵務局長那須義男《なすよしお》少将が富永次官に呼び出され、「総理にジカに言われた」として松前を召集するよう申し渡されたという〔⑫〕。召集に東條の意志が働いていたことは間違いないだろう。批判することは簡単だ。しかし、時の首相が対米戦争の遂行に奮闘しているとき政府の一員たる勅任官にして倒閣運動に奔走している者がいるのなら、何らかの制裁を加えるのは当然であると筆者ならば思う。確かに懲罰召集は陰険な手段であり、批判されてもしかたはあるまい。しかし権力者がその権力を維持するため、敵対者にさまざま手段を講じるのは普通のことではないか。いったい刃向かう者に様々策を弄することのない権力者など存在するだろうか。また権力に刃向かう者もそれを承知で活動するのだろう。まさか松前は、内閣の転覆を謀り、それが露見してもなんら罪科《つみとが》を被ることはないと考えていたわけではあるまい。その覚悟を以て事に臨んだのだろう。たとえ松前が戦争を早期に終らさせなければならないという崇高な志を持っていたにしろ、懲罰召集とは言ってみれば権力闘争の結果である。ならば身の不運を莞爾《かんじ》として受け入れる以外にない。

幸い、南方に送られた松前は「同年配の中年層」とは異なって戦闘に臨むことはなかった。反東條派の南方軍総司令官寺内寿一《てらうちひさいち》元帥の了解を得、サイゴンの総司令部付きとして平服で軍務に就くことができたからである。また敗戦後は、東條に楯突いた硬骨の人物としての評価が定まり、懲罰召集があたかも勲章のようになった。社会党から立って衆議院議員にもなっている。しかし、敵とも仇とも思ったにせよ、戦勝国による裁判もどきで有罪と宣告され絞首台に送られた東條を、後になってあれこれ批判するのは、武道家としては、いささか惻隠《そくいん》の情に欠けるのではないか。松前召集問題に、ひたすら東條の「独裁」やいびつな精神を見ようとしたり、ひるがえって松前を「軍国主義」の犠牲者として祭り上げるのは偏《かたよ》った捉え方であると言わざるを得ない。

仮に陰険というのなら、東條以上だ、と筆者が考える人物が二人いる。一人は近衛文麿で、いま一人は敵の総帥フランクリン・ローズヴェルトである。

東條内閣打倒の動きが取りざたされるようになった昭和一九年四月、細川護貞《ほそかわもりさだ》の戦中日記に次のような件《くだり》がある〔⑬〕。ちなみに細川は旧熊本藩五四万石細川家の末裔《まつえい》で、近衛文麿の次女温子《あつこ》と結婚し、その関係で首相秘書官を務めた。温子との間になした男児に第七九代首相となった細川護熙《もりひろ》（任一九九三〜九四）がいる。面倒なことが起こると政権を投げ出す弱さ、堪性《こらえしょう》のなさは、この祖父と孫に相通ずる病弊のように見える。

> 今朝九時半、近衛公を荻外荘に訪問。……公は昨夜、東久邇宮殿下に拝謁し、自分としてはこのまま東條にやらせる方がよいと思うと申し上げた。夫れはもし替えて戦争がうまく行く様ならば当然替えるがよいが、もし万一替えても悪いということならば、せっかく東條がヒットラーと共に世界の憎まれ者になっているのだから、彼に全責任を負わしめる方がよいと思う。米国は我皇室に対し奉り如何なる態度をとるか不明なるも、伊藤君もいう通り、個人の責任即ち陛下の責任を云々するかも知れぬが、皇室というが如き観念は彼等には少いし、加うるに東條に全責任を押しつければ幾分なりともその方を緩和することが出来るかも知れない。それが途中で二三人交替すれば誰が責任者であるかがはっきりしないことになる。

皇室を守護するという口実はあるにしろ、何と底意地の悪い言いぐさであろう。この陰湿さは長袖者流《ちょうしゅうしゃりゅう》の属性なのか、あるいは近衛本然の性格なのか。

いっそう質《たち》が悪いのはローズヴェルトである。夫人エレノアのスキャンダルを隠蔽するため、職務に忠実だった兵士を戦場に送っているからである。

ローズヴェルトは一九三九年六月、大統領令によってスパイ、破壊活動を防止するための権限をＦＢＩ（アメリカ連邦捜査局）と陸海軍の情報部に与えた。この権限に基づき防諜活動に携わっていた陸軍情報部（Ｇ２）が、一九四三年五月五日から七日にかけ、アメリカ共産党の下部組織と見られていた全米青年会議（American Youth Congress）のメンバーであるジョゼフ・ラッシュとエレノア——親子ほどに年の違う二人がシカゴのアーバン・リンカン・ホテルで密会する事実を摑み、ホテルの部屋に盗聴器を仕掛けた。チェックアウトの際、ホテルの責任者から部屋に盗聴器が仕掛けられていたことを告げられたエレノアは、ワシントンに戻るとハリー・ホプキンスに調査を命じた。ローズヴェルトは陸軍が許可なく盗聴したことに激怒し、しかもその内容が自分の妻とラッシュの情事であることを知り（ラッシュ自身は生涯そうした関係を否定していたという）、盗聴作戦の責任者ストロング将軍にすべての記録と関係書類を持ってホワイトハウスに出頭させて厳しく追及するとともに、防諜部隊を解散すること、および「この事実を知る者はすべて直ちにその任務から外し、ジャップと戦わせるため南太平洋に送り、戦死するまで戻すな」と命じたという。ラッシュは当時、陸軍航空部隊天候予測班に配属されていたが、南太平洋の激戦地に転属させられた。無事に帰還はしたが〔⑭〕。

■戦陣訓

「戦陣訓」もまた東條の〝悪名〟の一つである。

昭和一六年一月に陸軍大臣東條英機の名において陸軍軍人に訓令された「戦陣訓」は、うかつなことに実際に手にして見るまで、「軍人勅諭」とか、よく額縁などに入れて掲示してある「社訓」「校訓」のような、ほんの数カ条ぐらいの文章だと勝手に想像していたのだが違った。序・本訓（其の一〜三）・結《むすび》からなる全文三二頁の手帳大（縦13センチ、横88センチ）の小冊子だった。将兵はおろか非戦闘員にまで自決や玉砕を強制した理不尽で非人間的な日本陸軍を象徴するものとして、よく槍玉《やりだま》に挙げられる「生きて虜囚《りょしゅう》の辱《はずかしめ》を受けず、死して罪過の汚名を残すこと勿《なか》れ」は本訓・其の二・第八「名を惜しむ」の項の後段にある訓戒である。

しかし、「戦陣訓」は「名を惜しむ」がすべてでも、中心でもない。とりわけ注目したいのは、信夫淳平が指摘するように、国際法における陸戦の法規慣例に合致した訓戒が盛られていることである〔⑮〕。たとえば「軍は天皇統帥の下、神武の精神を体現し、以て皇国の威徳を顕揚《けんよう》し皇運の扶翼《ふよく》に任ず。……苟《いやしく》も皇軍に抗する敵あらば、烈々たる武威を振い断乎之を撃砕すべし。仮令《たとえ》峻厳の威克《よ》く敵を屈服せしむとも、服する敵は撃たず従うは慈《いつく》しむの徳に欠くるあらば、未だ以て全《まった》しとは言い難し」（本訓・其の一・第二「皇軍」）、また「敵産、敵資の保護に留意するを要す。徴発、押収、物資の燼滅《じんめつ》等は總べて規定に従い、必ず指揮官の命に依るべし」「皇軍の本義に鑑み、仁恕の心能《よ》く無辜《むこ》の住民を愛護すべし」「軍法の峻厳なるは特に軍人の栄誉を保持し、皇軍の威信を完《まっと》うせんがためなり（本訓・其の三・第一「戦陣の戒め」）、さらに「陣中の徳義は戦力の因なり。……『立つ鳥跡を濁さず』と言えり。雄々しく床しき皇軍の名を、異郷辺土にも永く伝えられたきものなり」「常に大国民たるの襟度《きんど》を持し、正を践《ふ》み義を貫きて皇国の威風を世界に宣揚すべし。国際の儀礼亦軽《またかろ》んずべからず」（本訓・其の三・第二「戦陣の嗜《たしなみ》み」）との語が見える。

戦陣においては捕虜となるべからず——ちなみに陸軍刑法にも海軍刑法にもこうした規定はない——

との訓戒の嚆矢《こうし》は、日清戦争における第一軍司令官山県有朋中将の檄文といわれる。興味深いのは、その理由として敵国の残忍性を挙げていることである。また戦時国際法の遵守や敵および敵国民への寛容を訴えており、その点において檄文と「戦陣訓」は符合している。主要な箇所を紹介してみよう〔⑯〕。檄文が発せられたのは明治二七（一八九四）年九月一三日（あるいは一四日）、朝鮮の京城においてである。

> 終りに於て、尚一言す。我が敵とする所の者は、独り敵軍とす。其他の人民に在りては我が軍隊を妨害し、若くは害を加えんとする者の外は、我の敵視するの限にあらず。軍人と雖《いえど》も降るものは殺すべからず、然れども其の詐術に罹《かか》る勿《なか》れ。且つ敵国は古より極めて残忍の性を有せり、戦闘に際し若し誤て其の生擒《いけどり》に遇《あ》わば必ず酷虐《こくぎやく》にして死に優るの苦痛を受け、遂には野蛮惨毒の所為《しょい》を以て、其身命を戕賊《しょうぞく》せらるは必然なり。故に万一如何なる非常の難戦に係はる、決して敵の生擒《いけどり》となる可からず。寧ろ潔よく一死を遂げ、以て日本男児の気象を示し、以て日本男児の名誉を全うすべし。

中国兵の残忍性は昭和の時代にも見られた。たとえば済南事件（昭和三年五月三日）や通州事件（昭和一二年七月二八日）における中国兵の邦人に対する残虐行為〔⑰〕は、山県の警告が徒《あだ》や疎《おろそ》かでなかったことがわかる。

「戦陣訓」が発表されてから新聞には啓蒙記事が掲載されたり、また解説本が数多く出版されている。筆者が手にしたのは東京日日新聞社発行の『解説戦陣訓』で、奥付を見ると昭和一六年三月一〇日初版発行、同年四月一七日一一版発行となっており、よく売れているのが分かる。解説者は軍人では今村均中将、岡村寧次中将、谷寿夫中将、田中隆吉少将ほか六名、軍人以外では東京帝大名誉教授の哲学者井上哲次郎、文藝春秋社社長の小説家菊池寛が名を連ねている。同書出版の意義を、東京日日新聞社の主幹高田元三郎は序文で次のように述べている。

「戦陣訓」の大文章は、帝国軍人の守るべき大則《たいそく》を明示したものであるのみならず、一般国民にとっても、行くべき大道《だいどう》を示した「国民訓」であると思います。

この見地から、さきに私共の新聞に「戦陣訓説話」と題し、続きものとして連載されたのでありますが、あの烈々《れつれつ》の文字も、十回をもって一応落着しました。しかし、私共としましては、到底あれでは不十分である。何とか別の方法を講じて、もっとこの大文字及びそれに盛られたところの精神を国民一般にひろめたいと考えまして、戦陣訓編纂に関係を持たれた方々や、今事変に出征され、躬《み》を以て戦陣訓を体得された将星の方々にお集まり願って、戦陣訓の各條章について平易な解説を願いました。これを整理編輯して、本書の刊行となった次第であります。

どうぞ、私共の微意《びい》のある所を汲《く》まれて、一人でも多くの人々が「戦陣訓」を日常の座右銘とし、本書に盛られた戦陣訓の精神を、日常生活の上に活用され、時艱《じかん》克服の大則とされんことを切望いたします。

高田は「戦陣訓」は同時に「国民訓」であり、座右銘としてその精神を日常生活に活用すべきであると言っている。仮に「戦陣訓」が将兵および非戦闘員にまで自決や玉砕を強いたというのならば、東京日日新聞社と大阪毎日新聞社は、ずいぶんと罪作りなことをしたものである。

このように国民に広く知られるようになった「戦陣訓」だが、なんと、「戦陣訓」を「読んだこともなければ、読まされた記憶もなければ、講義されたこともない。第一、一度も手にしたことがないから、一体全体どんな本なのか、その外観すらも知らない」という軍隊、戦争体験者もいる。第一〇三師団歩兵本部付少尉としてルソン島で終戦を迎えた山本七平である。旧日本兵横井庄一が昭和四七（一九七二）

年一月にグアム島のジャングルで発見され、二月二日、満五七歳にして故国に帰還するという衝撃的な事件が起こった。その折り、取材に来た記者の多くがこれを戦陣訓と結びつけ、山本が「二十七年間のジャングル生活を『戦陣訓』が規制しつづけたなどということはありえない」と言っても、「本当ですか」「考えられませんね」「それこそありえないと思いますね」を連発するだけだったという〔⑱〕。

では、「戦陣訓」ではなく何が「一兵士に至るまでを拘束」したというのであろうか。

山本は、昭和七年の上海事変に関わる空閑《くが》昇《のぼる》少佐自決事件に注目する。――『朝日』四月二日の朝刊は、上海特派員発として「江鎮湾激戦の勇者／空閑少佐自殺す／重傷捕われしを恥じ／送還後戦跡を弔《とむら》って」の見出しを掲げ次のように伝えている。「二月二十二日江鎮湾の激戦において戦死を報ぜられた空閑少佐は敵弾のため重傷を負い人事不省となり支那軍に捕われの身となって南京に送られ治療中であったが、三月十六日上海に送還されて来た。然るに少佐はこれを恥辱となし、二十八日午後二時十五分江鎮湾西北の、少佐が苦戦した戦場に至りピストルをもつて見事な自殺を遂げた。軍部では武人の亀鑑としてその死を非常に悼む……」。

敵の捕虜とはなったが、夜中の戦闘で、しかも人事不省の重傷を負ってのことであり軍法に照らして何の問題もなかったにもかかわらず、空閑少佐は自殺した。山本は空閑の自殺を、自殺ではなく、「何らかの圧迫、たとえそれが無言の圧迫でも、何かによって」自殺させられたと見る〔⑲〕。そしてこの山本の推測を裏書きするような少佐の父正尚の談話が「面目が立つ／遺族雄々しくも語る」との見出しで同日の紙面に掲載されている。

帰還した戦傷者から二十一日の激戦の折、退却のやむなき場合は切腹するといって死守していたとのことを聞き、今更行方不明でよもや恥ずべきことを仕出かしはしなかったであろうと幾分安堵して居りましたが、唯今捕りよになっていたと聞き、なぜその場で自殺しなかったかと残念に思います。しかし一家の長らくの苦しみもそれで消えて安心出来ます。

この言葉から、空閑少佐を自殺に至らしめ、また家族を苦しめる「何らかの圧迫」「無言の圧迫」がかかっていたことが感得できよう。すでに「戦陣訓」が訓令されるかなり前から「生きて虜囚の辱めを受けず」という〃空気〃が醸成されていたのである。そして、その〃空気〃はいわゆる軍国主義とか軍部独裁といわれるものの所産ではなく、おそらくわれわれ日本人の意識や社会に深く根ざした何かなのであろう。そして空閑少佐の自殺はその生きた教材となった。前記『解説戦陣訓』で、「名を惜しむ」の項担当の岡村寧次中将は「上海事変において、空閑昇少佐が奮戦の想出深き地点で壮烈な自殺を遂げたことは、今尚、世人の記憶に存するところであります。……この項については、多くを語るを要しますまい。将兵の凡てが、空閑少佐の心意気を持って、戦陣に臨むならば『名を惜しむ』の項を冒瀆するようなことは起こらぬでありましょう」と述べている。

第11章　以て瞑すべし

■責任は独り東條が負うべきなのか

実を言えば、筆者は東條は首相の器ではないし、戦略家のそれでもないと思っている。東條の本領は、第一連隊長や久留米の旅団長時代のエピソード、さらには満洲での察哈爾《チャハル》兵団の指揮を想起すると、野戦軍の司令官ではなかったか、それも優れた。にもかかわらず、果断な行動力と陸軍部内の統制力を買われ背中を押されるようにして首相の座に上ることになった。東條は首相の器でないのかもしれないが、では首相としてはまったく無能だったのだろうか。二年と九カ月その座にあって、国内の秩序を維持して自壊させることなく戦争を指導し、またアジア諸民族の解放を掲げてビルマとフィリピンの独立を認め、大東亜会議を開催した（後述）。少なくとも昭和歴代の首相と比較すればむしろ優れた首相だったのではないか——との意見を披瀝すれば、直ぐさま、太平洋戦争を始めた張本人ではないかという反論が出てこよう。

この反論に対する反論は、何度でも言いたいのだが、大東亜戦争勃発の責任を独り東條に負わせるのは事実を踏まえた議論ではなく、したがってまた公正な議論でもないということである。だいいち対米英開戦は合法、正当な手続きに則《のつと》って決定されたのであって、東條が、あるいは「一握りの軍国主義者」が独断専行したわけではない。それどころか大東亜戦争は、『朝日』の言葉を借りれば「一億打って一丸とする」戦いだった。帝国議会が、盧溝橋事件勃発からこの方、歴代政府の戦費支出の要請に対しどのような対応をとったか、あるいはどのような政府鞭撻《べんたつ》決議を採択したか、また同じ時期に新聞は対外政策をいかに論じ、政府や国民をどのように叱咤したかを想起してもらいたい。しかも、東條は欣喜雀躍《きんきじやくやく》して対米戦争に突入したものでないこと、自存自衛——大陸での戦争遂行はもとより国民の生活に大きな障害となる米英蘭の政治的鉄鎖、経済的軛《くびき》から自らを解放するために止むを得ず戦いの道を選んだことは、これまで見てきたとおりである。

　その東條と比較して、同じ軍人でも山本五十六の評価が極めて高いことは、いまさら言う必要もない周知の事実である。理由は、アメリカとの戦いを最後まで反対したからのようだ。しかし彼の対米非戦論は何ほどのものか、筆者には疑問である。アメリカが敵として尋常ならざる相手であること、それ故でき得る限りアメリカとの戦争を避けるべしとするのは政軍指導層の多くに見られた認識であって山本の専売特許ではない。

　アメリカとの決戦を回避する道があったこともまた確かなことである。考えようによっては、それはごく簡単なことで、たとえばハル・ノートを受諾すれば済むことである。しかし、ハル・ノートを受け入れるにともなって新たに様々解決すべき問題が立ち現れてくるだろう。繰り返すが、第一に、日本軍が満洲や中国本土から撤退するようなことになれば、東條が、また東郷が指摘したように日本が日清・日露の戦いに勝利して以降大陸において獲得した権益をすべて手放さなければならない可能性が出てくる。第二に、権益の獲得にともなって数多の日本人が大陸にわたり営々として築いてきた経済的地歩および財産が一挙無に帰するおそれがあり、大陸からの引き揚げ者に対してどのような保証をするかという問題が生起する。第三は、仮にそうしたことが現実となった場合、日清・日露戦争以来アジアで唯一光輝ある道を歩み続けて来た日本の矜持《きょうじ》が失われて人心に大きなトラウマをもたらす可能性があり、その手当をどのようにするか。さらに第四、以上の三点にも深く関わることだが、天皇が深く憂慮されていた、軍部を中心とする強硬派による争乱の可能性をどのようにして未然に防ぐかという問題もある。東京裁判の宣誓口供書において、東條が「当時の情勢では、もし和と決する場合には相当の国内的混乱を生ずる恐れが」あるとして内務大臣を兼任することにしたと証言したことはすでに紹介した。加えて第五として、次のようなことも忘れてはならない。つまり、米英がヨーロッパの戦いに勝利した暁《あかつき》、両軍が総力を挙げて日本潰しにかかるかもしれず、そうした事態に対する軍事・外交両面の備えをどうするかということである。

山本にしろ、数多の対米非戦論者にしろ、以上の点を考慮してなおアメリカの要求を呑んで、戦争を避けるべきであると主張し行動したのであろうか。否である。三国同盟が成立した頃、山本は近衛首相と会見したことがあったが、その折り、近衛が日米戦争の帰趨について質《ただ》した際に「それは是非やれといわれれば初め半歳か一年の間は随分暴れて御覧に入れる。然しながら二年三年となれば全く確信は持てぬ。三国条約ができたのは致方ないが、かくなりし上は日米戦争を回避するよう極力御努力を願いたい」と答えている〔①〕。

もしアメリカと戦って勝利が覚束ないというのなら、ここは一旦鉾《ほこ》を収め捲土重来《けんどちょうらい》を期すべきであると、それこそ連合艦隊司令長官の職を賭してでも対米非戦論を押し通すべきではなかったのか。しかし実際に山本が職を賭して海軍中央部に迫ったのは真珠湾攻撃であった。対米非戦論で評価の高い山本が、そのために何か実《み》のある行動をとったのであろうか、筆者は寡聞《かぶん》にして知らない。仲間内で非戦だなんだとおだを挙げたところで、なんの意味もない。また対米戦争を覚悟したとしてアメリカとの長期戦を勝ち抜くためには陸海の協働が必須であろう。しかし、山本はそのために何をしたか。陸海一致による大戦略の立案を職を賭して東條や嶋田や永野や杉山に迫ったか、はたまた自ら強硬に主張した真珠湾奇襲作戦について事前に東條や陸軍首脳と意見の交換をしたか、またそうするように働きかけたことがあったのか。この点についても筆者は寡聞にして知らない。

アメリカとの戦争にあくまで非を唱えながら真珠湾に赴かなければならなかった山本五十六の悲劇

が、映画やドラマを含め世間一般によく語られている。しかし、それは東條が背負った悲劇と比較すればまだ小さいものだろう。日米に戦端が開かれれば確かに主役を務めることになるとはいえ、一軍司令官の苦衷と政策決定の中枢にいる首相のそれは同日の談ではない。昭和一六年一〇月半ば近衛から政権を受け継いだとき、すでに日米の対立は抜き差しならないものとなっていた。その責任の一半が陸相としての東條にあることを否定するつもりはないが、首相就任とその政策によって日米関係が崖っぷちに押しやられたわけではない。それどころか承詔必謹の東條は、天皇の意を体して日米開戦に関わる九月六日の御前会議決定を一旦白紙に戻し、対米交渉を継続した。しかし、ローズヴェルト政権の頑《かたくな》な姿勢と時間稼ぎの交渉遷延策に、東條内閣はそれこそ清水の舞台から飛び降りる決意を以て起つことを余儀なくされたのである。しかも東條は首相兼陸相でありながら、軍の統帥に容喙《ようかい》できず、前述したように海軍からは戦況の詳報を受け取ることすらできなかった。

■大東亜会議

東條のやることは、何でも彼《か》でも悪行のようだ。大東亜会議の主宰も占領地域の軍政強化とか植民地支配強化のためということで批判されるのだろうか。

昭和一八（一九四三）年一一月に東京で開かれた大東亜会議の事実上のプランナーは外務次官・駐ソ大使・駐英大使・駐華大使を歴任し、昭和一八年四月に東條内閣の外相に就任することになる重光葵《しげみつまもる》である。

その重光がまず着手したのは対華政策の変更だった。重光は在中華民国（汪兆銘政権）の大使として昭和一七年一月に南京に着任した。「戦勝の報道によって、日本の権威は最高潮に達した時であって、経済状況も順調であった。日本と支那との交通は保たれ、物資の輸出入も自由であって、連銀券《れんぎんけん》も儲備券《ちょびけん》も日本貨幣と容易に交換せられ、取引も便利であった」頃で、重光は、このように日本と中華民国との関係が順調の時こそ、念願の対華政策実現の機会であると考えて度々帰国しては要路を説いて回ったという。

では念願の政策とは何か。「政治上、経済上、の支那における指導を支那人に譲り、日本は一切支那の内政に干渉せず、而して支那人の要望する自主的立て直し実現に援助を与える、ということで、換言すれば、支那を完全なる独立国として取扱わんとするにあった。日本と支那との不平等な条約関係を一切廃止して、完全な平等関係において、対等の同盟関係を樹立し、自発的に政治上、経済上相互に援助するということにしよう。而して、戦争の進行に連れ、必要がなくなるときは、日本は完全に支那から撤兵して、一切の利権は支那に返還しよう」というものであった。この重光の抱懐する対華新政策を天皇は全面的に「嘉納」され、東條も「陛下の御思召《おぼしめし》を体して漸次これを実行に移さんと決意するに至り、陸軍部内を取纏《とりまと》めるのに力を尽した」〔②〕。その結果、昭和一八年一月に重光は汪兆銘との間に「戦争遂行に付ての協力に関する日華共同宣言」「租界還付及治外法権撤廃等に関する日本国中華民国間協定」を結び〔③〕、遅ればせながらも東條内閣は対華政策の変更に踏み出したのである。

この間、大東亜地域内の諸外国・諸地域の政務執行を担当する目的で、外務省とは別個の機関として大東亜省の設置が構想され（昭和一七年一一月設立）、その実現に邁進する東條と対立した東郷外相が辞任し、代わって谷正之《たにまさゆき》が後継外相となった。重光は大東亜省の新設には反対で、対華新政策も実現が望み薄となったと辞職を決意したが、新政策を実行するために大東亜省を創設したとの東條の説得で職に留まった。それだけでない。翌一八年四月、東條に乞われ谷に代わって外相に就任することになったのである。そして新外相として最大の抱負が対華新政策を大東亜全域に及ぼすことであり、またこれに関し議会を通じて国民的諒解を得るため、それまであまり説かれなかった日本の戦争目的を高調することになったという。議会における演説や答弁は重光自身の要約によれば、その意とするところは次のとおりである〔④〕。

大戦争を戦う日本には、戦う目的について堂々たる主張がなければならぬ。自存自衛のために戦うというのは、戦う気分の問題で主張の問題ではない。東亜の解放、アジア復興が即ち日本の主張であり、戦争目的である。公明正大なる戦争目的が、国民によって明瞭に意識せられることによって、戦争は初めて有意義となり、戦意は高揚する。またもし、戦争の目的さえ達成されるならば、何時にても平和恢復の用意があるわけであるから、戦争目的の高調及び限定は、平和恢復の基礎工作となるわけである。かつ、かような戦争に乗り出した以上、中途半端で如何することも出来ぬ。犠牲に犠牲を生んで行くことは止むを得ぬ。ただ、人としても、国家としても、自ら至善なる本体を見出すことは、大なる力であってかつ神聖なる仕事である。これによってこそ、たとえ戦争の結果は如何であっても、国として人として将来が立派に見出されるのである。その神聖なる仕事は、如何なる場合でも決して遅過ぎることはない。

対華新政策とその大東亜への拡大を発企《ほつき》したのが重光であるにしろ、首相にして陸相たる東條の賛同と決断がなければ実現は不可能だった。その間の経緯を重光は「対支新政策が東亜各国の独立に及び、遂に大東亜宣言に至った。此の大政策は記者（重光）が入閣の際東條総理に意見書を提出し、打ち合わせをすまして置いたもので、其れが東條首相の手により軍部を通じて次ぎ次ぎと出て来て、茲に遂に大東亜会議となり、大東亜宣言となったのであるが、其の手際は実に見事なものであった。連絡会議等に於て記者の意見を有力に支持して之を実行したのは、東條其人であった。賀屋蔵相や青木東亜相は終始無理解にして反対的態度、鈴木企画院総裁、星野翰長は半解して追随、海軍は大臣局長共了解せずして、横槍を入れる位の点なるも、終には承服す。総理の外は陸海統帥部に理解を発見せしことあり、最も狭量なる見解を有するは大蔵系官僚政治家にして、之は不思議なることなり」と記している〔⑤〕。東條については次のようにも語っている。「東條首相が、何処まで徹底して、新政策の意味を体得していたかは疑問であるが、彼が新政策の実行を指導したのは、主としてこれが天皇の意思に副《そ》うものと思ったからである、と共に、彼の新政策に対する理解は、軍の首脳部及び軍人政治家として現れた人々の他の何人に比較しても、最も深いものであって、彼が少なくとも戦争目的を公明正大なところに置こう、と努力したことは、大東亜会議その他の場合における彼の言動に見て、明らかである」〔⑥〕。

東條は重光の構想になる新政策を推進したが、それは何も承詔必謹だけが理由ではなかったように思われる。アジア諸民族の解放は東條自らが祈念するところであった。日本軍がシンガポールを制圧した翌日、昭和一七年二月一六日の議会演説で早くもインド・東南アジアの解放に言及している。「帝国は欣然《きんぜん》として『ビルマ』民衆の多年に亙る宿望、即ち『ビルマ』人の『ビルマ』建設に対し、積極的協力を与えんとするものであります」「数千年の歴史と光輝ある文化の伝統を有する『インド』も亦、今や英国の暴虐なる圧制下より脱出し、大東亜共栄圏建設に参加すべき絶好の秋《とき》であります。帝国は『インド』が『インド』人の『インド』として、本来の地位を恢復すべきことを期待し、其の愛国的努力に対しましては、敢て援助を惜しまざるものであります」「『インドネシア』民族にして、我が真意を了解し、大東亜再建に協力来たるに於きましては、其の希望と伝統とを尊重し、同民族を米英の傀儡たる『オランダ』亡命政府の圧制下より解放して、其の地域を『インドネシア』人の安住の地たらしめんとするものなり」〔⑦〕。

昭和一八（一九四三）年一一月五日、大東亜会議が開かれる永田町の国会議事堂に参集した各国の主席代表は東條のほか中華民国の汪兆銘《おうちょうめい》行政院長、満洲国の張景恵《ちょうけいけい》首相、タイのワン・ワイタヤコーン殿下、八月一日に日本軍による軍政廃止にともなって独立を宣言したビルマのバー・モウ首相、同じく一〇月一四日に独立を宣言したフィリピンのホセ・P・ラウレル大統領、および一〇月二一日シンガポールで自由インド仮政府を樹立したチャンドラ・ボースである（マレー・スマトラ・ジャワ・セレベスは日本領土とされていたためインドネシアを代表すべきスカルノは招請されなかった）。

会議開催に向けフィリピン、ビルマ、タイを歴訪するなど東條の熱意が通じたのであろうが、それにしても前年六月にミッドウェー海戦で大敗を喫し、当年二月にガダルカナル島撤退、四月山本五十六連合艦隊司令長官戦死、五月にはアリューシャン列島西端アッツの日本軍が玉砕し、七月には同じくキスカから日本軍は撤退するという敗色濃厚となってきた時期であるのにもかかわらず、とりわけ東南アジアの代表が東條内閣の招請に応じたのは不思議な気がする。この筆者の疑問に関わって、作家の深田祐介が興味深いエピソードを記している。ラウレル大統領の次男で秘書官として大東亜会議に随行したホセ・S・ラウレルⅢ世――日本の陸軍士官学校を卒業し少尉として前橋の歩兵連隊勤務の経験を持ち、戦後は駐日大使にもなった――に、深田が「一九三四年に米国の議会でタイディングズ・マクダフィ法が承認され、一九四六年にはフィリピンを独立させる、と約束したわけでしょう。戦時中のああいった状況下で、フィリピンが、敢えて独立に踏みきる必要があったのでしょうか」と尋ねると、ラウレルⅢ世は「深田さんは、植民地に生きる人間の心理がわかっていない」と言い、「米国だって、一九四六年になれば、どう態度を変えるかわかったものではない。植民地の人間は、宗主国に対し、深い不信感を持っているんです。だから、どんな機会でも捉えて、独立の夢をかなえなくちゃいけない。たとえ東條首相の勧めだろうと、戦局の前提がおもわしくなかろうと、チャンスはチャンスなんです」と答えたという〔⑧〕。彼らを日本の傀儡であると貶めるのは、何か為《ため》にす議論だろう。

一一月六日、会議は「大東亜共同宣言」を採択して幕を閉じた。

共同宣言は、まず前文において「米英は自国の繁栄の為には他国家他民族を抑圧し、特に大東亜に対して飽くなき侵略搾取を行い、大東亜隷属化の野望を逞《たくまし》うし」たことが「大東亜戦争の原因」であるとし、「大東亜各国は相提携して大東亜戦争を完遂し、大東亜を米英の桎梏《しっこく》より解放して其の自存自衛を全《まっと》う」することを主張、次いで大東亜各国が(1)道義に基づく共存共栄の秩序建設、(2)自主独立の尊重と和親の確立、(3)各民族の創造性の伸張と文化の昂揚、(4)経済的発展による安定、(5)人種差別の撤廃と資源の解放――という方針に基づき、大東亜の建設と世界平和の確立に寄与すべきことを謳っている〔⑨〕。

バー・モウは、戦後『ビルマの夜明け』を著し、大東亜会議を「アジアは初めてアジア人にとって現実と光明になり、アジア人初めて自らの手で未来を追求し、計画をたてるため集まり、ひとつの声で語り、単なる民族としてではなく、地域として二元的性格を明示し、同時にまた初めてアジア人の意識、精神、誇りが現実世界の勢力として登場したのである。これら出来事のひとつひとつはユニークで、全体としてアジアにおける進化の新時代を記録した」と総括している〔⑩〕。そして当然と言うべきか、その主宰者たる東條についてもバー・モウの評価は高い。「東條首相について、ひとこと最後に話すべきことは、彼がチャンドラ・ボースや私に、すばらしい印象を与えただけでなく、彼に会ったすべての東南アジアの指導者たちにも、深い印象を与えたということである。彼は、ほんもののアジア人としての感受性を持ち、自分の国やその国民のことしか考えられない軍国主義者たちを無視した行動をとるほどに、他のアジアの国々の問題を理解していたのである。東條首相は彼自身、軍国主義者であったが、最終的に軍国主義者が彼に反抗したことでわかるように、彼は必要なときにはとても非軍国主義者になれる人間だった」〔⑪〕。

もっとも、日本による占領地の軍政が理想的に行われたなどと言うつもりはない。その意図や実際の遂行について批判されるべきことが多いのは確かである。

フィリピンのラウレル大統領などは、東條が基調演説で「関係深き諸国家が互に相扶けて各自の国礎を養い、共存共栄の紐帯《ちゅうたい》を結成すると共に、他の地域の諸国家との間に共和偕楽《かいらく》の関係を設定することは、世界平和確立の最も有効にして、且実際的方途であると申さなければならない」と力説したのを逆手にとって、自らの基調演説において「共栄圏確立は、日本帝国の利益の為でなく、亦其の他の特定国の為の共栄圏確立ではなく、東亜共栄圏の根本理念は、各構成国家の自由自主を認め、其の土台に共に栄える圏を作り上げるのであります」「共存に付きましては……日本が独り栄え、日本は独り生存致しますとも、東洋諸民族が滅び苦しむ場合は、日本は喜ばれないと思うのであります。日本が栄え、同時に東洋民族も共存共栄する、是が日本の大東亜共栄圏の根本理念であると私は確信するのであります」と釘を刺している。大東亜会議後の個別会談でも、ラウレルは日本が提案していた二二〇名に上る顧問・専門家派遣について「農業、工業、財政経済の専門部面に付いては、是非共、日本の専門家を要すべきも、政治部面に於ては余は自信あり、日本顧問の指導の要無しと考う。斯くの如き大組織を擁する秋《とき》は、フィリピン政府が恰も傀儡政府となりとの悪印象を与うべしとの危惧を有す」との苦情を申し入れている。苦情と言えば、情熱的な基調演説を行ったビルマのバー・モウ首相も、同じく会議後の東條との会談で「閣下の御耳に入れたきこと」として、ビルマ政府に事前の連絡なく幹線道路の交通を禁止したり、事前の連絡なく農民を徴集したために米の生産が落ち込んだり、またこれも事前の連絡なく国務大臣を含むビルマ人の多くを政治犯として検束するなどビルマ駐留の日本軍当局の行状について苦言を呈した〔⑫〕。

それでもなお、筆者は以下のような言葉を信じたい。――バー・モウ政権の外相で戦後イギリスからの独立に際し初代首相に就任することになるウ・ヌーは、八月一日（一九四三年）の独立式典において熱情を以て演説し、歴史における日本の役割を強調して次のように語った。「歴史は、高い理想主義と目的の高潔さに動かされたある国が、抑圧された民衆の解放と福祉のためのみに生命と財産を犠牲にした例を、ひとつくらい見るべきだ。そして日本は人類の歴史上、初めてこの歴史的役割を果たすべく運命づけられているかにみえる」と〔⑬〕。

今日に至るまで故国同胞に容れられることの極めて少ない東條だが、バー・モウとウ・ヌーの言葉にあの世で莞爾として笑みを浮かべているのではないか。それにひきかえ、この世では東條が「抑圧された民衆の解放」のために起つわけはないと、それこそ口角泡を飛ばして反論がなされるに違いない。筆者は、しかし、東條が崇高な使命感に殉じようとしていたことを信ずる者である。また、憤怒と絶望と望郷の想いに充ち満ちて海に山に屍《しかばね》を晒さなければならなかった幾千幾万もの名もない兵士の心の一隅に高潔な火が灯っていたことに思いを馳せる者である。そして彼らが灯した火が何ほどか実現したと、その死は決して無駄ではなかったと泉下の彼らに向かって叫びたい衝動に駆られる。

■東條桂冠

大東亜会議閉幕から一カ月後の一一月二七日、ローズヴェルト、チャーチル、蔣介石がエジプトのカイロに会商し、第一次大戦開始以後日本が太平洋地域において「奪取・占領」した太平洋における島嶼を剥奪すること、日本が「盗取」した満洲・台湾・澎湖諸島を中華民国に返還すること、朝鮮に自由と独立を与えること――を骨子とする宣言を公表した。昭和一九年に入って、三月に日本軍のインパール作戦が開始され（七月に作戦中止）、六月にはマリアナ沖海戦で惨敗し、七月九日にはサイパン島が陥落した。そしてアメリカは、このサイパンを基地としてB29爆撃機による日本本土空襲を実施することになる。

日本国内では、サイパン陥落を契機として近衛文麿・米内光政・若槻礼次郎・岡田啓介など重臣を中心とする早期講和派による内閣打倒の動きが一気に加速、内大臣木戸幸一もこれに与《くみ》するに至って、遂に七月一八日に東條内閣は倒れ、二二日に後継内閣として小磯国昭首相と米内光政海相による連立内閣が成立した。そして翌昭和二〇年四月、小磯・米内連立内閣に代わって鈴木貫太郎《すずきかんたろう》終戦内閣が登場する。

早期に講和を実現し被害をできるだけ少なくするということを願いとしているのであれば、重臣たちが東條を追い落とすためにどんな策を弄したにしろ、それによって彼らの名誉が傷つくことにはならない。しかし、東條を首相の座から引きずり降ろした勢力も直ぐに戦争を終わらせることはできなかった。昭和二〇年八月、アメリカによる広島と長崎への原爆投下とソ連の対日参戦を招いたあげく、天皇と鈴木首相の巧みな連繋による「聖断」に縋《すが》る形で、ようやく終戦にこぎつけたのである。東條の挂冠から一年余のことである。東條内閣が愚かで無能なら、東條を権力の座から追った勢力も愚かで無能ということにならないか。

二年九カ月もの間首相の座にあった東條を、天皇はどのように観ていたのであろうか。

平成二年一二月号の『文藝春秋』に、前記の「昭和天皇独白録」が発表されて大きな反響を呼んだ。

理由の一つは、東條を評価する言葉があったからであろう〔⑭〕。

「克く陸軍部内の人心を把握したのでこの男ならば、組閣の際に、条件をさえ付けて置けば、陸軍を抑えて順調に事を運んで行くだろうと思った。それで東條に組閣の大命を下すに当り、憲法を遵守すべき事、陸海軍は協力を一層密にする事及時局は極めて重大なる事態に直面せるものと思うという事を付け加えた。……東條は私の気持ちを汲んで組閣した、そして来栖を華府《わしんとん》の野村大使の許《もと》に送った。

「元来東條という人物は、話せばよく判る、それが圧制家の様に評判が立ったのは、本人が余りに多くの職をかけ持ち、忙しすぎる為に、本人の気持ちが下に伝わらなったことと又憲兵を余りに使い過ぎた。それに田中隆吉とか富永次官とか、兎角《とかく》評判のよくない且部下の抑えのきかない者を使った事も、評判を落した原因であろうと思う。実際は東條も後には部下を抑え切れなくなったものと推察する。東條は一生懸命仕事をやるし、平素言っていることも思慮周密で中々良い処があった。


このように東條の手腕を高く買っていた昭和天皇は、後継首相の小磯にはかなり辛《から》い点を付けている。

「この内閣は私の予想通り、良くなかった。改造問題にしても、側から言われると直ぐ、ぐらつく、言う事が信用出来ない。その代わり小磯は私が忠告すると直ぐに言う事をきく。それでいて側から言われると直ぐ、ぐらつく。つまり肚もなく自信もない。その為しばしば米内を煩わせて小磯に注意した」と手厳しい〔⑮〕。手厳しいと言えば、宇垣一成にもかなり不信感を抱いていたようである。「宇垣一成は一種の妙な癖がある。彼は私が曖昧な事は嫌いだという事を克《よ》く知っているので、私に対しては、明瞭に物を言うが、他人に対してはよく『聞き置く』という言葉を使う、聞き置くというのは成程《なるほど》その通りに違いないが相手方は場合によっては『承知』と思い込むことがありうる、宇垣は三月事件にも関係があったと聞いているがこれも恐らくはこの曖昧な言葉が祟《たた》ったのではないか。この様な人は総理大臣にしてはならんと思う」と断言している〔⑯〕。――昭和一二年初め、陸軍の反対のため大命の降った宇垣内閣が流産した。天皇に対する軍部のあからさまな抗命ともいえる事件だが、皮肉にも、天皇は一面ホッとしていたのではないだろうか。

いま見たような小磯や宇垣に対する批判に接すると、なぜ東條が昭和天皇の信頼を得ていたか分かろうというものだ。東條は承詔必謹、政務に真面目に取り組んだだけではない、食言《しょくげん》をしなかった。また「上奏癖《くせ》」といわれるほど様々な案件について逐一上奏し、中間報告、結果報告を励行すると同時に、他の閣僚にもそうすることを要求した。東條の下で内閣総務課長を務めた稲田周一は語っている。「東條内閣くらい首相はもちろん各大臣の奏上の多い内閣はない。本当の天皇親政の実をあげるために、少しでも叡慮《えいりょ》を安んじ奉るために、輔弼《ほひつ》の大臣としてその責任の範囲内で、首相の指示にしたがって奏上申し上げ、重要問題はかくかく研究中である旨をありのままに申し上げるようにし……甚だしい時はタイプの案にところどころ朱筆で訂正したものを差し上げ、第一案、第二案……《ママ》と決定案など逐次経過を追い御許しを頂くようにしていた。しかも重要事項については機密が守られていた」と〔⑰〕。

東條に寄せた天皇の信頼を証拠付ける勅語の存在が平成に入って日の目を見た。平成七年三月一九日の『毎日新聞』朝刊に、東條が天皇から賜った勅語が掲載されている。下賜の日時は昭和一九年七月二〇日である。二日前に内閣総辞職を表明し、兼務していた参謀総長を辞任したのを承けてお与えになったという。昭和二〇年の九月一一日、東條逮捕に赴いたアメリカ軍が東條家から押収したもので、国立国会図書館がアメリカから入手したマイクロフィルムの中に遺っていた。全文は次のとおりである。

卿《けい》、参謀総長として至難なる戦局の下、朕が帷幄の枢機に参画し克《よ》く其任に膺《あた》れり。時局は愈々《いよいよ》重大なり。卿、益々軍務に精励し以て朕が信倚《しんい》に副《そ》わんことを期せよ。

第12章　下獄——巣鴨へ

■隠退の日々

首相・陸相・参謀総長を退いた東條は、敗戦まで世田谷区用賀の自宅で、「ときどき重臣会議とやらに出かけてゆくほかは、百姓をして暮らしておりました。ジャガイモ、トウナス、トマトなど、なんでも、自分で拵《こしら》えました。一反二畝の畑仕事に、家中で真黒になって働いておりました」と、東條勝子は「戦後の道は遠かった」に記している。孫の東條由布子（長男英隆長女）によると、用賀の自宅は八幡山といわれた雑木林を買い取ったもので敷地八〇七坪と広かったが、ほとんどがその雑木林で、住居は「玄関を入ると、八畳間の応接間があって、六畳間が二間と十畳と台所」だけの簡素な軍人らしい住まいだったという〔①〕。これまで再三引用してきた赤松貞雄の『東條秘書官機密日誌』に「昭和一七年夏、用賀の東條邸新築祝いに集まった人々」というキャプションの付いた写真に新築の屋敷の一郭が写っているが、豪邸とか大邸宅とは言えるようなものでなかったことは確かなようである。

しかしこの用賀の、主《あるじ》が位人臣を極めたにしては質素な家屋敷について、公務を退いた頃から妙な噂が立ち、敗戦後は占領軍から調査を受けている。その噂とは、三菱重工業の社長で東條内閣の顧問を務めた郷古《ごうこ》潔《きよし》から巨額の献金を受領しており、それによって「大邸宅」を建てたというのである。しかし、アメリカ側の調査で事実無根、悪質なデマだったことが明らかになった。秘書官だった赤松貞雄は東條が金銭関係で潔癖だったと回想している。「総辞職のとき、機密費が約一〇〇万円（現在の貨幣価値からすれば数千万円に相当か?）ほど残っていた。これは必ずしも返済せず、ほかに使用しても差支えない金であって、人によっては使途が曖昧な場合もあった」。しかし東條は「一厘一毛も使用せず、使った分にはいちいち領収書をつけて、全部返して来い」と赤松に命じている〔②〕。東條について器量が小さいだとか、能吏だとか、はたまた独裁者だとか指弾されることはあっても、金銭に汚いという非難は見たことがない。逆に、部下から借金を申し込まれたが持ち合わせがなく、夫人の勝子が隣家に走って用立ててやったという話しがあるくらい夫婦ともども金銭には恬淡《てんたん》としていた。金銭だけではない、東條は酒食にも女性にも賤《いや》しいところがなかった。この清潔さに、これまで見たような決断力と実行力が加わっているのだから、冗談ではなく、今なら得難い理想的な政治家、首相ということになる。

その東條にどうして金銭関係の悪い噂が出て来たのか。おそらくは〝水に落ちた犬を叩く〟の類《たぐ》いだろうと思われるが、隣に鍋島公爵の大邸宅があってそれと間違えられたとか、また次男の輝雄が三菱重工業に勤務していたことも噂の種になったのかもしれない。もっとも輝雄はよく見かけられる縁故《コネ》による入社とは関係ないだろう。東京帝大工学部航空学科を卒業して三菱重工業に入り、堀越二郎の下で、あの零戦の設計に参画した。戦後、三菱重工業の副社長、三菱自動車社長、同会長を歴任している。〝東條〟の名を負いつつも、「三菱」という大きな組織の中で出世の階段を昇っているところを見れば、よほど仕事ができたのであろうし、正々堂々の人間関係を築いていたのであろうと想像する。敗戦後も輝雄に存分に腕を振るわせた「三菱」の懐の深さも特筆に値する。長男英隆に対する「日本窒素」の仕打ち（後述）とは雲泥の差である。

■終　戦

昭和二〇（一九四五）年八月一四日に御前会議は「聖断」によってポツダム宣言の受け入れを決定、天皇は深夜、終戦の詔勅を渙発、翌日昼、その玉音放送が流された。

八月一四日、東條は首相秘書官だった赤松貞雄に送った書簡の中で自決を示唆している。「事茲に至りたる道徳上の責任は、死を以て御詫び申上ぐるの一点丈今日、余に残る。而して其の機は今の瞬間に於ても、其の必要を見るやも知れず。決して不覚の動作はせざる決心なり。（戦争）犯罪責任者として何れ捕えに来るべし。その際は日本的なる方法に依りて応ゆるべし。陛下や重臣を敵側に売りたるとのそしりを受けざる如く、又、日本人として敵の法廷に立つ如きは、日本人として採らざる処、其の主旨にて行動すべし」と認《したた》めている〔③〕。

また八月二七日に陸軍省の高級副官美山要蔵《みやまようぞう》大佐が用賀を訊ねてた時にも同じ主旨の覚悟を披瀝している。当日の正午に上司に無断で用賀を訪れると、肩章を取ったカーキ服姿で畑仕事の最中だった東條は大変喜び、野菜ばかりのだが五目飯を馳走してくれたという。その折り東條は次のように語った〔④〕。

今後も大勢を大観してやっていかねばならぬ。まず第一に皇室の問題である。国民の怨嗟の的にならんようにせよ。終戦について議論はあるも、だんだん処理が進むと、戦継続よりも苦しいこともできてくるが、御聖断をかくのごとしと思わせてはならぬ、全責任は、輔弼、輔翼者が負うべきである。しからざれば皇室が消滅するまで行くこととなる恐れがある。つぎに、軍の統制は錦旗奉戴《きんきほうたい》にある。一糸乱れざる姿で清い姿でもって武装解除に応ずべきである。

ついで靖国神社の処置であるが、これは永久に存続する。ご神拝《ママ》も当然にあることと思う。未合祀の戦死、戦災者、戦争終結時の自決者も合祀すべきである。これを犬死としてはならぬ。人心安定、人心一和の上からも必要である。共産主義の瀰漫を極力防止しなければならぬ。すなわち戦争過程においては日ソ支結合にて米英に対抗せんとしたこともあるが、降伏せるゆえにここに転換することが必要である。ソ連に媚態を呈す不可《べからず》、米英と組み、ソ連に対抗すべきである。自由主義は共産主義よりも可なりである。

敗れたりといえども、本戦争が国際道義に立った戦争なりとの印象だけは、後世に残さねばならぬ。満洲国皇帝総理の取り扱いに注意すべし。比島大統領も我手において保護すべし、これを敵手に任すならば、小日本となるであろう。

作戦的に将来の観察をすれば、米国は日本の静謐を維持するであろう。その真意は米は将来、ソ連と戦うことになると考えており、米は大陸に手をつけんとしている。おそらく米はソ連の回復に先だってソをやっつけるであろう。内地及び南鮮（現・韓国）は米の航空基地となるであろう。今後に処する道は心身の健全を保持するにある。

次ぎに戦争責任者について述べる。戦争責任者はあっても戦争犯罪者はない。しかしてそれは陛下ではない。彼（占領軍）が要求してきたら、応ずるべきである。応じ方であるが、少さい者まで行くのは不可である。小者が相手になるのは不可である。東條一人というのならば、これは世界的にも明らかでよし。岡村、寺内は局部的指揮官である。窃盗、強盗は犯罪者であるが、戦争責任者は犯罪者ではない。

責任者はここにおって敵の出方を待っている。きわめて軽い気持ちでいる。自分は皇徳を傷つけぬ。日本の重臣を敵に売らぬ。国威を損しない。故に敵の裁判は受けない。自分は陛下に代わるために栄爵を辞さない。大きな形で国に代わるのである。

東條が単なる事務屋でも能吏でもなかったことはこれで分かる。とりわけ筆者が注目するのは、当時は未だ〝冷戦〟という言葉はなかったが、将来米ソ対立が起こること、そして日本および韓国がアメリカの基地になること、またその流れからしてアメリカが日本の「静謐を維持するであろう」と予見していることである。海軍に対して陸軍が、山本に対して東條が世界の情勢に蒙《くら》いというのがお定まりの世評と思われるが、ここでも、はたしてそうであろうかという疑問が湧いてくる。

美山の用賀訪問には、一つ重要な目的があった。「何とか東條大将に裁判を受けてもらう」よう説得することである。大東亜戦争が「国際道義に立った戦争」であることを東條自身に弁じてもらうためにである。しかし、帰りぎわに「戦犯の発表があったら、すぐ知らせてくれ」と東條が言ったことで、美山は「やるな」と直感し、軍事法廷への出廷の見込がなくなったと思わざるを得なかった〔⑤〕。

■自決に失敗す

二八日にアメリカ軍の先遣隊が厚木飛行場に到着し、次いで三〇日ダグラス・マッカーサー連合国軍最高司令官が厚木に降り立った。二度目の来日である。一度目は日露戦争の観戦武官となった父アーサーに随行して、そして今度は最高権力者として日本の国土を踏んだわけである。

三日後の九月二日、東京湾に停泊するアメリカの戦艦ミズーリ号の甲板上で、全権たる東久邇宮内閣外相重光葵と参謀総長梅津美治郎が降伏文書に署名、戦いは完全に終わった。そして、これからサンフランシスコ講和条約が発効する昭和二七（一九五二）年四月まで、日本は事実上アメリカ軍によって単独占領され、アメリカの陸軍軍人——昭和二六年四月マッカーサー元帥が解任されマシュー・リッジウェイ大将に交代——を長とする連合国最高司令官総司令部（ＧＨＱ）の支配に服することになる。

ポツダム宣言に戦争犯罪人の処罰が唱ってあったこともあり、人々の関心は、むろん日々の暮らしや将来の生活が第一だったにしろ、占領軍が天皇を含め大東亜戦争を指導した軍人や政治家をどのように扱うのか、固唾を呑んで見ていたに違いない。

九月一一日、最初の拘引者が出た。東條である。当日の状況について、たまたまイギリス人記者二人を用賀に案内して現場に居合わせた朝日新聞社の長谷川幸雄が、自ら付したのではないのであろうが、上品とは言えず、また事実にも反している「東條ハラキリ目撃記」という題名の手記を発表している(6)。

それによると――長谷川たちが、制服警官が多数警護に当たっていた東條邸に到着したとき、内外記者団が見守る中、アメリカ第八軍の憲兵隊を率いたクラウス少佐が応接室兼書斎の窓辺に近づいたところだった。東條は玄関の鍵を閉め、その応接間兼書斎の窓ガラスを一枚開けて顔を出して応接した。クラウス少佐が来意を告げると、東條は「勾引状《こういん》を見せて貰いたい」と言い、少佐が手にした令状を示すと、頷いて「只今玄関を開けますから」と言って、勢いよく書斎の窓ガラスを閉めた。しかし間もなく室内で銃声が鳴った。クラウス少佐はほんの短時間だが威嚇射撃をさせてから、自ら玄関の扉に体当たりして開け、兵隊が突入し、そのあとを新聞記者が追った。長谷川はクラウス少佐の後ろに付いて室内に入り、拳銃自殺を図った東條の瀕死の姿を確認した。時計は午後四時二〇分を指していたという。クラウス少佐が手配したアメリカ軍の救急車が来るまでの間、新聞記者としては幸運にも長谷川は東條の遺言とも言うべき言葉を聴いて書き留めることができた。「何か言うことがありますか?」「何か話したいことがあったら、言って下さい」という長谷川の大きな声に、東條は呻き声で、時には手当をしようとするアメリカ兵の手をうるさそうに払いながら、断続的に「一発で死にたかった。時間を要したことを遺憾に思う。大東亜戦争は正しき戦いであった。国民と大東亜民族にはまことに気の毒である。充分自重して大局の処置を誤らぬことを希望する。責任者の引渡しは全部責任を負うべきである。復興することは更に困難である。法廷に立ち戦勝者の前に裁判を受けるのは希望するところではない。寧ろ歴史の正当な批判を俟つ。切腹は考えたが、ともすれば間違いがある。一思いに死にたかった。後から手をつくして生き返らせるようなことはしないでくれ。陛下の御多幸を行末までお守りして、どこまでも国家の健全な発達を遂げることが出来れば倖なことである。責任者としてとるべきことは多々あると思うが、勝者の勝手な裁判を受けて、国民の処置を誤ったら国辱だ。家の事は広橋（元秘書官で伯爵の広橋眞光《ただみつ》）にまかせてある。その通りにやればよい。家のことは心配ない。天皇陛下万歳、身は死しても護国の鬼となって、最後を遂げたいのが念願である……俺の死体はどうなってもよい。遺族には言いわたしてある。死体は（家族に）引き渡さなくてもよい。しかし見せ物ではないとマッカーサーに言ってくれ」と語っている。

しかし、幸か不幸か、東條は死ななかった。心臓を狙った銃弾がわずかに逸れたたこと、加えて横浜に設営されたアメリカ軍の病院に移送され適切な手術と充分な看護を受けたことによる。執刀したのはジェームズ・B・ジョンソン軍医大尉で、手術の折り何人かのアメリカ人兵士が輸血したという。血液（B型）の提供は人道的見地からだけではなかったようで、一軍曹は「わたしは、彼を生かして、彼に裁判で正当なむくいを受けさせたい。彼をこのまま安らかに死なせたのでは手ぬる過ぎる。少しはわたしがニューギニアで過ごした一七ヶ月のお返しをしなくちゃ」と語ったという〔⑦〕。

東條の自決失敗は美山にとっては、むしろ願ったり叶ったりのことだった。彼の期待に応えるかのように死の淵から甦った東條は、アメリカ軍の病院から旧陸軍大森捕虜収容所に、次いで一二月八日に他の戦犯容疑者とともに巣鴨拘置所に移された。八畳ほどの広さの独房で電話ボックスのようなトイレが備え付けてあった。隣の房には岸信介、児玉誉士夫《こだまよしお》、石原産業の石原広一郎が同室しており、南次郎陸軍大将、皇族で唯一戦犯に指定された伊勢神宮祭主にして陸軍元帥の梨本宮守正王《なしもとのみやもりまさ》（翌年四月に釈放）が同じフロアに収監されていたという〔⑧〕。この独房で、東條は戦勝国が主宰する裁判への準備をし、この独房から法廷に向かうことになる。

東條は自決を果たせなかったが、翌九月一二日に元参謀総長の杉山元が、続く一三日には陸軍軍医中将で東條内閣の厚相だった小泉親彦、一四日には同じく東條内閣の文相だった橋田邦彦が自裁した。そして一二月一六日早朝、戦犯として出頭命令が出されていた近衛文麿が荻外荘で青酸カリの服毒自殺を遂げて世間を騒がせた。

■冷たい目

東條の自決失敗は、美山要蔵には幸運に思えたが、国民の目にはどのように映ったのだろうか。新聞は起こった出来事を、特にセンセーショナルというのではなく淡々と報道している。もっとも当時は紙面が二頁（一枚表裏）で、また人手不足でもあったのだろう。アンケートの類いはなく、読者の「声」を満載するような余裕はなかった。したがって新聞だけでは国民が自決失敗にどんな感慨を持ったか把握することは困難だ。ただ、幸いなことに作家や著名人が日記を書き遺していることもあって、東條の自決失敗に対する国民感情の一端は窺い知ることができる。

『如何なる星の下に』などで知られる小説家高見順は、膨大な量の戦中日記を遺しているが、東條の自決失敗については「期するところあって今まで自決しなかったのならば、何故忍び難きを忍んで連行されなかったのだろう。何故今になって慌てて取り乱して自殺したりするのだろう。そのくらいなら、御詔勅のあった日に自決すべきだ。生きていたくらいなら裁判に立って所信を述べるべきだ。醜態この上なし。しかも取り乱して死にそこなっている。恥の上塗り」と実に手厳しい〔⑨〕。従兄の小説家永井荷風の日記には、ただ「此日東條大将其他旧軍閥の首魁逮捕せられしと云」とあるだけで自決失敗とそれ対する感想は記されていない。その一方で、荷風は敗戦後の世情に対する「慨歎《がいたん》」を吐露している。「戦敗後の世情、一つとして傷心の種ならざるは無し。昨日まで撃ちてしやまんと軍国主義を謳歌せし国民忽《たちまち》豹変して自由民権を説く。義士に非らざるも誰か眉を顰《ひそ》めざらんや。旧友の東京より寄する書牘《しょとく》の中にはわが昭和文芸の前途について楽観の意を表するものあり。演劇の旺盛を期待するものあり。之を要するに、御座なりの挨拶。広告文の口吻《こうふん》に過ぎず。一点真率の気味なく、憂国の真情を吐露するものなし」〔⑩〕。

戦前から戦後にかけNHKラジオで吉川英治の『宮本武蔵』を朗読して人気を博した徳川夢声は「新聞に東條前々首相の自決未遂記事が出ている。ピストルで腹を射つとは、切腹に非ず、これトン服なり」と揶揄し〔⑪〕、また当時侍従で、やがては侍従長に昇る入江相政《いりえすけまさ》は「八月十五日の大詔渙発を承《うけたまわ》って自殺するか或は今まで生き残るなら堂々と出る所へ出て大いに論ずるかどっちかだと思うが、どっちつかずに終って而も未遂に終ったのは遺憾だった」と批判している〔⑫〕。もっとも両人とも真珠湾攻撃の大勝利には言祝《ことほ》いでいたのだが。

もう一人、二三歳の医学生の見解を紹介しよう。筆者には当時の日本人のごく普通の感情を代表しているように思えるからである。後年この医学生は「山田風太郎」のペンネームを名のり『魔界転生』や『忍法帖』シリーズで人気を博す小説家となる。八月一五日に「一死以て大罪を謝し奉《たてまつ》る」の言葉を遺し割腹自殺を遂げた阿南惟幾陸相を引き合いに出し、医学生は次のように述べている。

なぜ東條大将は、阿南陸相のごとくいさぎよくあの夜に死ななかったのか。なぜ東條大将は、阿南陸相のごとく日本刀を用いなかったのか。

逮捕状の出ることは明々白々なのに、今までみれんげに生きていて、外国人のようにピストルを使って、そして死に損っている。日本人は苦い笑いを浮かべずにはいられない〔⑬〕。

医学生は批判だけではない。

アメリカ人は東條大将をヒトラーに匹敵する怪物に考えているらしいが、これは滑稽である。日本人は東條大将を、戦中も現在も、唯一最大の指導者であったとは考えていない。一陸軍大将だと思っているに過ぎない。

ただわれわれが東條大将にいさぎよく死んで欲しかったのは、彼に対する恨みでも責任転嫁でもなく、アメリカがそう見ているから、そういう代表的日本人に敵の裁きを受けるような恥辱を見せたくないし、またこちらも見たくないからそう念願したのである。

が、とにかく東條大将はこれからも敵から怪物的悪漢と誹謗され、また日本の新聞も否が応でもそれに合わせて書き立てるであろう。

東條大将は敗戦日本の犠牲者である。日本人はそれを知りつつ、日本人同士のよしみとして、彼が犠牲者の地に立つことを、敵と口を合わせて罵りつつ、心中万斛《ばんこく》の涙をのんで彼に強いるのである。

とも言っている⒁。

東條の自決失敗に対する国民の感情が、高見順のように激烈ではなかったにしろ、厳しかったことは疑いないが、それにしてももと筆者は思う。……純文学で一時代を築いたといわれ、死後に文化功労者に追贈された小説家高見の、国家の重責を担う者の苦慮苦衷に思い至らない、したがって平板で陰翳の欠片《かけら》すらも感じられない、あからさまな筆致は何なのだろうか。未だ作家になっていない「心中万斛の涙」を飲んでいる医学生の言葉にこそ真味がこもっているようだ。筆者は、高見の文章に小説家としての香気を感じとることができない。ただ恨みつらみを吐露しているだけにしか感じられない。

■世間の厳しい仕打

人の世であれば、東條に対する厳しい視線は当たり前のように家族にも向く。自決を図ったとき、用賀の家には東條の家族はいなかった。

ポツダム宣言受諾の時から覚悟していた東條は、四人の娘と孫ひとりを福岡の夫人勝子の実家に送り出していた。ただ勝子は夫に願って居残り、当日憲兵隊がやってくるまで、わずかの間だったが、二人は久し振りに夫婦水入らずの時を送った。午後三時頃、外国人の記者が集まってきたので、かねてからの予定どおり夫英機に別れを告げ、お手伝いの女性と裏木戸から戸外に出て、庭と地続きの山を伝って家を離れた。しかし、最後を見届けたいという思い強く、自宅に近づき、隣家の庭先を借りて成行きを窺った。間もなく夫の自決を図った銃声と憲兵隊の威嚇射撃の音を聞き、アメリカ兵が扉を蹴破ってから突入して行く様を目にしてからその場を去った。遺骸を見送らずに用賀を離れた勝子は、その晩鶴巻の知人宅の一間を借り、「主人の写真を飾り、心ばかりのお通夜をした」という〔⑮〕。

勝子は娘たちを追って九州に向かい、長女光枝、三女幸枝、四女君枝とともに福岡の実家に、また次女の満喜枝は幼子とともに佐賀の婚家に身を寄せた。満喜枝の夫君は近衛第一師団参謀の陸軍少佐古賀秀正《こがひでまさ》で、ポツダム宣言受諾前後に起こったクーデタ未遂事件（宮城事件）に関与したといわれ、八月一五日に近衛師団司令部で自裁している。長男の英隆は極度の近眼で兵隊検査丙種合格だったが、戦争末期の昭和二〇年四月に召集され、横須賀の海軍基地で終戦を迎えた。除隊後、勤務していた「日本窒素」から勧告を受け退職を余儀なくされた。しばらく無職の身だったが東京の印刷会社に就職口を見つけ、当時仮住まいしていた伊豆の伊東から毎日三、四時間かけて通勤したという〔⑯〕。次男の輝雄は既述のように三菱重工業に勤め、三男の敏夫は陸軍士官学校生だった。九月初めに用賀に戻ってきたが、東條と勝子は直ぐ福岡に発たせている。戦後、航空自衛隊発足とともに幹部公募に応募して採用され、空将補に昇進して退官した。

「三菱」とは異なって世間の東條家に対する風当たりは、われわれが想像する以上に強く、かつ冷たかったようである。それがどれほどのものだったか、英隆の長女東條由布子の記す次の二つのエピソードで窺い知ることができよう。

由布子の兄英勝は敗戦の年の九月に伊東市立西小学校に通い始めたが、どの教師も〝東條の孫〟の担任になることを忌避した。小学二年の英勝は毎日学校に通うのだが、入るクラスも席もないため、「校庭にある号令台の上に乗ってボンヤリしたり、砂場でひとりしゃがみこんでいたり、国旗掲揚のポールに上って教室を外から覗いて過ごして」いたという。しばらくして、長沢進という三十代半ばの教師が校長に申し出て、英勝を自分のクラスに入れた。――この話しを聞いた獄中の東條は、処刑前に感謝の思いを込めた俳句を送っている。

昭和二十三年　雪の日

変はらざる　緑尊し　雪の松

東條は「長沢先生には心から感謝しています。本当は、〝為長沢先生〟と為書きをしたかったのですが、もし東條という名前が今後、先生にご迷惑をかけるといけませんので、『英機』とだけ認めました」とこの句を託した英隆に言付けたという。

もう一つのエピソードは弟隆幸のことである。東條英隆一家は、昭和二五年に伊東から東京に戻り、英勝は世田谷区の瀬田中学校に、由布子は代沢小学校五年に編入した。翌年隆幸が小学校に入学するのだが、「終戦直後とは違って世の中も次第に落ち着きを取り戻しつつあったので、父母も私たちも『弟は、いやな思いせずに済むのではないか』と思って」いたが、それが甘かったことが入学式の日に思い知らされた。入学式を終えて、意気揚々と帰ってくるはずの弟が泣きじゃくって帰ってきたのである。理由は「きれいな女性の教師」が、クラス生徒に「東條君のおじいさんは、泥棒よりもっと悪いことをした人です」と紹介したというのである（⑰）。

世間一般とは違って、〝水に落ちた〟東條家に手を差し伸べる人物もあった。早稲田大学予科に入り、一時は文学を志し北原白秋の門下生でもあった右翼の三浦義一がその一人である。陸軍戦闘機〝隼〟の生産で知られる中島飛行機の創設者で、政友会所属の有力政治家だった中島知久平に対する襲撃事件を起こすなどたびたび娑婆《しゃば》と監獄を往復していた三浦がいつ、どんなきっかけで東條と知り合い、どれほどの交渉を持ったのか分からないが、英隆一家に伊東の住居を提供し、何くれとなく面倒をみた。

もう一人は静岡新聞社社長の大石光之助《おおいしこうのすけ》。この人物についても東條との関わり合いは、筆者には不明である。勝子によると、「東京裁判途中の昭和二十三年三月、私が二十年秋に東京を逃れます時に、いろいろお世話になった大石さんが、突然訪ねてみえました。そして、いきなり私の前に一万円を包んで差し出すと、こういうのです。『奥さん、閣下が一切の責任を引き受け、あんな立場に立って下さったのに、奥さんにあまり不自由をかけては、国民としてしのびない事です。毎月、私がこのくらいお手伝いをしますから、そのつもりでいて下さい』」――勝子は東條に面会に行って仔細を話して判断を求めた。その時東條は感慨深げに「おれは何もあの方にしてやったわけではない。それなのに、そう言ってくださるのか。（勝子に人の世話になるのはやめましょうと言っていた）輝雄の言うのも当然だし、本筋だけれども、私は第一次大戦直後ドイツへ行き、駐在武官をしていたが、そのころのドイツが丁度今の日本のような状態だった。貨幣価値が異常に下がり、一マルクが四十銭くらいだったのに、一厘にも相当しないほどに下がったのを目の当たりにしている。その悲劇は、お前たちの想像の外だろうが、おれは良く知っている。ここで折角の御親切を受けず、もしやり通せなかったらどうする。生きていれば、お礼はいつでもできる。やはり御親切は受けて、生きぬいた方がいいだろう」と語って励ました。それで勝子は大石の申し出を受けることにしたが、大石の条件は「一切、人にいわないで欲しい」ということだけだったという〔⑱〕。

第13章　東京裁判——そして最期

■天皇を守護する

東京裁判が近代国家における裁判とは似て非なるもの、著しく公正を欠く勝者の裁きであったことは紛れもない事実である。また、ニュルンベルグ裁判も含めてのことだが、その後の国際社会の進歩に何か建設的な意義を持ったとも思えない。しかし東京裁判の真に質《たち》の悪いところは、GHQによるウォー・ギルト・インフォメーション・プログラム（War Guilt Information Program）——アメリカに二度と戦いを挑むことがないよう、太平洋戦争についての罪悪感を、日本人の心に植え付けるための宣伝計画——の一環だったことである。いや一環どころではない。江藤淳が指摘するように「それ自体が大仕掛けな『ウォー・ギルト・インフォメーション・プログラム』であったのみならず、日本人から自己の歴史と歴史への信頼を、将来ともに根こそぎ『奪い』去ろうとする組織的かつ執拗な意図を潜ませていた」ことである〔①〕。

東條が、そのようなアメリカ政府の邪悪な意図を感知していたか否か分からないが、アメリカ政府とGHQが密かにかつ大々的に遂行したこの計画に対し、公然かつ堂々これと対決したのは、アメリカ軍の占領時代にあっては東條ただ一人と言っていいのではないか。皮肉にも、GHQの言論統制の下にあった当時の日本において市ヶ谷の法廷ほど言論の自由が保証されていた場所はなかった。しかも極刑を覚悟していた身にとっては、生き延びるため敵に媚びを売る必要はなかったし、まして身過ぎ世過ぎのために自説を曲げる必要も更々なかった。囚われの身となったからなのか、本来の性《さが》なのか、かつての将星や政府要人にとって我欲を捨て去ることは難しいことのようで、法廷の場で自己を庇《かば》い他を非難する被告もいた。しかし東條は、自己弁護のために誰ひとり証人を立てることはなく検察側の尋問に敢然立ち向かい、自決には失敗したものの「自分は皇徳を傷つけぬ。日本の重臣を敵に売らぬ。国威を損しない」と美山に語ったとおりの姿勢を貫いた。
昭和二二年一二月三一日から元旦を除き翌年一月七日まで、法廷ではキーナン主席検察官と東條の対決があった。二人の応酬を一つ紹介してみよう。一月六日の天皇の責任に関わる箇所である〔②〕。
検察官：昭和十六年の十二月当時において、戦争を遂行するという問題に関しまして、日本天皇の立場及びあなた自身の立場の問題、この二人の立場の関係の問題、あなたはすでに法廷に対して、日本天皇は平和を愛する人であるということを申しました。これは正しいですか。
東　條：もちろん正しいです。
検察官：そうしてまたさらに二、三日前にあなたは、日本臣民たるものは何人たりとも、天皇の命令に従わないというようなことを考えるものはない、ということを言いましたが、それも正しいですか。
東　條：それは国民としての感情を申し上げておったのです。責任問題としては別です。天皇の責任問題とは別の問題。
検察官：しかしあなたは実際合衆国、英国及びオランダに対して戦争をしたのではありませんか。
東　條：私の内閣において戦争を決意しました。
検察官：その戦争を行はなければならないというのは――行えというのは裕仁天皇の意思でありましたか。
東　條：意思と反したかもしれませんが、とにかく私の進言――統帥部その他責任ある者の進言によってしぶしぶ御同意になったというのが事実でしょう。しかして平和愛好の御精神は、最後の一瞬に至るまで陛下は御希望をもっておられました。なお戦争になってからにおいてもしかりです。その御意思の明確になっておりますのは、昭和十六年十二月八日の御詔勅の中に、明確にその文句が附加えられております。しかも、それは陛下の御希望によって、政府の責任において入れた言葉です。それはまことにやむを得ざるものなり、朕の意思にあらざるなりという御意味の御言葉があります。

東條が何としてでも防がなければならないと観念していたこと——連合国によって天皇が戦争犯罪人として訴追され、法廷に引き出されるという事態は杞憂に終わった。われわれ周知の事実である。アメリカ政府も連合国軍最高司令官のマッカーサーも、日本の占領を平穏かつ成功裡に終了することが第一義であって、そのために無用な混乱を起こしたくなかったのだろう。日本の社会や政治における天皇の存在の重要性についてグルーら知日派の献策が奏効したといわれる。昭和二一年四月三日、対日占領政策の最高決定機関とされる在ワシントンの極東委員会（降伏文書調印の九カ国とインド・フィリピンの代表で構成）は、アメリカ主導の下に天皇を戦犯として取り扱わないことで合意をみた〔③〕。しかしアメリカ政府とGHQは天皇不起訴の根拠を、自国民だけでなく他の戦勝国の政府および国民に向けても明確にしなければならない。そしてそのことを世界に発信する最適の場は東京裁判であり、また刑死を覚悟の上で罪科の一切を背負い天皇護持の防波堤となる最適の人物は、衆目の一致するところ、東條英機以外にはいない。では誰が東條に因果を含めに行くのか。——米内光政がその役割を担った一人であったことはよく知られている。

日本の要人のなかで、マッカーサー連合国軍最高指令官から「天皇問題について、はっきりとした返事をとりつけたのは、米内光政が初めてであったろう」と、実松譲《さねまつゆずる》が指摘している。昭和二〇年一一月末、米内が幣原喜重郎内閣の海相だった時のことである。米内は通訳の溝田書記官をともない、ウィロビー将軍同席の上でマッカーサーと会見した。話しが終わってマッカーサーの部屋を出るとき、米内は思い切ったようすで「ひとつうかがいたいが、天皇は、ご退位にならねばならぬことになっていますか」とたずねた。マッカーサーは、米内の率直な質問に「面くらったような顔をした」が、「講和がうまくゆき、連合国の進駐がきわめて順調に行なわれたのは、天皇の協力によるところが大きい、と私は思っている。その天皇が退位しなければならないとは、私は考えていない。それは、日本国民が決定すべき問題でしょう」と答えたという〔④〕。

この会見が契機となったからか、GHQは米内を一つのチャンネルとして天皇問題の対策を示唆するようになった。終戦時海軍大佐で第二復員省（旧海軍省）大臣官房の調査部部員として復員業務に携わっていた豊田隈雄《とよたくまお》によると、同省の記録中にGHQのフェラー准将と米内の次のような会話が遺されている〔⑤〕。日付は昭和二一年三月六日である。

自分は天皇崇拝者ではない。したがって十五年二十年先日本に天皇制があろうがあるまいが又天皇個人としてどうなって居られようが関心は持たない。然し連合国の占領について天皇が最善の協力者であることを認めて居る現情に於て占領が継続する間は天皇制も引続き存続すべきであると思う。

所が困った事には連合国側の或国に於ては天皇でも戦犯者として処罰すべしとの主張非常に強く、殊に「ソ」は其の国策たる全世界の共産主義化の完遂を企図して居る。したがって日本の天皇制とMC（マッカーサーのこと）の存在とが大きな邪魔者になって居る。

加えるに米に於ても非亜米利加式思想が当局の相当上の方にも勢力を持つに至って天皇を戦犯者として挙ぐべきだとの主張が相当強い。

右に対する対策としては天皇が何等の罪のないことを日本人側から立証して呉れることが最も好都合である。其の為には近々開始される裁判が最善の機会と思う。殊に其の裁判に於て東條に全責任を負担せしめる様にすることだ。

即ち東條に次のことを言わせて貰いたい。「開戦前の御前会議に於て仮令《たとえ》陛下が対米戦争に反対せられても自分は強引に戦争まで持って行く腹を決めて居た」と。

右に対し米内大将

全く同感です

東條（元首相）と嶋田（元海相）に全責任をとらすことが陛下を無罪にする為の最善の方法と思います。而して嶋田に関する限り全責任をとる覚悟で居ることは自分は確信し居る。

GHQの意を体した米内は、東條の弁護士を買って出ていた塩原時三郎を通じて東條の意を確認したことがあった。塩原が巣鴨拘置所におもむき東條に面会して米内の心配のことを話すと、彼は笑って「米内もバカだな。俺が生きてこうしているのも、ただ一点、そのことのためだけだ。心配無用である。東條は国民に対しては逆賊といわれるかもしれないが、陛下をお守りすることだけは、命がけでやり通す覚悟である」と語った〔⑥〕。既述のように塩原は東條が首相だった頃に通信院総裁を務めており、松前重義の上司だった人物である。東條の弁護人になることを敬遠する法律家が多かったなかで敢えてその弁護人に名乗りを上げ、清瀬一郎が正式に東條の弁護人に就いた後は、東條陸相の次官だった木村兵太郎大将の弁護人となった。

■カクテルパーティー

米内のことでいま一つ触れておきたいことがある。私事になるが、筆者は毎冬、岩手県にスキーに出掛けている。盛岡に宿をとって安比高原や雫石のスキー場に出向くのだが、天候の関係でゲレンデコンディションが悪い時は、原敬や新渡戸稲造や石川啄木などの史跡を巡って時間を過ごすことがある。そんな折り、市内の先人記念館の米内光政コーナーで実に興味深い写真に出会った。『岩手日報』の提供で「キーナン検事らと酒をくみ交わす米内」とのキャプションが付されたその写真には、左からゲッソリと頬のこけた米内、宇垣一成、若槻礼次郎、岡田啓介、キーナンが写っている。日付はなかったが、昭和二二年一〇月一七日にキーナンが宿舎の三井ハウスに四人を招いてカクテルパーティーを開いた時に撮ったものであることは間違いない。帰京してから国会図書館で当時の新聞に当たってみると、一〇月一九日の『朝日』にまったく同じ写真付きで会合のことが報じられていた。ついでながら米内は翌昭和二三年四月二〇日に亡くなっている。

若槻礼次郎は回顧録の中で「この席で、私どもに取って愉快であったことは、主客の談話が一言も裁判に触れなかったことである……そんなことは一切触れないで、アメリカの景色とか、日本の景色とか、普通の世間話ばかりで、愉快に一夕を過ごし、一同かなり酔って立ち帰った」と語っている〔⑦〕。宇垣一成の日記にも裁判について談話があったとの記述はなく、「検事団が被告に対し冷厳峻烈なる論弁を為しあるも、罪科なき人々に対しては敵国人たりとも敬意を払い接触することを日本人及外国人に誇示せんとする一種のゼスチュア」などキーナンの思惑を書き留めているだけである〔⑧〕。

筆者は写真を最初に目にしたとき正直不愉快な気分になった。そんな事実はないのだろうし、そう願っているのだが、生き残った四人の重臣が東條を敵に売った図のように、印象として見えたからである。もっとも天皇を護持するため、あるいは日本の将来に思いを馳せ、占領軍の懐に飛び込んで親密な関係を構築して情報を取ったり、日本側の要望を伝えたり、権謀術数《けんぼうじゅつすう》を巡らすのであれば政治に携わる者としてはむしろ称揚されるべきであろう。実際のことは不明だが。

一方、このカクテルパーティーに厳しい批判の目を向けている人物もいる。内務省警保局長、警視総監、内務大臣を歴任しA級戦犯として巣鴨拘置所に収監された安倍源基《あべげんき》である。安倍の獄中録に次のような記述がある〔⑨〕。「新聞に依れば去る十七日夜キーナン主席検事は自邸に若槻礼次郎、岡田啓介、米内光政、宇垣一成の四重臣を招待して平和の為努力した功を賞したと報じている。四人とも検事のため材料を提供したと謂われ、現に若槻、宇垣、岡田は検事側証人として法廷に立った。招待したキーナンもどうかしているが招待せられて喜んで応じた四重臣に到っては日本人の風上にも置けぬ。……此等重臣は終戦後口を開けば自分は平和論者であったとか、戦争に反対したとか言っている様だが誠に卑怯な態度である。当時何等反対のための努力もせずして今に及んで責任を他人に転化して弁明之《これ》努めるとは何たることであろうか」。

東京裁判の背後で、四人の重臣がGHQや主席検察官のキーナンとどれほどの関係を持っていたのか、あるいは、安倍が示唆するように、かつて自分たちを苦しめた軍人たちを罰するための材料を提供したのか本当のところは分からない。仮にそうだとしても、もはや東條にとってはどうでもいいことだったに違いない。その証言内容で軍人の被告たちからとかく批判の多かった木戸や東郷に対しても、証言台の東條は、それらしい言辞を弄することはなかった。

前記した天皇の戦争責任に関する東條とキーナンの対決は暗黙の了解の下に行われたのだろう。しかし大東亜戦争自体については、宣誓口供書で縷々述べたとおり東條は一貫して日本の正当な立場を弁じ、自らの責任の所在を明確にした。大島浩の弁護人を務めた島内龍起《しまのうちたつおき》は、証言台の東條に「小柄で中肉の、顔の色は黄色く冴えないながら、カーキ色の軍服を身につけて、全法廷を威圧する勢威と気概に満ちた姿、態度を見た。そして言う。「さすがは東條。やはり東京裁判にはかけ替えのない人物であった」と⑽。

一月七日（昭和二三年）午前に証言を終えた東條が、正午の休憩時間、清瀬弁護人を通して次のような心境を述べたと翌八日の『朝日』が報じている。「この際特に申し上げることはありませんが、私の心境はたんたんたるもので、ただ私は靖国神社の祭霊と戦争により戦災をこうむられた方々の心になって述べたつもりです。言葉は不完全で意をつくしておりませんが事柄だけは正しく述べたつもりです。もし私にここで希望をいうことが許されるならば、二つの希望が残っている。この裁判の事件は昭和三年来の事柄に限って審理しているが、三百年以上前少くとも阿片戦争までさかのぼって調査されたら事件の原因結果がよく判ると思う。またおよそ戦争にしろ外交にしろすべて相手のあることであり、相手の人々、相手の政府と共に審理の対象となったならば事件の本質は一層明確になるでしょう」。

キーナンとの対決よって国民の間に東條を評価する声が高まった。同日『朝日』の天声人語子が「このごろ電車の中などで『東條は人気をとりもどしたね』と言うのを耳にすることがある。本社への投書などにも東條礼賛のものを時に見受ける」と言っている。この日本国内における空気を恐れたのは、そのお先棒を担いだ新聞よりはGHQの方であったに違いない。アメリカ国務省東北アジア局員として占領政策に関わっていたロバート・E・フィアリは「裁判の発展に伴って、日本国民は、その嘗《かつ》ての指導者たる戦争犯罪容疑者に対して、その過去の行為についてではなく、彼らが互いに責任のなすりあいに浮身をやつしていることについて、嫌悪と幻滅の感を強めたのであった。これに反し、かような態度をとることを拒み、戦争に対する天皇の直接責任を回避し、自ら戦争の責任を負うことによって、東條は、信義と勇気に富んだ人物としての国民の人気をかなりの程度」取り戻したと指摘し、さらに「日本は、その生存を確保するために、すべての不利をおしきっても、戦争に突入する以外に手段はなかったことを述べた東條の供述書は……かなりの共鳴をもって迎えられたわけだが、このことはかような見解がなお広く、日本国民の間に抱かれていることを示すものであった」と観察している〔⑪〕。そのためであろう。GHQの民間情報教育局は、より密度の高いキャンペーンを開始すべき理由の一つとして「一部の日本人、特に世界と同胞に対して、日本の侵略と超国家主義を正当化しようとしている分子のあいだに、東條は自分の立場を堂々と説得力を以て陳述したので、その勇気を国民に賞讃されるべきだという気運が高まりつつある。この分で行けば、東條は処刑の暁には殉国の志士になりかねない」ことをあげている〔⑫〕。

■虜囚の東條

法廷での毅然とした東條の姿は巣鴨の拘置所内でも同様だったようである。

虜囚の身となったかつての高級軍人や政府高官の生活については、同じように収監され、後に釈放された戦犯容疑者が様々書き留めている。むろん東條に触れているものが多い。ここでは、児玉誉士夫《こだまよしお》の記したものを、断片的だが、紹介してみたい。『芝生はふまれても』からである〔⑬〕。児玉は行動右翼で、戦時中は海軍の大西瀧次郎《おおにしたきじろう》（終戦時中将、自決）の知遇を得て上海に児玉機関をつくり海軍の物資調達に当たった。終戦の際に大陸から持ち帰った旧海軍の資産の多くは政界に流れたという。その関係から、また闇の社会とも太いパイプを持っていたことと相俟《あいま》って、児玉は戦後の政財界に大きな影響力を持つフィクサーの一人となった。昭和五一年にかのロッキード事件で起訴され、裁判中の昭和五九年、七二歳で病没した。

「大将、大臣、決して悠々自適、泰然としてあたりを払う風情ばかりではない。この人がと思うほどの、かつての大臣、大将が、一寸した取調べの呼出しにも顔色蒼白となり、ぐったりしたり、大慌てに慌てたりする。実に見るも無惨である。こうした人達の中で、東條さんは、自分の知る限りではガッシリ落ちつき払っていた。既に覚悟をきめてしまったのか。いささかも慌てふためく態度は塵《ちり》ほどにもない。しかも裁判が終りに近づくにつれ、生死の問題を越えて眼中に死なく、生なく、悟り切った感じが四囲ににじんでいた。……

「(昭和二三年六月二七日)今日は高橋三吉氏と共に市ヶ谷へ証人として出かけた。市ヶ谷の面会所で、東條さんが大きな声を出して原稿を読み上げているのを、肌ぬぎ姿の清瀬弁護士が金網ごしに筆記していた。東條さんは昔ながらの演説口調だった。昼食のとき東條さんと隣り合わせになったので、いろいろ話したが、東條さんは自分の個人弁論には一人の証人も要求しないと言っていた。戦時中の東條氏には、自分は反感をもっても好感はもてなかった。しかし、今はちがってきた。それは、東條さんが、国民にたいする責任の自覚で、いかに苦悩しているか、ということを知ったからである。今の日本には『俺は騙されたのだ』という人間ばかりで『自分に責任がある』と言いきれる人は少ない。……

「(昭和二三年一月二一日)市ヶ谷法廷に出かけた。いつも弁護士との打合せやなにかでいそがしそうな東條さんも、今日は少しひまらしかったので久しぶりにゆっくり話した。近頃、健康は何《どう》です、ときくと、躰の方は良いんだが、法廷で神経を使うので頭の方が疲れるという。いま市ヶ谷で裁かれている人の中には、何うともしてくれ！といった態度の捨てばちの人もいるが、東條さんはいつも真剣勝負のように緊張した態度で法廷と取っ組んでいるから精神的に疲れると思う。……

責任感が強く目前の責務に真摯に取り組む東條本然の生き方は、虜囚の身となった巣鴨でも少しも変わらない。

■下された判決

昭和二一年五月三日に始まった東京裁判の法廷における実質審理は昭和二三年四月一六日に終わり、半年もの休廷の後、同年一一月四日から判決公判が始まり一二日にすべての日程を終了した。検察側は起訴状において二八人のA級戦争犯罪人を五五の訴因で起訴したが、判決を下すに当たってウェッブ裁判長は検察側の起訴状の内容に重複や不明瞭な点があるとして、次の一〇訴因にしぼって有罪か無罪か考慮するとの判断を示した〔⑭〕。

旧訴因第11　一九二八年から敗戦の期間における共通の計画・共同謀議の立案実行
旧訴因第27　満洲事変以降の中華民国に対する侵略戦争の遂行
旧訴因第29　アメリカ合衆国に対する侵略戦争の遂行
旧訴因第31　イギリス連邦に対する侵略戦争の遂行
旧訴因第32　オランダ王国に対する侵略戦争の遂行
旧訴因第33　フランス共和国に対する侵略戦争の遂行
旧訴因第35　ソ連に対する侵略戦争の遂行（張鼓峰事件）
旧訴因第36　モンゴル人民共和国とソ連に対する侵略戦争の遂行（ノモンハン事件）
旧訴因第54　戦争の法規慣例に違反する行為を命令、授権、許可したこと
旧訴因第55　戦争の法規慣例を遵守する責任があるにもかかわらず、不注意または　故意に適当な

手段をとるべき義務を無視したことが記されている。――「一九四〇年に、かれは陸軍大臣になった。それ以後におけるかれの経歴の大部分は、日本の近隣諸国に対する侵略戦争を計画し、遂行するために、共同謀議者が相次いでとった手段の歴史である。というのは、これら計画を立てたり、これら戦争を行ったりするにあたって、かれは首謀者の一人だったからである。かれは巧みに、断固として、ねばり強く、共同謀議の目的を唱道し、促進した……」⑮。

東條は旧訴因36と54を除いて有罪とされた。判決文のほんの一節だが紹介してみよう。あり得ないこ

一一月一二日金曜日、午前九時三〇分に開かれた法廷では、二度の休憩をはさんで午後三時五五分過ぎから刑の宣告が行われ、裁判中に死去した松岡洋右と永野修身および精神障害で訴追から外された大川周明を除く二五人の被告全員が有罪とされた。

その刑を宣告順に列記すると、荒木貞夫（元陸軍大将）＝終身禁固刑、土肥原賢二（元陸軍大将）＝絞首刑、橋本欣五郎（元陸軍大佐）＝終身禁固刑、畑俊六（元陸軍大将・元帥）＝終身禁固刑、平沼騏一郎（元首相）＝終身禁固刑、広田弘毅（元首相）＝絞首刑、星野直樹（元企画院総裁・内閣書記官長）＝終身禁固刑、板垣征四郎（元陸軍大将）＝絞首刑、木戸幸一（元内大臣）＝終身禁固刑、木村兵太郎（元陸軍大将）＝絞首刑、小磯国昭（元陸軍大将）＝終身禁固刑、松井岩根（元陸軍大将）＝絞首刑、南次郎（元陸軍大将）＝終身禁固刑、武藤章（元陸軍中将）＝絞首刑、岡敬純（元海軍中将）＝終身禁固刑、大島浩（元陸軍中将）＝終身禁固刑、佐藤賢了（元陸軍中将）＝終身禁固刑、重光葵（元外相）＝七年の禁固刑、嶋田繁太郎（元海軍大将）＝終身禁固刑、鈴木貞一（元陸軍中将）＝終身禁固刑、東郷茂徳（元外相）＝二〇年の禁固刑、東條英機＝絞首刑、そして当日病気のため欠席した賀屋興宣（元蔵相）・白鳥敏夫（元イタリア

大使）・梅津美治郎（元陸軍大将）の三人はいずれも終身禁固刑である。刑言い渡しの時間は二十分にも満たず、午後四時一二分に終わった。

死刑執行は直ぐには行われなかった。アメリカ人弁護人の提案でアメリカ大審院（連邦最高裁判所）に訴えを起こす動きがあったからである。第二復員省調査部員として東京裁判に深く関わった元海軍少佐冨士信夫《ふじのぶお》によると、ブラナン弁護人が中心となり第11・27・29・31・32の五つの訴因で有罪となった嶋田、岡、東郷、木戸、佐藤について、東京裁判が公正を欠く裁判であること、「平和に対する罪」が不当であることなどを理由として大審院に「人身保護令適用」の訴願を、またスミス弁護人が広田、土肥原両被告の絞首刑再審査の訴願を提出した。一方、一一月三〇日に弁護団の訴願に関して何らかの措置がとられる前に処刑が執行されることはないと、マッカーサーが新聞記者に言明した旨の報道がなされた。俄然、マスメディアの目はアメリカ大審院に集まった。一二月六日正午（日本時間一二月七日午前二時）にアメリカ大審院は七被告の訴願の申し立てを聴取すること、および一六日に訴願を審議することを決定した。大審院では、原告側を代表としてローガン弁護人が東京裁判が合法性がなく、その判決は無効であることを主張し、他方アメリカ政府を代表してパールマン次長検事がマッカーサーの行動は一アメリカ市民の行動ではなく、極東委員会の決定および指令に基づく行動であり、大審院から彼に対して何らかの命令を出す筋合いはないと反論するなど活発な応酬が繰り広げられた。そして一二月二〇日、大審院の九人の判事は六対一（棄権一、保留二）を以て、極東国際軍事裁判所の判決に干渉する権限はないとして原告側の訴願を却下し、東京に通告した⑯。ただし東條について言えば、自分自身の訴願については拒否の姿勢を貫いた。清瀬によると「上訴してくれるな。もしなにかペティションでも出すならば、早く執行するようにいってくれ」というのが彼の心情だったという⑰。

こうして七人の死刑執行の日時はマッカーサーに一任されることになったが、早くも二三日の午前零時を期して行うことを決定した。一二月二三日は当時の皇太子、今上天皇の誕生日である。何と底意地の悪いやり方であろうか。

対日理事会（米英ソ中の代表で構成される最高司令官の諮問機関）のアメリカ代表で同理事会議長ウィリアム・シーボルトによると、マッカーサーは、アメリカの大審院には極東国際軍事裁判所のような国際裁判所の判決を再審する管轄権がないと確信していたようである。一二月六日、シーボルトに絞首刑の立会人として対日理事会代表の出席を求めるつもりだ、と語っている。そして一二月二一日、大審院の決定が下った翌日にマッカーサーはシーボルトに四理事国代表宛て死刑執行への立ち会いを求める同文の書簡を渡した。他の三人はイギリス連邦を代表するパトリック・ショウ、ソ連代表テレビヤンコ、中華民国代表商震である。話は前後するが、一一月二二日にマッカーサーはシーボルトと他の極東委員会構成国一〇カ国の代表を招いて判決についての意見を求めたことがあった。その時この四人は「変更なし」と答えている。ただしパトリック・ショウは「減刑に異論なし」と付けくわえてはいたが〔⑱〕。

■刑の執行

判決が下った時から七人の死刑囚と他のA級戦犯は引き離された。躰だけではない、心も隔たった。武藤章が「被死刑宣告者の手記」に書き留めている。「荒木さんからＡＢＣの順序に、一人づつ法廷に呼び出されて行く。荒木さんが笑いながら控室にかえって来た。待機者と話してはならぬ、奥の方に離れて坐る。次ぎに土肥原さんが出て来たが、控室を通りぬけて、次の食堂に行ってしまう。『はは』と思う。私も順番を待つために、控室から法廷の入口前に行く。広田さんが食堂の方に行く。板垣さんも行く。

木村さんに対する宣告は聞きとることができた。絞首刑だと。松井さんの宣告も聞いた。南さんは終審禁固といった。次は私の番だ」。武藤が食堂に入ると「一列に椅子にかけ、その前に憲兵が一人づつ立っていた」。最後が東條である。「しばらくすると東條さんが入ってきた。私は憲兵に煙草を喫ってよいかときくと、よいと答えたので、東條さん、松井さん、木村さんに分けてあげて火をつけた。ぽつぽつお互いに話す。少しも陰気な空気はない。東條さんは『君を巻添えに会わして気の毒だ。まさか君を死刑にするとは思わなかった』という。松井さんは『俺は長生きしすぎた』ともいう。隣室の方から話声がきこえる。嶋田さんの嬉しそうな高笑いが耳につく」。……それにしても荒木といい嶋田といい人間として、あるいは武人としての慎みを欠く、なんと嫌な奴だろう。

七人を乗せた自動車は暗くなってから市ヶ谷を出た。坂下門のところで、急に広田が起ち上がって手を振った。「お嬢さんがまだ待っていられたのだろう」と武藤は記している。拘置所に戻った七人は「いつもとは異なった部屋に入れられて、全裸にされ、一人づつ耳、口、鼻、肛門まで検査」され、第一棟三階の独房に導かれた。部屋には「畳はなかった。床板を張りかえて塵《ちり》が一杯だった。衣服や寝具がほおり込まれていた。一歩入るとガチャンと鉄扉が背に響いた。私は初めて自分が死刑囚であることを感じた。疲労はしていたが、私は投げ出された衣類を一応着た上、雑巾がないので沓下《くつした》の片方で部屋を拭いた。寝床も作った」〔⑲〕――こうして一カ月と一〇日に及ぶ七人の死刑囚の生活が始まった。

回数も時間も不明だが七人の死刑囚は家族との面会は許された。しかし判決後に彼らと繁く面談したのは教誨師である浄土真宗本願寺派僧侶の花山信勝《はなやましんしょう》である。判決から処刑に至るまでの七人の言行は花山の『巣鴨の生と死』に詳しいが、一読して違和感を覚えた。描かれている東條の姿が、印象として、何とも抹香くさいのだ。東條が安心立命の境地に到達したことは確かなことであろう。だがそれは仏の教え（あるいは花山の言葉）だけに由来するのではないと想像する。武人としての克己心が与《あずか》って力があったのではないか。

二二日午後七時からこの日二度目の、そして最後の個人面談があり、一一時半に終わった。広田が花山に語ったところでは、最後の晩餐には「米、味噌汁、肉、コーヒー、パン、ジャムが出た」という。

午後一一時半過ぎ三階から処刑の最初の組が土肥原、松井、東條、武藤の順で列をつくり、それぞれ監視二人に付き添われて降りてきた。「両手には手錠がかけられ、さらに手錠は褌《ふんどし》バンドで股に引っかけられていた……着物はいつも着ていられた米軍の作業着」だった。簡単に仏事を済ませたあと、各人にコップ一杯のブドウ酒と水が振舞われた。手が使えないので花山がコップを各人の口につけて飲ませた。松井の音頭で四人は「天皇陛下万歳」「大日本帝国万歳」を三唱し、徒歩で二分ほどの別棟に新たに設けられた刑場に向かった。アメリカ人教誨師とともに花山も付き添ったが、花山は処刑場に入ることは許されていず入口で引き返している。「その途中、ガタンという音をうしろに聞いた」〔⑳〕。

万歳三唱の声は立会人として死刑執行室にいたシーボルトの耳に届いた。間もなく二三日午前零時二、三分頃に四人が入室してきた。その後に起こったことはドキュメンタリーや映画などで見られる情景である。シーボルトがわずかに書き留めているが引用するに忍びない。付き添った医師の報告によると東條の死亡時刻は一二時一〇分三〇秒、六三年の生涯だった。〔㉑〕。

家族の嘆願にもかかわらず、遺体は彼らのもとに帰ってくることはなかった。「火葬に付され、死刑になった指導者たちの墓が将来、神聖視されることのないように、遺灰はまき散らすことになっていた」のだという〔㉒〕。背中に「P」とある作業着のままで死刑台に送ったことといい、遺体の始末といい、惻隠《そくいん》の情の欠片《かけら》もないこの徹底ぶりはある意味では見事と言うほかない。もっとも遺骨については、アメリカのやりくちに挑戦した人物がいる。小磯国昭の弁護人だった三文字(さんもんじ)正平(しょうへい)である。処刑前に、七人の遺体が当時アメリカ軍専属となっていた横浜市の久保山火葬場で荼毘《だび》に付されることを知った三文字は、同地の興福寺住職市川伊雄と久保山火葬場長飛田美善の協力を得て遺骨の奪取を図ったが、アメリカ兵に感づかれて失敗に終わった（遺骨は東京湾にばら撒かれたという）。しかしクリスマスイヴで監視が緩やかになったことが幸いして、三人は粉々に砕かれてどれがだれのものか分からなくなった骨壺一杯分の残骨を持ち出すことができた。現在その遺骨は愛知県西尾市東幡豆《はず》の三ヶ根山《さんがねさん》に建立された〃殉国七士墓〃に安置されている〔㉓〕。三河湾を望む風光明媚なところというが、筆者は未だ訪ねてはいない。

東條は辞世とされるいくつかの歌を遺している。二つほど記しておきたい。

われ往くもまたこの土地にかへりこむ国に報ゆることの足らねば

例へ身は千々にさくとも及はじな栄へし御代をとせし罪は

終　章　罪なき者まず石もて投げうて

昭和二七（一九五二）年四月二八日、前年九月八日にサンフランシスコで調印された対日平和条約の発効にともなってＧＨＱが廃止された。この項を記している平成二九（二〇一七）年で六五年になる。しかし、なおわれわれ日本人の多くはＧＨＱ——つまりはアメリカが強制した史観に呪縛されているように見える。東條英機は軍国主義者・独裁者であり、彼が率いる軍部が大陸に侵略の矛先を向け、アメリカに攻撃を加え、東南アジアを席巻し、日本の国民とアジアの諸国民に塗炭の苦しみを味合わせたという歴史解釈が政治、経済、マスメディア、教育、研究の場において依然としてパラダイム（支配的な認識）となっている。少しでも異論を唱えようなら、冷たい視線を浴び、時として総口撃の目にあうだろう。

だが東條英機は、陸軍という日本最強にして最大と言うべき組織の一方の頭目ではあっても、軍国主義者とか独裁者にはほど遠い。自らが属する陸軍内部においても威令が完全には行き渡らず、海軍に至っては一指だに触れることができなかった。そんな独裁者などいるはずがない。しかも東條は陸軍軍人たることに誇りをもってはいたが、決定機に際会した折りの判断や行動の規準は「陸軍の総意」よりは外——つまり天皇にあった。石井秋穂が聞いた「私は天子様がこうだとおっしゃったら、ハイと言って引き退ります」という言葉がよくそのことを表している。一面において「常に身辺に鋭気を漲らせ、人をして争気を感じせしむる」（矢次一夫）性格であったにせよ、自らに聖性を認めるような傲岸《ごうがん》不遜《ふそん》の人間では断じてなかった。与えられた任務を疎《おろそ》かにせず真面目に取り組んだ。身辺諸事清潔で金銭にも酒食にも女性にも貪婪《どんらん》なところがなく、自らの処世のためにあれこれ策を弄したり闇夜に権門を叩くというようなこともしなかった。敵にすれば手強い人物であったろうが、部下の面倒見がよく、また演技ではなく天性として「（町の）おかみさんと対等に話せる人」（柄沢好三郎）だった。理を以て説けば分かる人で、いったん納得したならば果断に実行して行くことは樋口季一郎や重光葵が語っているとおりである。

しかし、太平洋戦争を始めた張本人として今に至るまで憤怒怨嗟の声を一身に集めている。前にも言ったことだが、ではハル・ノートを接受した段階で、東條以外の誰が首相だったら対米戦争を回避できたというのであろうか。大陸で合法的に日本および入植者が得た権益や財産を、全部とは言わないまでも、とにかく失わずに名誉ある撤退を実現し、米英の経済的圧迫を停止させ、国内の世論をなだめ、急進派軍人の暴発を未然に防ぐことのできる、首相有資格者の軍人、政治家、官僚その他がいたら名を挙げてもらいたい。安易に軍国主義者や独裁者に仕立てたり、自らの見識・能力・勇気の無さの隠れ蓑にしたり、さらには戦争加担のアリバイ（不在証明）作りに利用したり……東條ひとりを悪人にしておけば、政治や軍事に関わった連中には何かと便利であろうし、学者やジャーナリストにすれば研究や著作には楽だろう。

日本が中国大陸に向けて侵略戦争を行ったという連合国側の主張も、額面どおりに受け取るわけにはゆかない。たとえば満洲事変における日本軍の行動は、日本が条約その他で獲得した合法的な権益に対する中国側の違反行為、流血をともなう排日運動、日本人居留民に対する通商妨害などが一因となって行われたものである。極東情勢に詳しいアメリカの外交官ジョン・A・マクマリーは「日本をそのような行動に駆り立てた動機をよく理解するならば、その大部分は中国の国民党政府が仕掛けた結果であり、事実上中国が『自ら求めた』災いだと、我々は解釈しなければならない」と語り〔①〕、また国際連盟派遣のリットン調査団の報告書ですら、満洲事変について「この紛争は、一国が国際連盟規約の提供する調停の機会をあらかじめ十分に利用し尽くさずに、他の一国に宣戦を布告したといった性質の事件ではない。また一国の国境が隣接国の武装軍隊によって侵略されたといったような簡単な事件でもない。なぜなら満洲においては、世界の他の地域に類例を見ないような多くの特殊事情があるからだ」と指摘しているのである〔②〕。

さらに軍部主導の内外政策に批判的だった二人の知識人の言説も満洲事変を考える上で大いに参考となろう。一人は新渡戸稲造に学んだキリスト教徒にして東京帝国大学経済学部教授の矢内原忠雄《やないはらただお》である。矢内原は雑誌『改造』の昭和七年九月号に発表した論文「満洲新国家論」において「客観的情勢と歴史的事情を無視して感情的なる排外運動に猪突するは、決して国民的統一を達成する所以《ゆえん》ではない。況んや不誠実なる以夷制夷《いをもっていをせいす》の政策おや。不信の態度をや。満蒙問題が新満洲国の建設という如き結末を見るに至りし原因の一つには、支那の利権回収熱の燥急性をも挙げねばならないのである」と指摘する（矢内原の言う「以夷制夷」政策とは当面の敵日本を打倒するために米英ソ連の力を利用するということだろう）。もう一人は戦前における自由主義者の代表格ともいうべき河合栄治郎《かわいえいじろう》である。河合は支那事変の起こった昭和一二年一一月号の『中央公論』に発表した「日支問題論」の中で、満洲事変が「止むを得ない帰結であったと思う」理由を挙げて次のように述べている。「たとえ支那の国民主義的統一に同情しようとも、待つに礼節を以てし、求むるに懇願を以てすれば兎《と》も角《かく》も、南満州の権利は当然に支那に帰属すべきだとの根拠の上に、既存の日本の権利を奪還しようと云う態度を以て臨む時に、超人間的好意を表するに非ざる限り、之を唯々《いい》として承諾しえないのは当然と云わねばならない」。

支那事変も日本軍の侵略行動から始まったわけでも、自ら望んだ戦いでもなかった。義和団事件の北京議定書で認められた駐留日本軍に対する中国側の発砲に端を発した小規模な衝突が、日華双方の対応の拙さに加え米英ソ、さらに日本の友邦ナチス・ドイツさえも蒋介石政権を支援したことと相俟って全面戦争へとエスカレートし、かつ長期化したのである。小規模の紛争が、当事者の意図や思惑をこえて思わざる重大な結果を生むことは不幸にもありうることで、それは侵略などとは直接には関係のないことだろう。

米英蘭に対する戦いも侵略戦争ではない。大戦の詔勅が唱っているように、そして東條が繰り返し力説しているようにそれは自存自衛の戦いだった。敵将マッカーサーも、アメリカ議会で「彼らが戦争に飛び込んでいった動機は、大部分が安全保障の必要に迫られてのことだったのです」と述べている。

それにしても、アメリカ御用達《ごようたし》史観が、依然として幅を利かしているのは、一体全体どうしたことなのであろうか。渡部昇一がいみじくも指摘しているように、それはアメリカ軍の日本占領によって利益を得た者、つまり戦時利得者ならぬ敗戦利得者の存在に負うところがきわめて大きいのではないか（③）。ＧＨＱは戦前、戦中を通じて日本を指導してきた政治家、軍人、新聞・出版人、中央・地方の官吏、企業人など二〇万もの人間を公職から追放した。その結果、一般企業にたとえて言うなら、平社員が係長に、係長が課長に、課長が部長に、部長が重役に昇進するようなことが起こった。敗戦利得者の誕生である。

問題は、〝象牙の塔〟において、かつてその社会主義思想や運動の故に大学を追われた教授たちの多くが復権し、解放者たるＧＨＱと轡《くつわ》を並べ、真偽とりまぜ日本の旧悪を熱心に告発したことである。社会主義者だけではない。身過ぎ世過ぎのために心ならずも、はたまた積極的に、多くの人士がその陣営に馳せ参じた（学会や論壇に群生したいわゆる進歩的文化人と称される一群の知識人はこの身過ぎ世過ぎ派ではないのか。いずれ論じてみたい）。そして彼らが薫陶した学生のある者は師の衣鉢《いはつ》を受け継いで大学の教壇に立ち、ある者は政官界に身を置き、ある者は経済界に進み、ある者はマスメディアの住人となる。

日本の「悪行」が大学で講じられ、講じた教授が執筆した中高生向け教科書に載った。——こうしてアメリカ御用達史観が拡大再生産され、大東亜戦争史解釈のカノン（正統教義）となった。新聞などマスメディアや著名な出版社が総本山の役割を担い、そこから発せられる有難い御言葉に世の善男善女がひれ伏した。

筆者のごく素朴な疑問なのだが、自分が生まれ育ち、自然や文化や伝統という汲めども尽きぬ恵みを与えてくれた母なる国の「悪行」を虚実とりまぜ言い募《つの》る情熱とは、いったい何に由来するのであろうか。いずれ天皇制を打倒し社会主義社会を創建するというような党派的思惑なのか、処世のためなのか、あるいは金銭や酒色を振る舞う近隣国家から使嗾《しそう》されてのことなのか、それとも知識人としての良心とでも言うのであろうか。

党派的思惑、処世、他国からの使嗾は論外にしても、筆者はこの知識人の良心というものにも信用がおけないのである。もし復権した社会主義者や身過ぎ世過ぎ派や彼らに言論の場を提供したマスメディアに性根《しょうね》、言論人・学者のプロとしての性根があったのなら、昭和二七年に、終戦この方、自分たちの表現・文筆活動がＧＨＱの徹底した統制下におかれていたということを明確にすべきであった。この点において、とりわけ大新聞の罪は深く重い。かつては政府・軍部のお先棒を担ぎ、戦後はＧＨＱの手代となった。彼らは「軍国主義者」による言論弾圧を告発するが、ＧＨＱのそれについて今に至るまでほとんど口を噤んでいるかのようである。「軍国主義者」が言葉を奪ったというのなら、ＧＨＱも奪ったのである。当事者なのだから多くの資料を持っているはずなのにその実態を明らかにしようとしない（筆者が手にできたのは読売新聞社刊の高桑幸吉『マッカーサーの新聞検閲』のみである）。逆にかつての日本の「悪行」を、時には虚偽を盛ることをしてまでも、近隣諸国の政府と一緒になって倦むことなく非難する。

そのようなマスメディアとそこに蝟集する知識人の良心とはいったい何なのであろうか。他国からの、それも自国の名誉に関わる非難や告発に対して、全力で反証を探し異議申し立てをするというのが、ごく普通の、健全な反応だと筆者は思う。ところがわが国の政治家や知識人・マスメディアの一部には、不健全な、ねじくれた精神を持つ人間が生息しているようである。加えて、彼らの御託宣に拝跪、付和雷同する大衆も。

山本夏彦は、人間には金銭欲・食欲・性欲の三欲に負けず劣らず、他人から良心的と思われたい欲があると喝破《かつぱ》したが、彼らの持つ良心とはせいぜいがこの手の良心ではないかと筆者は疑っている。その口から衝いて出てくるのは常に世人にとっては一見申し分のない言葉である。曰く世界の平和、曰く人類の福祉向上、曰くアジア・アフリカ諸国との連帯、曰く近隣諸国との友好協力、曰く核兵器の廃絶等々。しかし万人の耳に申し分のない、心地良い言葉ならば、それは胡乱《うろん》である（と言ったのも山本夏彦であったか）。とりわけ〝平和の時の平和論〟はその最たるものだろう。戦うか否かの決定機を迎えて口を噤《つぐ》むならまだしも、政府・国民を叱咤した者が国破れてから実は戦争に反対だった、平和は尊い、国民に大厄災を与えた軍国主義の復活を許してはならない、と声を張り上げるのは、何ともはやおぞましい。

大方の読者がそうだと思うのだが、筆者にも自らに課す掟が一つ二つある。正義とか良心を錦の御旗に他を批判すまいと肝に銘じている。

唐突だが、新約聖書ヨハネ伝にイエスの次のような言葉がある。わが自戒の箴言《しんげん》である。キリスト教徒でもない筆者が、その言葉を知ったのは福田恆存の著作であったかと記憶している。

イエスがオリーヴ山で民衆に向かって説教していると、パリサイ人たちが一人の女を連れてやってきて、この女は姦淫《かんいん》をした女である、罰せよとイエスに迫った。ところがイエスは無言で地べたにしゃがみ込み、何か字を書いている。パリサイ人たちは苛立ってまた迫った。この女を罰せよと。するとイエスはすっくと立ち上がり彼らに向けて言い放った。「汝らのうち罪なき者まず石もて投げ打て」と。

註

英文文献の引用について。わずかだが書名の表記に略称を用いた。

F.R.　U.S.Dept.of State：*Foreign Relations of the United States diplomatic papers*

F.R.Japan　U.S.Dept.of State：*Foreign Relations of the United States diplomatic papers,Japan,1931-1941*

P H A　U.S.Cong.：*Hearing before the Joint Committee on the Investigation of the Pearl Harbor Attack*［79th Cong.,1st sess.］

序　章

①マックス・ヴェーバー（脇圭平訳）『職業としての政治』（岩波文庫、二〇〇六年）九四頁

②小林秀雄「吉田満の『戦艦大和の最期』」（『旧版小林秀雄全集（8）』新潮社、昭和四二年）

③福田恆存「ふたたび平和論者に送る」（『福田恆存全集（3）』文藝春秋、昭和六二年）

④西尾幹二『歴史を裁く愚かさ』（ＰＨＰ研究所、一九九七年）三三頁

第1章

①長岡外史文書研究会『長岡外史関係文書・回顧録編』（吉川弘文館、平成元年）四五～四六頁

②ロバート・ビュート（木下秀夫訳）『東條英機（上）』（時事通信社、昭和三六年）一五頁

③上法快男編『東條英機』（芙蓉書房、昭和四九年）六五五頁

④同右、六九〇頁

⑤矢次一夫『東條英機とその時代』（三天書房、昭和五五年）一八頁
⑥都築高紹『日露戦史（前編）』（帝国史学会、明治三九年）四三七頁
⑦参謀本部編『明治三十七八年日露戦史（2）』（東京偕行社、大正元年）一八三頁
⑧保阪正康『東條英機と天皇の時代（上）』（伝統と現代社、一九八〇年）二〇頁
⑨安井滄溟『陸海軍人物史論』（博文館、大正五年）一一六、一一八頁
⑩東條由布子『家族愛』（春日出版、二〇〇九年）二一二～二一三頁
⑪東條勝子「戦後の道は遠かった」（『文藝春秋』昭和三九年六月号）
⑫東條勝子「顧みる三十年の生活」（『主婦の友』昭和一六年一月号）
⑬佐藤早苗『東條勝子の生涯』（時事通信社、一九九二年）八八～八九頁／東條由布子、前掲書第一章
⑭佐藤早苗、同右八三頁
⑮金子定一「東條・板垣言行側面紀（一）」（『奥羽史談』第一七号）
⑯秦郁彦編『日本陸海軍総合事典』（東京大学出版会、一九九四年）五三三～五三四頁
⑰保阪、前掲書四一頁
⑱伊藤述史「東條大尉と山下大尉」（『文藝春秋』昭和二七年六月号）
⑲上法、前掲書六八一、六八九～六九〇頁
⑳沖修二「東條英機の恋人」（『別冊週刊漫画』昭和三四年一二月一日号）
㉑楳本捨三『東條英機・その昭和史』（秀英書房、昭和五四年）四二～四三頁
㉒佐藤早苗、前掲書九三～一一七頁
㉓ロバート・ビュート、前掲書二六頁

第2章

①毎日新聞百年史刊行委員会『毎日新聞百年史』(非売品、昭和四七)一五三〜一五四頁
②桶谷秀昭『昭和精神史』(文藝春秋、平成四年)一〇頁
③村上重良編『正文訓読・近代詔勅集』(新人物往来社、昭和五八年)二五七〜二五九頁
④中村隆英『昭和史Ⅰ』(東洋経済新報社、一九九三年)一五〜一六頁
⑤伊藤正徳『軍閥興亡史(2)』(光人社NF文庫、一九九八年)一二二頁
⑥松村秀逸『三宅坂』(東光書房、昭和二七年)二三、二七〜二八頁
⑦佐藤賢了『東條英機と太平洋戦争』(文藝春秋新社、昭和三五年)九頁
⑧上法、前掲書六三五頁
⑨横山臣平『秘録石原莞爾』(芙蓉書房、昭和四九年)一三八〜一三九頁
⑩福田和也『地ひらく(上)』(文春文庫、二〇〇四年)二〇四〜二〇五頁
⑪稲葉正夫「永田鉄山と二葉会・一夕会」(永田鉄山刊行会『秘録永田鉄山』)/高橋正衛『昭和の軍閥』(中公新書、昭和四六年)六八〜七二頁
⑫上法、前掲書六七一〜六七四、七二六〜七二七頁/保坂、前掲書六六〜六七頁
⑬赤松貞夫『東條秘書官機密日誌』(文藝春秋社、昭和六〇年)二五七頁
⑭高宮太平『昭和の将帥』(図書出版社、昭和四八年)六二〜六三頁
⑮池田純久『日本の曲り角』(千城出版社、昭和四二年)三二頁
⑯松村、前掲書六六頁
⑰保坂、前掲書八八頁

⑱高宮太平『軍国太平記』(酣燈社、昭和二六年)七三〜七四頁/保坂、前掲書八九頁
⑲松本清張『昭和史発掘(7)』(文春文庫、一九七八年)一一八〜一一九頁

第3章

①武藤富男『私と満州国』(文藝春秋、一九八八年)二三二頁
②渡部昇一解説・編『全文リットン報告書』(ビジネス社、二〇〇六年)一一七頁
③黄文雄『満洲国は日本の植民地ではなかった』(ワック社、二〇〇五年)一五〇〜一五一頁/宮崎政　弘他編『シナ人とは何か』(展転社、平成二一年)一六七〜一六八頁
④前掲『全文リットン報告書』八七頁
⑤レジナルド・ジョンストン(中山理訳)『紫禁城の黄昏(下)』(祥伝社、平成一七年)三九三頁
⑥小堀桂一郎他編『東京裁判却下未提出弁護側資料(5)』(国書刊行会、平成七年)五二六〜五二八頁
⑦深田祐介『大東亜会議の真実』(PHP新書、二〇〇四年)八六頁
⑧ジョージ・ブロンソン・レー(田村幸策訳)『満洲国出現の合理性』(日本国際協会、昭和一一年)三五九〜三六〇頁
⑨ハレット・アベンド他(村田孜郎・中村常三)『支那は生存し得るか』(教材社、昭和一二年)六四〜六七頁
⑩Irving S.Friedman:*British relations with China:1931-1939*(Institute of Pacific Relations,1940)pp.58-59/ヘレン・ミアーズ(伊藤延司訳)『アメリカの鏡・日本』二九七〜二九八頁
⑪鄧雲特(川崎正雄訳)『支那救荒史』(生活社、昭和一四年)一〇九頁
⑫大谷敬二郎『昭和憲兵史』(みすず書房、一九七九年)四〇九頁

⑬楪本、前掲書五〇～五二頁
⑭星野直樹『見果てぬ夢』（ダイヤモンド社、昭和三八年）一八五頁
⑮関東軍司令部「満洲国の内面指導に付いて」（臼井勝美・稲葉正夫編『現代史資料（99）』みすず書房、一九六四年）
⑯閣議決定「満洲国指導方針要領」（小林竜夫・嶋田俊彦編『現代史資料（7）』みすず書房、一九六四年）
⑰国際善隣協会編『満洲建国の夢と現実』（謙光社、一九七五年）一〇六～一〇七頁
⑱陸軍省記録『昭和一二年　陸満密大日記』（防衛研究所所蔵）
⑲防衛庁防衛研修所戦史室『支那事変陸軍作戦〈1〉』（朝雲新聞社、昭和五一年）二四〇～二四一頁／河野収編『近代日本戦争史（3）』（同台経済懇話会、平成七年）二八〇～二八二頁
⑳上法、前掲書六三一～六三二頁
㉑同右、六三三頁
㉒同右、五四九～五五〇頁
㉓横山、前掲書三〇九頁
㉔青江舜二郎『石原莞爾』（読売新聞社、昭和四八年）二九五頁
㉕横山、前掲書二七九～二八〇頁／高橋正衛、前掲書二二三頁
㉖青江、前掲書二九五頁
㉗成瀬治他編『世界歴史体系（33）ドイツ史』（山川出版、一九九七年）二四三～二四四頁
㉘上杉千年『猶太《ゆだや》難民と八紘一宇』（展転社、平成一四年）六四頁
㉙樋口季一郎『アッツ・キスカ軍司令官の回想録』（芙蓉書房、昭和四六年）三五三～三五四頁
㉚安江弘夫『大連特務機関と幻のユダヤ国家』（八幡書店、一九八九年）二五八頁

第4章

①樋口、前掲書三七四頁（同書に講演が一〇月とあるのは記憶違いであろう）
②赤松、前掲書一四頁
③山中峯太郎『陸軍反逆児』（小原書房、昭和二九年）一九六〜一九八頁
④武藤章『比島から巣鴨へ』（中公文庫、二〇〇八年）五九頁
⑤山本七平『一下級将校の見た帝国陸軍』（朝日新聞社、昭和五一年）三〇八〜三〇九頁
⑥鹿島平和研究所編『日本外交史(22)』（鹿島研究所出版会、昭和四五年）一五一〜一五八頁（以下同シリーズは『日本外交史』として引用）
⑦佐藤賢了、前掲書一三九〜一四〇頁
⑧日本国際政治学会太平洋戦争原因研究部会編『太平洋戦争への道（6）』（朝日新聞社、一九八七年）二四二〜二四三頁（以下同シリーズは『太平洋戦争への道』として引用）
⑨日本軍のムラ的性格については拙稿「旧日本軍に関する一考察」（『社会科学討究』第一〇一号）
⑩外務省編『日本外交年表竝主要文書（下）』（原書房、昭和五三年）四二七頁（以下同書は『年表・文書』として引用）
⑪実松譲編『現代史資料(35)』（みすず書房、一九六九年）九二〜九三頁／防衛研修所戦史室『大本営陸軍部〈2〉』（朝雲新聞社、昭和四三年）二七八〜二八〇頁
⑫『年表・文書』四三五〜四三八頁
⑬参謀本部編『杉山メモ（上）』（原書房、昭和五三年）三八〜四〇頁
⑭『年表・文書』四五九頁
⑮『杉山メモ（上）』四九頁

⑯新田満夫編『極東国際軍事裁判速記録（8）』（雄松堂書店、昭和四三年）一七五〜一七六頁〔以下同シリーズは『東京裁判記録』として引用〕
⑰F.R.Japan 1931-1941,vol.2,pp.211-273.
⑱中村隆英・原朗編『現代史資料（43）』（みすず書房、一九七二年）五七一、五九〇〜五九一頁
⑲拙稿「一九三九〜四一年におけるアメリカの対英援助と軍備増強」（『社会科学討究』第九八号）
⑳同右
㉑PHA ,part 15,pp.1425-1426.
㉒外務省外交史料館他編『日本外交史辞典』（山川出版社、一九九二年）九四九頁

第5章

①ソ連を含む欧米の援蔣行為については拙稿「日中戦争期におけるアメリカの対日経済制裁と対華援助」（『アジア研究』第三三巻第一号）
②『年表・文書』四九一〜四九二頁
③三輪公忠『松岡洋右』（中公文庫、昭和四六年）一七七頁
④アンドリュー・ナゴルスキ（津守京子訳）『モスクワ攻防戦』（作品社、二〇一〇年）五六〜五九頁／ピーター・ヤング（戦史刊行会訳）『第二次世界大戦通史』（原書房、一九九四年）九〇〜九五頁
⑤関特演の経緯は前掲『大本営陸軍部〈2〉』の第三章（南北併進）
⑥『年表・文書』五三一〜五三二頁
⑦『杉山メモ（上）』二四五頁

⑧伊藤隆・照沼康孝編『続・現代史資料（4）』（みすず書房、一九八三年）三〇九頁
⑨『東京裁判記録（8）』一八七頁
⑩日本近代史史料研究会編『岩畔豪雄氏談話速記録』（昭和五二年）二六八頁
⑪同右、二八四頁
⑫『太平洋戦争への道（別巻）』三九〇〜三九二頁
⑬佐藤賢了『大東亜戦争回顧録』（徳間書店、昭和四一年）一一四頁
⑭『東京裁判記録（8）』一八二頁
⑮『太平洋戦争への道（7）』一六一頁
⑯H.L.Ickes : *The Secret Diary of Harold L.Ickes*, vol.3（Weidenfeld & Nicolson,1955）p.567.
⑰*F.R.1941*,vol.4,pp.124-125
⑱*F.R.1941*,vol.4,pp.197,209.
⑲野村吉三郎『米国に使して』（岩波書店、昭和二一年）五三頁
⑳『日本外交史（23）』九四〜九六、三三一〜三三二頁
㉑近衛文麿『平和への努力』（日本電報通信社、昭和二一年）六七〜六八頁
㉒軍事史学会編『機密戦争日誌（上）』（錦正社、平成一〇年）一三三、一三五頁

第6章

①『東京裁判記録（8）』一八五〜一八六頁
②『杉山メモ（上）』一三三頁

③同右、二六〇頁
④『年表・文書』五三四頁
⑤『杉山メモ（上）』二七九頁
⑥幣原喜重郎『外交五十年』（原書房、昭和四九年）二〇二～二〇四頁
⑦上法快男編『軍務局長武藤章回想録』（芙蓉書房　昭和五七年）二三九～二四〇頁
⑧ジョゼフ・C・グルー（石川欣一訳）『滞日十年（下）』（毎日新聞社、昭和二三年）一六一頁
⑨鈴木晟「日本人の対外イメージについての一考察」（『外交時報』一九九三年一〇月号）
⑩山本七平『現人神の創作者たち』（文藝春秋社、昭和五八年）二〇頁
⑪佐伯彰一『日米関係のなかの文学』（文藝春秋社、昭和五九年）三五七頁
⑫小此木啓吾『モラトリアム人間の時代』（中央公論社、昭和五三年）二四七頁。
⑬近衛文麿『失はれし政治』（朝日新聞社、昭和二一年）一〇三～一〇六頁
⑭Winston S.Churchill : *The Second World War*（Houghton Mifflin,1976-1981）vol.3,p.390
⑮野村吉三郎、前掲書九三頁
⑯同右、付録九五頁
⑰*F.R.1941*,vol.4,pp.370-376.
⑱W.L.Langer and S.E.Gleason : *The Undeclared War,1940-1941*（Harper & Brotuers Publishers,1953）p.696.
⑲防衛研修所戦史室『大本営陸軍部　大東亜戦争開戦経緯〈4〉』（朝雲新聞社、昭和四九年）四四〇～四四一頁
⑳野村、前掲書九四頁
㉑前掲『大本営陸軍部　大東亜戦争開戦経緯〈4〉』四五五頁

㉒野村、前掲書一〇一～一〇三、一〇八頁
㉓同右、付録一一〇～一一一頁
㉔『杉山メモ（上）』三一二頁
㉕近衛『失はれし政治』一二〇～一二三頁／『杉山メモ（上）』三一〇～三一一頁
㉖佐藤賢了、前掲『大東亜戦争回顧録』一五八頁
㉗グルー、前掲書一七九～一八〇頁／近衛『失はれし政治』一二三～一二四頁
㉘*F.R,Japan,*1931-1941,vol.2,648-650. ／グルー、前掲書一九〇～一九六頁
㉙『日本外交史（23）』二三八頁
㉚*F.R,Japan,1931-1941,*vol.2,p.658. ／『日本外交史（23）』二四〇～二四一頁
㉛U.S.Dept.of State：*Pease and War：U.S.Foreign POlicy,1931-1941*（U.S.Govt.Print.Off.,1943）p.132.
㉜Samuel.E.Morison：*The Battle of the Atlantic,September1939-May1943*（Univ.of Illinois Press,renewed1975）
pp.79-80／Morison：*The Two-Ocean War*（Little,Brown and Co.,1963）pp.36-37／David M.Kennedy：*Freedom from Fear：The American People in Depression and War,1929-1945*（Oxford Univ.Press,1999）p.499.
㉝Robert E.Sherwood：*Roosevelt and Hopkins*（Harper & Brothers 1948）p.382.
㉞S.Conn& B.Fairchild：The Framework of Hemisphere Defense（Office of the Chief of Military History, Dept. of the Army, 1960）p.135.
㉟John.K.Emmerson：*The Japanese thread：a life in the U.S. Foreign Service*（Holt, Rinehart and Winston, 1978）pp.116-118
㊱ゴードン・プランゲ（土門周平他訳）『真珠湾は眠っていたか（Ⅰ）』（講談社、一九八六年）六一頁

㊲クリストファー・ソーン（市川洋一訳）『米英にとっての太平洋戦争（上）』（草思社、一九九五年）一九八、二三九頁

第7章

①*Peace and War*,p.135.
②『日本外交史（23）』二七二頁
③『東京裁判記録（3）』一一四頁
④M.Matlof & E.M.Snel:*Strategic Planning for Calition Warfare,1941-1942*（Office of The Military History,U.S.Dept. of The Army,1950）p.74.
⑤荻外荘会談における各人の発言は『杉山メモ（上）』三四五～三四七頁
⑥富田健治『敗戦日本の内側』（古今書院、昭和三七年）一八四～一八五頁
⑦『東京裁判記録（8）』一九二頁
⑧菅井斌麿「将軍は語る・菅井斌麿少将」（『偕行』昭和六二年一月号）
⑨富田、前掲書一八八～一八九頁
⑩近衛『失はれし政治』一三五～一三六頁
⑪佐藤賢了、前掲『大東亜戦争回顧録』一七七頁
⑫近衛『失はれし政治』一三八～一三九頁
⑬マックス・ヴェーバー、前掲書一〇、七七、九四、一〇五～一〇六頁
⑭岡義武『近衛文麿』（岩波新書、一九七二年）八三、九〇、九三頁

⑮木戸幸一『木戸幸一日記（下）』（東京大学出版会、一九八〇年）九一七頁
⑯同右、九一六頁
⑰木戸幸一研究会編『木戸幸一関係文書』（東京大学出版会、一九七八年）四八一～四八五頁
⑱赤松、前掲書二六頁
⑲『木戸幸一日記（下）』九一七頁
⑳佐藤賢了、前掲『大東亜戦争回顧録』一七七～一七八頁
㉑赤松、前掲書二八頁
㉒上法、前掲『軍務局長武藤章回想録』二六九頁
㉓東郷茂徳『東郷茂徳外交手記』（原書房、昭和五三年）一六一頁
㉔賀屋興宣『戦前・戦後八十年』（経済往来社、昭和五一年）一二八～一二九頁
㉕『東京裁判記録（8）』一九三頁
㉖寺崎英成『昭和天皇独白録』（文藝春秋社、一九九一年）一三六～一三七頁
㉗日本近代史史料研究会編『西浦進氏談話速記録（下）』（昭和四三年）三五六頁
㉘『木戸幸一関係文書』三九頁
㉙F.R.1941,vol.4.,pp.541-542／グルー『滞日十年（下）』二一八～二一九頁
㉚F.R.1941,vol.4.,pp.519,522-523
㉛須藤眞志「東条内閣と日米交渉」（『京都産業大学論集』第一〇巻第一号）

第8章

①参会者の発言は『杉山メモ（上）』三七二～三七七頁／『機密戦争日誌（上）』一七八～一八一頁
②『杉山メモ（上）』三八〇頁
③『杉山メモ（上）』三六二頁
④『機密戦争日誌（上）』一七八～一八一頁
⑤『杉山メモ（上）』四一七～四一九頁
⑥御前会議での各人の発言・説明は『杉山メモ（上）』四〇六～四三〇頁
⑦来栖三郎『泡沫の三十五年』（中公文庫、昭和六一年）二六頁
⑧『杉山メモ（上）』四二五頁
⑨この点については拙著『臨時軍事費特別会計』（講談社、二〇一三年）第二、三章
⑩有沢広巳『学問と思想と人間と』（毎日新聞社、昭和三二年）一八七～一九一頁
⑪C.W.Wright：*Economic History of the United States*（McGraw-Hill,1949）p.800.
⑫P.W.Bidwell：Our Economic Warfare（*Foreign Affairs*,April 1942）
⑬Alvin.H.Hansen：*The American Economy*（McGraw-Hill,1957）p.25.
⑭*PHA*,part14,pp.1061-62,1083／実松譲編『現代史資料（34）』三三三～三三五頁
⑮ハル・ノートについては須藤眞志『ハル・ノートを書いた男』（文春新書、平成一一年）がその意義を正しく指摘している。
⑯*PHA*,part11,pp.5420-5422.／実松譲編『現代史資料（34）』二二一～二二二頁
⑰『年表・文書』五六三～五六四頁／須藤眞志、前掲書一七一～一七三頁

⑱『東京裁判記録（8）』一九九頁
⑲前掲『東郷茂徳外交手記』二五一頁
⑳『東京裁判記録（8）』一七〇頁
㉑*PHA*,part11,p.5422.／実松譲編『現代史資料（34）』二三頁
㉒*F.R.1941*,vol.4,p.686.
㉓前掲『木戸幸一日記（下）』九二七頁
㉔『東京裁判記録（8）』二〇二頁／『木戸幸一日記（下）』九二八頁
㉕岡崎久彦『重光・東郷とその時代』（ＰＨＰ文庫、二〇〇三年）三九七頁
㉖『第七十七帝国議会衆議院議事速記録第二号』一七〜一八頁
㉗『第七十七帝国議会衆議院議事速記録第三号』四一〜四二頁

第9章

①防衛研修所戦史室『大本営陸軍部　大東亜戦争開戦経緯〈5〉』五一九〜五二一頁
②『東京裁判記録（8）』二〇四頁
③『年表・文書』五六九〜五七三頁
④たとえば秦郁彦『昭和史の謎を追う（上）』（文藝春秋社、一九九三年）、須藤眞志『真珠湾〈奇襲〉論争』（講談社、二〇〇四年）、井口武夫『開戦神話』（中央公論新社、二〇〇八年）
⑤同右、『開戦神話』第四部
⑥『東京裁判記録（6）』二六七頁

⑦ゴードン・プランゲ『真珠湾は眠っていたか（Ⅱ）』二七五頁
⑧*PHA*,Part 10,p.4662.
⑨Cordell Hull：*The Memoirs of Cordell Hull*,vol.2（The macmillan Company,1948）pp1096-1097
⑩来栖、前掲『泡沫の三十五年』一三二～一三三頁
⑪外務省条約局『大東亜戦争関係国際法問題論集』（昭和一七年）二六～二七頁
⑫信夫淳平『戦時国際法講義①』（丸善、昭和一六年）七四四～七四九頁
⑬『東京裁判記録（9）』四〇六～四〇七頁／東京裁判資料刊行会編『東京裁判却下未提出弁護側資料（7）』（国書刊行会、平成七年）一四三～一四四頁
⑭井口、前掲書一五〇～一五二頁
⑮前掲『大東亜戦争関係国際法問題論集』三三頁
⑯小堀桂一郎編『東京裁判　日本の弁明』（講談社学術文庫、一九九五年）四六五～四七〇頁
⑰同右、五六四～五六五頁
⑱村上重良、前掲書三一〇～三一一頁

第10章

①『東京裁判記録（8）』二一七頁
②同右、二〇三～二〇四頁
③統帥権独立と弊害については拙稿「旧日本軍に関する一考察」（『社会科学討究』第一〇一号）。詳しくは中野登美雄『統帥権の独立』（原書房、昭和四八年）

④『東京裁判記録(8)』二五九～二六〇頁
⑤重光葵『昭和の動乱(下)』(中公文庫、二〇〇一年)一五一～一五二頁
⑥内田信也『風雪五十年』(実業之日本社、一九五一年)二九九～三〇〇頁
⑦朝日新聞法廷記者団『東條訊問録』(ニュース社、昭和二四年)九頁
⑧中野正剛の「戦時宰相論」は上法編、前掲『東條英機』六〇二～六〇五頁
⑨伊藤隆他編『東條内閣総理大臣機密記録』(東京大学出版会、一九九〇年)二七六～二八三頁
⑩憲兵司令部編『日本憲兵昭和史』(原書房、一九七八年)解題
⑪松前重義(白井久也構成)『松前重義　わが昭和史』(朝日新聞社、一九八七年)八～一一頁
⑫楳本捨三、前掲書一五七頁
⑬細川護貞『細川日記(上)』(中公文庫、昭和五四年)一八〇～一八一頁
⑭A.G.Theoharis & J.S.Cox : *The Boss* (Temple Univ.Press,1988) pp.192-193／産経新聞取材班『ルーズヴェルト秘録(上)』(産経新聞社、二〇〇〇年)二〇一～二一〇頁
⑮信夫、前掲『戦時国際法(4)』九五四～九五五頁
⑯徳富蘇峰編述『公爵山県有朋伝(下)』(山県有朋公記念事業会、昭和八年)一四〇～一四一頁
⑰二つの事件の惨状は佐々木到一『ある軍人の自伝』(普通社、昭和三八年)一四三～一四四頁／中村粲『大東亜戦争への道』(展転社、平成三年)四〇四～四〇五頁
⑱山本七平『私の中の日本軍(上)』(文藝春秋、昭和五〇年)一三三、一五四頁
⑲山本七平『私の中の日本軍(下)』二五〇～二五一頁

第11章

①近衛『失はれし政治』四七~四八頁
②重光葵、前掲『昭和の動乱(下)』一八一~一八二頁
③『年表・文書』五八一~五八二頁
④『昭和の動乱(下)』一九四~一九五頁
⑤伊藤隆・渡邊行夫編『重光葵手記』(中央公論社、昭和六一年)四二三頁
⑥『昭和の動乱(下)』一八九頁
⑦『第七十九帝国議会衆議院議事速記録第十六号』二三二頁
⑧深田祐介『大東亜会議の真実』(PHP新書、二〇〇四年)一〇〇~一〇一頁
⑨前掲『東條内閣総理大臣機密記録』三三七頁
⑩バー・モウ(横堀洋一訳)『ビルマの夜明け』(太陽出版、一九九五年)三五八頁
⑪同右、三二三頁
⑫『東條内閣総理大臣機密記録』三〇五~三三〇、三四七~三四九、三五一頁
⑬『ビルマの夜明け』三三九頁
⑭寺崎英成『昭和天皇独白録』(文藝春秋社、一九九一)六八~六九、八八~八九頁
⑮同右、一〇〇頁
⑯同右、四〇~四一頁
⑰赤松、前掲書三三~三四頁

第12章

①東條由布子『東條家の母子草』（恒文社21、二〇〇三年）一一二頁
②赤松、前掲書一六一頁
③児島襄『東京裁判（上）』（中公新書、二〇〇六年）一一頁
④美山要蔵『廃墟の昭和から』（光人社、一九八九年）三七～三九頁
⑤同右、三九～四〇頁
⑥長谷川幸雄「東條ハラキリ目撃記」（『文藝春秋』昭和三一年八月号）
⑦ロバート・ビュート『東條英機（下）』二三七頁
⑧東條由布子、前掲書九八～九九頁
⑨高見順『高見順日記（五）』（勁草書房、一九六五年）二四四頁
⑩永井荘吉『永井荷風日記（七）』（東都書房、昭和三四年）七〇頁
⑪徳川夢声『夢声戦争日記（五）』（中央公論社、昭和三五年）二〇四頁
⑫朝日新聞社編『入江相政日記（二）』（朝日新聞社、一九九〇年）七頁
⑬山田風太郎『戦中派不戦日記（新装版）』（講談社、二〇〇二年）四八八頁
⑭同右、五〇一～五〇二頁
⑮東條勝子、前掲「戦後の道は遠かった」
⑯東條由布子、前掲書五七～五九頁
⑰同右、前掲書六一～六三、七五～七六頁
⑱東條勝子、「戦後の道は遠かった」

第13章

①江藤淳『閉ざされた言語空間』（文藝春秋社、平成元年）二六六～二六七頁
②『東京裁判記録（8）』二六五頁
③日暮吉延『東京裁判』（講談社現代新書、二〇〇八年）七三～七四頁
④実松譲『海軍大将米内光政正伝』（光人社、二〇〇九年）三八三～三八四頁
⑤豊田隈雄『東京裁判余録』（泰生社、一九八六年）一七〇～一七二頁
⑥塩原時三郎『東條メモ』（ハンドブック社、昭和二七年）一五～一七頁
⑦若槻礼次郎は『古風庵回顧録』（読売新聞社、昭和二五年）四六〇頁
⑧宇垣一成『宇垣一成日記（3）』（みすず書房、一九八八年）一七一九頁
⑨安倍源基『巣鴨日記』（展転社、一九九二年）一五八～一五九頁
⑩島内龍起『東京裁判』（日本評論社、一九八四年）一六六頁
⑪ロバート・フィアリ（日本太平洋問題調査会訳）『日本占領』（弘文堂、一九五一年）三〇頁
⑫江藤淳、前掲書二四〇～二四一頁
⑬児玉誉士夫『芝生はふまれても』（新夕刊新聞社、一九五六年）二五、一六七～一六八、一七六～一七七頁
⑭最上運一郎編『戦犯起訴状』（日本タイムス社、一九四六年）一二～一三〇頁
⑮『東京裁判記録（10）』八〇五頁
⑯冨士信夫『私の見た東京裁判（上）』（講談社学術文庫、一九八九年）五二〇～五三二頁
⑰清瀬一郎他対談「東京裁判の舞台裏」（『文藝春秋』昭和二七年五月号）

⑱ウィリアム・シーボルト（野末賢三訳）『日本占領外交の回想』（朝日新聞社、昭和四一年）一四五〜一四七頁
⑲武藤章、前掲『比島から巣鴨へ』三〇七〜三一〇頁
⑳花山信勝『巣鴨の生と死』（中公文庫、一九九五年）三六六〜三八八頁
㉑シーボルト、前掲書一四九〜一五〇頁
㉒同右、一五〇〜一五一頁
㉓三文字正平他『語りつぐ昭和史（5）』（朝日新聞社、一九七七年）三〇二〜三〇八頁

終　章

①アーサー・ウォルドロン編著（衣川宏訳）『平和はいかに失われたか』（原書房、二〇〇五年）一八〇頁
②前掲『全文リットン報告書』三六〇頁
③渡部昇一『東條英機　歴史の証言』（祥伝社、平成一八年）一一〜一二頁

鈴木　晟（すずき　あきら）

宮城県石巻市出身。外交史家。石巻高等学校、早稲田大学法学部を経て同大学院修士課程修了。以来、外交史・日米関係史の研究に従事。主要論文・著作に「日中戦争期におけるアメリカの対日経済制裁と対華援助」(『アジア研究』第33巻1号)、「1850～1920年代におけるアメリカの東洋移民排斥」(『アジア研究』第34巻第3号)、「1939-41年におけるアメリカの対英援助と軍備増強」(『社会科学討究』第98号)、「旧日本軍に関する一考察」(『社会科学討究』第101号)、「日本人の対外イメージについての一考察」(『外交時報』第1302号)、『臨時軍事費特別会計』(講談社、平成25年)、『面白いほどよくわかるアメリカ』(共著、日本文芸社、平成18年)がある。

東條英機は悪人なのか

平成三十年六月九日　第一刷発行

著　者　鈴木　晟

発行人　藤本　隆之

発　行　展　転　社

〒101-0051　東京都千代田区神田神保町2-46-402

TEL　〇三（五三一四）九四七〇

FAX　〇三（五三一四）九四八〇

振替〇〇一四〇―六―七九九九二

印刷製本　中央精版印刷

©Akira Suzuki 2018, Printed in Japan

乱丁・落丁本は送料小社負担にてお取り替え致します。

定価［本体＋税］はカバーに表示してあります。

ISBN978-4-88656-461-0

てんでんBOOKS
[表示価格は本体価格（税抜）です]

今さら聞けない皇室のこと　村田春樹
●皇室の基礎知識をやさしく解説。明治時代の憲法や皇室典範を見直し、平成28年8月8日の天皇陛下のお言葉を再考。　1300円

普及版 天皇とプロレタリア　里見岸雄
●日ごと苛烈に対立する主義思想を融合させる国体とは？昭和初期に百万部を超えたベストセラーが新組にて復刻。　2800円

決定版 台湾の変遷史　楊合義
●台湾人歴史家が記した台湾の真の姿。先史時代から現代まで、中国とは別の台湾人の栄光と苦難の歴史が凝縮。　1600円

反日勢力との法廷闘争　高池勝彦
●司法界は健全か、あるいは歪んでいるのか？我が国を悪しざまにののしる裁判官に立ち向かう弁護士の活動記録!!　1600円

亡国の憲法九条　慶野義雄　高乗正臣
●安直姑息な発想で憲法をイジラレてはたまらない！　現在の憲法改正案を保守派論客の二人が徹底論駁する。　1500円

日本のいのちに至る道　小柳陽太郎
●本書の底流をなすのは他に比類なき日本の国柄への確信であり、いのち溢れる日本語の魅力に満ちている。　2500円

東京裁判速記録から読む大東亜戦争　亀谷正志
●日本を裁くことを前提に開廷された極東国際軍事裁判。東京裁判の速記録をたどり、大東亜戦争の真実を読み解く。　2800円

GHQが恐れた崎門学　坪内隆彦
●志士たちの必読書『靖献遺言』（浅見絅斎）『柳子新論』（山県大弐）『日本外史』（頼山陽）等から我が国本来の姿に迫る。　1800円